等职业教育
本科、专科）
市轨道交通类
形态一体化教材

城市轨道交通供变电技术

主编
沙国荣 邓嘉 周昱英

副主编
祁晓菲 何松原

CHENGSHI

GUIDAO

JIAOTONG

GONGBIANDIAN

JISHU

高等教育出版社·北京

内容简介

本书为高等职业教育（本科、专科）城市轨道交通类新形态一体化教材。

本书全面介绍城市轨道交通供变电系统的各个子系统，包括城市轨道交通供变电系统概论、外部电源、变电所电气主接线与电气设备、主变电所、中压网络、牵引供变电系统、牵引网系统、降压供配电系统、接地系统与保护、电力监控系统、杂散电流与防护等内容，对各子系统的结构组成、工作原理及运行方式都做了详细介绍。

本书配套在线课程已在"智慧职教"和"中国大学 MOOC"上线，提供课程标准、授课计划、电子课件、微课、习题和试卷等教学资源，学习者可登录网站进行学习，也可通过扫描书中的二维码观看微课，随扫随学。

本书可作为高等职业本科院校电气工程及自动化（城轨牵引供电方向）、城市轨道交通设备与控制技术、城市轨道交通信号与控制技术、城市轨道交通智能运营、轨道交通智能控制装备技术以及高等职业专科院校城市轨道交通供配电技术、城市轨道交通机电技术、城市轨道交通运营管理等专业的教学用书，也可作为城市轨道交通供变电工程技术人员、城市轨道交通运营管理人员的参考和培训用书。

图书在版编目（CIP）数据

城市轨道交通供变电技术/沙国荣,邓嘉,周昱英主编.--北京 ：高等教育出版社,2021.7
　　ISBN 978-7-04-056118-0

　　Ⅰ.①城…　Ⅱ.①沙…　②邓…　③周…　Ⅲ.①城市铁路-供电装置-高等职业教育-教材　Ⅳ.①U239.5

中国版本图书馆 CIP 数据核字（2021）第 086643 号

CHENGSHI GUIDAO JIAOTONG GONGBIANDIAN JISHU

| 策划编辑　郑期彤 | 责任编辑　郑期彤 | 封面设计　姜　磊 | 版式设计　杜微言 |
| 插图绘制　邓　超 | 责任校对　刘娟娟 | 责任印制　刘思涵 | |

出版发行	高等教育出版社	网　　址	http://www.hep.edu.cn	
社　　址	北京市西城区德外大街 4 号		http://www.hep.com.cn	
邮政编码	100120	网上订购	http://www.hepmall.com.cn	
印　　刷	北京新华印刷有限公司		http://www.hepmall.com	
开　　本	850mm×1168mm　1/16		http://www.hepmall.cn	
印　　张	17.5			
字　　数	350 千字	版　　次	2021 年 7 月第 1 版	
购书热线	010-58581118	印　　次	2021 年 7 月第 1 次印刷	
咨询电话	400-810-0598	定　　价	45.80 元	

"智慧职教"服务指南

"智慧职教"是由高等教育出版社建设和运营的职业教育数字教学资源共建共享平台和在线课程教学服务平台,包括职业教育数字化学习中心平台(www.icve.com.cn)、职教云平台(zjy2.icve.com.cn)和云课堂智慧职教 App。用户在以下任一平台注册账号,均可登录并使用各个平台。

- 职业教育数字化学习中心平台(www.icve.com.cn):为学习者提供本教材配套课程及资源的浏览服务。

登录中心平台,在首页搜索框中搜索"城市轨道交通供变电技术",找到对应作者主持的课程,加入课程参加学习,即可浏览课程资源。

- 职教云(zjy2.icve.com.cn):帮助任课教师对本教材配套课程进行引用、修改,再发布为个性化课程(SPOC)。

1. 登录职教云,在首页单击"申请教材配套课程服务"按钮,在弹出的申请页面填写相关真实信息,申请开通教材配套课程的调用权限。

2. 开通权限后,单击"新增课程"按钮,根据提示设置要构建的个性化课程的基本信息。

3. 进入个性化课程编辑页面,在"课程设计"中"导入"教材配套课程,并根据教学需要进行修改,再发布为个性化课程。

- 云课堂智慧职教 App:帮助任课教师和学生基于新构建的个性化课程开展线上线下混合式、智能化教与学。

1. 在安卓或苹果应用市场,搜索"云课堂智慧职教"App,下载安装。

2. 登录 App,任课教师指导学生加入个性化课程,并利用 App 提供的各类功能,开展课前、课中、课后的教学互动,构建智慧课堂。

"智慧职教"使用帮助及常见问题解答请访问 help.icve.com.cn。

前言

　　1843 年，英国人第一次提出在英国修建地下铁道的建议。1863 年 1 月 10 日，线路全长 6.4 km、采用蒸汽机车牵引的世界上第一条地铁线路建成通车。2018 年，全球有 63 座城市的轨道交通运营总里程超过 100 km，其中中国有 17 座城市；运营总里程超过 300 km 的 16 座城市中，中国占 7 座，其中上海以 784.6 km 运营里程居世界第一位。世界各地城市轨道交通发展迅猛，目前我国城市轨道交通建设已进入大规模高速发展时期，多个城市建设的城市轨道交通线路已经逐步形成城市轨道交通网络。截至 2018 年年底，中国内地有 35 座城市开通了城市轨道交通线路，运营总里程达 5 766.7 km。其中，33 座城市开通地铁总里程为 5 013.3 km，9 座城市开通轻轨总里程为 420.8 km，15 座城市开通有轨电车总里程为 332.6 km。

　　随着城市交通问题的日益突出，优先发展公共交通、大力发展城市轨道交通已成为解决城市交通拥挤且节能环保、低碳减排的一种有效途径。城市轨道交通供变电系统承担着向城市轨道交通提供动力能源的重要任务，为保证供变电系统的安全可靠运行，采用了许多先进技术和新型设备。供变电系统也逐步实现了监控自动化和远动化、运行管理智能化、性能检测与故障诊断现代化，在知识和技能上对广大城市轨道交通供变电系统运行与维护人员提出了更高要求。

　　本书编者根据在多条国内城市轨道交通线路中供变电系统建设工作经历和多年教学实践经验，结合高等职业教育人才培养模式，充分考虑高等职业教育学生基础情况，紧扣高等职业教育城市轨道交通供变电系统课程教学大纲，整理收集了城市轨道交通供变电系统各种文献和技术资料，编写了本书。

　　本书从城市轨道交通供变电系统的结构组成、工作原理及运行方式入手，详细介绍城市轨道交通供变电系统的各个重要组成部分。在内容安排上，注重理论与实践相结合，旨在拓展学生的职业技能。全书分为 11 章，主要包括城市轨道交通供变电系统概论、外部电源、变电所电气主接线与电气设备、主变电所、中压网络、牵引供变电系统、牵引网系统、降压供配电系统、接地系统与保护、电力监控系统、杂散电流与防护等内容。

　　为便于教师授课和学生自主学习，本书配套提供课程标准、授课计划、电子课件、微课、习题和试卷等教学资源。与本书配套的在线课程"城市轨道交通供变电技术与应用"获批 2018—2019 年江苏省高校在线开放课程建设立项，已在

"中国大学 MOOC(爱课程)"平台运行多期。本书配套在线课程同时也在"智慧职教"平台上线,具体使用方法详见"智慧职教"服务指南。选用本书授课的教师可发送电子邮件至 sgr361@126.com 索取教学资源。丰富的教学资源,成熟的在线课程,方便教师开展"线上+线下"混合式教学。

本书为编者主持的教育部高等教育司立项的 2019 年第二批产学合作协同育人教学内容和课程体系改革项目"基于网络课程平台《城市轨道交通供变电技术》课程体系改革与实践"(201902071004)和江苏省现代教育技术研究 2020年度立项课题"以过程为导向的网络课程教学交互设计与实践探索——以《城市轨道交通供变电技术与应用》课程为例"(2019-R-76219)的研究成果。

本书由南京工业职业技术大学沙国荣、邓嘉、周昱英任主编,祁晓菲、何松原任副主编。具体编写分工如下:邓嘉编写第 1 章和第 2 章的 2.1 节、2.2 节,周昱英编写第 2 章的 2.3 节、第 4 章的 4.1~4.4 节和第 10 章的 10.4 节、10.5 节,祁晓菲编写第 5 章的 5.1~5.4 节和第 6 章,何松原编写第 5 章的 5.5 节和第 8 章,沙国荣编写其余章节,沙国荣和邓嘉负责本书的总策划并统稿。本书配套资源由沙国荣、邓嘉、周昱英、祁晓菲、何松原等教师共同开发。在本书的编写过程中,编者到南京地铁集团有限公司、苏州市轨道交通集团有限公司、徐州地铁集团有限公司、重庆市轨道交通集团有限公司及国电南瑞科技股份有限公司进行了实地调研,并得到各单位的大力支持和有关企业专家的指导,在此表示衷心感谢。另外,在本书编写过程中,编者还参考了许多专家和学者的研究成果和文献资料,在此谨向各位专家和学者表示衷心感谢,未能一一注明出处,在此向原作者表示歉意。本书在素材的收集整理、章节编排和内容提炼上都得到陈正泉高级工程师、朱纯仁副教授、赵志宏副教授、王振曦高级工程师、汤晓晨高级工程师等诸多老师的指点和大力支持,在此对他们的辛勤付出一并表示感谢。

由于编者水平和经验有限,书中难免有疏漏和不妥之处,恳请广大读者批评指正,联系邮箱:sgr361@126.com。

编者

2021 年 3 月

目 录

第 1 章
城市轨道交通供变电系统概论

电子课件
城市轨道交通
系统

微课
城市轨道交通
概述

1.1 城市轨道交通系统

1.1.1 世界城市轨道交通发展

1843 年,英国人查尔斯·皮尔逊提出在英国修建地下铁道的建议。1860 年,英国伦敦开始修建世界上第一条地铁,采用明挖法施工,为单拱砖砌结构。这条地铁线路在 1863 年 1 月 10 日建成通车,线路全长 6.4 km,列车使用蒸汽机车牵引。图 1-1 所示为世界上第一条地铁与当时的伦敦地铁车站。

(a) 世界上第一条地铁　　　　　　　　(b) 当时的伦敦地铁车站

图 1-1　世界上第一条地铁与当时的伦敦地铁车站

世界上第一条地铁的诞生,为人口密集的大都市发展公共交通提供了宝贵的经验。特别是 1879 年电力牵引机车研制成功,使地下客运环境和服务条件得到了空前的改善,地铁建设也显示出强大的生命力。从此以后,世界上一些著名的大都市相继建造地铁。从 1863 年至 1899 年,英国的伦敦和格拉斯哥、美国的纽约和波士顿、匈牙利的布达佩斯、奥地利的维也纳以及法国的巴黎共 5 个国家的 7 座城市率先建成了地铁。

1927 年 12 月,东京第一条也是亚洲第一条地铁通车。据 2018 年 12 月 8 日东京地铁官网显示,东京地铁共开通 13 条线路,包括东京地下铁 9 条线路和都营地铁 4 条线路,线路总长 312.6 km,共计 290 座车站投入运营(换乘站不重复计算）。图 1-2 所示为东京地铁。

图 1-2　东京地铁

截至 2018 年年底，全球共有 72 个国家和地区的 493 座城市开通了城市轨道交通，运营里程超过 26 100 km，车站数超过 26 900 座。其中，56 个国家和地区的 179 座城市开通地铁，总里程达 14 219.36 km，车站数超过 10 631 座；20 个国家和地区的 53 座城市开通轻轨，总里程达 1 293.68 km，车站数为 1 077 座；58 个国家和地区的 400 座城市开通有轨电车，其中有里程数据来源的 236 座城市的有轨电车总里程达 10 609.05 km，车站数超过 15 200 座。2018 年世界各大洲城市轨道交通运营里程汇总如表 1-1 所示。

表 1-1　2018 年世界各大洲城市轨道交通运营里程汇总　　　　单位：km

大洲	地铁	轻轨	有轨电车	总计
亚洲	8 137.35	836.25	332.60	9 306.20
欧洲	3 569.46	324.23	10 253.25	14 146.94
北美洲	1 410.20	122.00	—	1 532.20
南美洲	1 005.95	11.20	—	1 017.15
非洲	96.40	—	23.20	119.60
总计	14 219.36	1 293.68	10 609.05	26 122.09

表 1-1 中数据表明，从各类别运营里程看，地铁和有轨电车的里程均远多于轻轨；从分布区域看，全球城市轨道交通主要集中在亚欧大陆的城市，其中地铁和轻轨主要分布在以中国为代表的亚洲国家，有轨电车集中分布在欧洲尤其是西欧国家。

2018 年世界各国（或地区）城市轨道交通运营里程汇总如表 1-2 所示。中国总运营里程为 5 766.7 km，排名世界第一，占全球总里程的 22.08%；德国以 3 147.6 km 的里程排名第二。从制式看，中国的地铁和轻轨里程均排名世界第一,各占全球地铁和轻轨里程的 35.26% 和 32.53%;德国的有轨电车里程达 2 749 km,排名世界第一,占全球有轨电车里程的 25.91%。

表 1-2　2018 年世界各国(或地区)城市轨道交通运营里程汇总　　单位:km

国家/地区	地铁	轻轨	有轨电车	总计	国家/地区	地铁	轻轨	有轨电车	总计
中国	5 013.3	420.8	332.6	5 766.7	拉脱维亚			213.9	213.9
德国	398.6		2 749	3 147.6	新加坡	119.1	79.5		198.6
美国	1 268.7	28		1 296.7	保加利亚	40		154	194
法国	267.5	89.9	825.9	1 183.3	葡萄牙	44.1		144.2	188.3
俄罗斯	568.2	10	504.9	1 083.1	中国香港	174.7	3.8		178.5
日本	790.6	96.2		886.8	白俄罗斯	37.3		129.4	166.7
英国	479.5	44.5	344	868	马来西亚	51	91.5		142.5
西班牙	440.925	58.475	366.9	866.3	芬兰	35		96	131
韩国	730.5	47.5		778	智利	118			118
波兰	29		737.6	766.6	希腊	84.7		27	111.7
乌克兰	112.8		601.9	714.7	斯洛伐克			91.5	91.5
意大利	155.9	66.327	362.5	584.727	泰国	59.7	23		82.7
印度	527.9	11.7		539.6	埃及	77.9			77.9
比利时	39.9		480.7	520.6	委内瑞拉	63.6	11.2		74.8
罗马尼亚	71.4		432.7	504.1	阿联酋	74.6			74.6
捷克	65.2		333.6	398.8	克罗地亚			66.2	66.2
荷兰	119.5		271	390.5	丹麦	20.4		44	64.4
瑞典	108		268.8	376.8	阿根廷	54.7			54.7
巴西	374.1			374.1	菲律宾	13.75	36.55		50.3
奥地利	83.3		285.3	368.6	塞尔维亚			43.5	43.5
墨西哥	258.5			258.5	哥伦比亚	42.1			42.1
伊朗	256.7			256.7	阿尔及利亚	18.5		23.2	41.7
土耳其	217.83	34.63		252.46	爱沙尼亚			39	39
挪威	85		160.1	245.1	爱尔兰			38.2	38.2
加拿大	141.5	94		235.5	阿塞拜疆	36.7			36.7
瑞士	5.9		224.65	230.55	乌兹别克斯坦	36.2			36.2
匈牙利	39.4		189.3	228.7	秘鲁	34.6			34.6
中国台湾	201.2	25.7		226.9	多米尼加	27.35			27.35

续表

国家/地区	地铁	轻轨	有轨电车	总计	国家/地区	地铁	轻轨	有轨电车	总计
格鲁吉亚	27.1			27.1	巴拿马	15.8			15.8
波黑			22.9	22.9	亚美尼亚	13.4			13.4
朝鲜	22			22	哈萨克斯坦	11.3			11.3
沙特阿拉伯	18.1			18.1	卢森堡			4.6	4.6
波多黎各	17.2			17.2					

注：空格表示无该制式或无数据来源；另有 7 个国家无数据来源。

1.1.2 中国城市轨道交通发展

2018 年，全球共 63 座城市的轨道交通运营总里程超过 100 km，其中中国有 17 座城市；共 16 座城市的轨道交通运营总里程超过 300 km，其中中国有 7 座城市；上海、北京和莫斯科的轨道交通运营总里程超过 500 km，其中上海以 784.6 km 的轨道运营总里程居世界第一。

图 1-3 中列出了 2018 年全球城市轨道交通运营总里程和分制式里程排名前十的城市。其中，地铁、轻轨、有轨电车里程排名前十城市的里程之和占各自总里程的比例分别为 31.8%、52.9% 和 18.4%，可知有轨电车分布的城市更加广泛。

图 1-3 2018 年全球城市轨道交通运营总里程和分制式里程排名前十的城市

根据中国城市轨道协会的统计，截至 2018 年年底，中国内地有 35 座城市开通了城市轨道交通线路，运营总里程达 5 766.7 km。其中，33 座城市开通地铁总里程为 5 013.3 km，9 座城市开通轻轨总里程为 420.8 km，15 座城市开通有轨电车总里程为 332.6 km。中国内地各城市轨道交通总运营里程排名如图 1-4 所示。

2018 年中国内地新开通城市轨道交通线路 734.0 km，新增运营线路 22 条，新开通延伸段 14 段，涉及 16 座城市。其中，地铁里程为 627.7 km，轻轨里程为 19.7 km，有轨电车里程为 86.6 km。乌鲁木齐成为中国内地在 2018 年又一座开通城市轨道交通线路的城市。

根据近几年中国城市轨道交通统计年报可知，中国城市轨道交通客运量和客运强度排名前十的城市如图 1-5 所示。北京、上海和广州在城市轨道交通客运量方面位居前三位，中国城市轨道交通客运量排名前十城市的客运量全部超过世界平均水平，且有 8 座城市的客运强度超过世界平均水平。其中，西安以 89.0 km 的里程实现 1.86 万人次/（d·km）的客运强度，位居中国城市轨道交通客运强度第二名，运营效率较高。

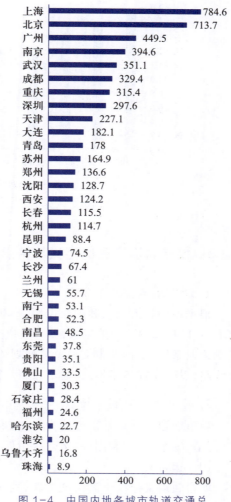

图 1-4　中国内地各城市轨道交通总运营里程排名

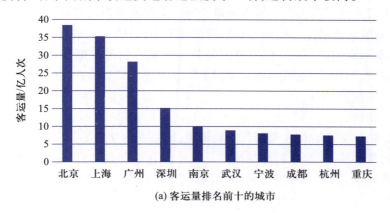

(a) 客运量排名前十的城市

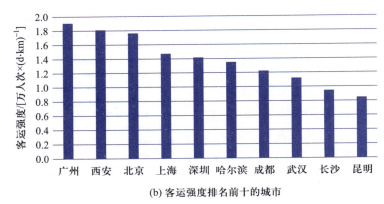

(b) 客运强度排名前十的城市

图 1-5　中国城市轨道交通客运量和客运强度排名前十的城市

1.1.3　城市轨道交通的定义与特点

1. 城市轨道交通的定义

根据原中华人民共和国建设部于 2007 年发布的《城市公共交通分类标准》（CJJ/T 114—2007）中的定义,城市轨道交通为采用轨道结构进行承重和导向的车辆运输系统,依据城市交通总体规划的要求,设置全封闭或部分封闭的专用轨道线路,以列车或单车形式,运送相当规模客流量的公共交通方式。

2. 城市轨道交通的特点

城市轨道交通通常以电能为动力,采取轮轨运转方式,具有运量大、快捷、准时、舒适、安全、空间利用好、运营费用低和无污染等特点。

（1）运量大

城市轨道交通由于高密度运转,列车行车时间间隔短,行车速度高,轨道交通列车编组辆数多而具有较大的运输能力。

市域快速轨道系统的单向高峰每小时运输能力最大时可达到 6 万~8 万人次;地铁可达到 3 万~6 万人次,甚至达到 8 万人次;轻轨可达到 1 万~3 万人次;有轨电车可达到 1 万人次。城市轨道交通的运输能力远远超过公共汽车。据文献统计,地铁线路每千米的年客运量可达 100 万人次以上,最高可达到 1 200 万人次,如莫斯科地铁、东京地铁、北京地铁等。城市轨道交通能在短时间内输送较大的客流,据统计,地铁在早高峰时 1 h 能通过全日客流的 17%~20%,3 h 能通过全日客流的 31%。

（2）快捷

城市轨道交通运行在专用行车轨道上,不受其他交通工具干扰,车辆有较高的运行速度和较高的启、制动加速度。车站多数采用高站台,列车停站时间短,上下车速度快,且换乘方便,从而可以使乘客较快地到达目的地,缩短乘客的出行时间。

（3）准时

城市轨道交通不会产生线路堵塞现象并且不受气候影响,属于全天候运行交通工具,列车能按运行图运行,具有可信赖的准时性。

（4）舒适

城市轨道车辆具有较好的运行特性,车站装有空调、引导装置、自动售检票等直接为乘客服务的设备,乘车条件较好,舒适性优于公共电车和公共汽车。

（5）安全

城市轨道交通没有平交道口,并且有先进的通信设备,极少发生交通事故。

（6）空间利用好

大城市地面拥挤且土地费用昂贵,城市轨道交通充分利用地下和地上空间,不占用地面街道,能有效缓解大城市中心区由于汽车大量发展而造成的道路拥挤和堵塞的状况,有利于城市空间的合理利用,能够提高土地的利用价值,并能够改善城市景观。

（7）运营费用低

城市轨道交通主要采用电力牵引,且轮轨摩擦阻力较小,与公共电车和公共汽车相比更加节省能源,运营费用较低。

（8）无污染

城市轨道交通采用电力牵引,与公共汽车相比不会产生废气污染。随着城市轨道交通的发展,公共汽车的数量得以减少,可以进一步减少汽车的废气污染。城市轨道交通在线路和车辆上还采用了各种降噪措施,一般不会对城市环境产生严重的噪声污染。

1.1.4　城市轨道交通类型

城市轨道交通属于城市公共交通范畴,根据原建设部行业标准《城市公共交通分类标准》(CJJ/T 114—2007),我国城市轨道交通包括地铁系统、轻轨系统、有轨电车、单轨系统、市域快速轨道系统、磁浮系统、自动导向轨道系统。其中,地铁系统与轻轨系统是我国城市轨道交通的主流。

1. 地铁系统

地铁是地下铁道交通的简称,是一种在城市中修建的快速、高运量或大运量的轨道运输系统,采用钢轮钢轨体系,标准轨距为 1 435 mm。此类系统为了配合修筑的环境,并考量建造及营运成本,主要在大城市地下空间修筑的隧道中运行,当条件允许时会在城市中心以外地区转成地面或高架路段运行。地铁是涵盖了城市地区各种地下与地上的路权专有、高密度、高运量的城市轨道交通系统。图 1-6 所示为我国上海地铁 2 号线列车和美国纽约地铁列车。

根据线路客运规模的不同,地铁可分为高运量地铁和大运量地铁。高运量地铁在高峰时的单向客运量大于 4.5 万人次/h,而大运量地铁在高峰时的单向客运量为 3 万~5.5 万人次/h。地铁车辆车型分为 A 型车、B 型车和 L_B 型车(直

(a) 上海地铁2号线列车　　　　　　　　(b) 美国纽约地铁列车

图 1-6　地铁列车

线电动机）。A 型车车辆的基本宽度为 3 000 mm，B 型车和 L_B 型车车辆的基本宽度为 2 800 mm。每种车型都有带司机室和不带司机室、动车和拖车的区分。

2. 轻轨系统

轻轨是城市轨道交通建设的一种重要形式，泛指高峰时单向客运量为 1 万~3 万人次/h 的中运量的轨道运输系统，一般采用钢轮钢轨体系，标准轨距为1 435 mm。轻轨的机车质量和载客量要比一般列车小，所使用的铁轨质量也小，每米只有 50 kg，因此称为"轻轨"。轻轨车辆车型包括 C 型车和 L_C 型车（直线电动机）。C 型车和 L_C 型车车辆的基本宽度均为 2 600 mm。上海 6 号线轻轨列车如图 1-7 所示，为 4 节编组的 C 型车。

图 1-7　上海 6 号线轻轨列车

3. 有轨电车

有轨电车是采用电力驱动并在轨道上行驶的轻型轨道交通车辆，亦称路面电车，简称电车，属于轻轨的一种。列车一般不超过 5 节，但由于在街道行驶，会占用道路空间。此外，某些在市区的轨道上运行的缆车亦可算作路面电车的一种。电车以电力驱动,车辆不会排放废气,是一种无污染的环保交通工具。图 1-8 所示为南京河西有轨电车。

图 1-8　南京河西有轨电车

4. 单轨系统

单轨系统是一种车辆与特制轨道梁组合成一体运行的中运量轨道运输系统。轨道梁通常由钢或钢筋混凝土制成,不仅是车辆的承重结构,同时也是车辆运行的导向轨道。单轨系统分为跨座式和悬挂式两种类型,跨座式单轨系统的车辆跨骑在单根梁上运行,悬挂式单轨系统的车辆悬挂在单根梁上运行。图 1-9 所示为我国重庆市 3 号线跨座式单轨列车和德国西部城市伍珀塔尔的悬挂式单轨列车。

(a) 重庆市 3 号线跨座式单轨列车　　　(b) 德国伍珀塔尔悬挂式单轨列车

图 1-9　单轨列车

单轨系统主要用于大城市的区域交通,因为单轨系统的造价比地铁低得多,而且又是架在空中,不占地面,也不与其他交通工具相遇,没有交通堵塞的问题,因此成为城市中短途公共客运交通的理想工具,特别适用于飞机场与市区之间的交通运输。

5. 市域快速轨道系统

市域快速轨道系统是一种大运量的轨道运输系统,客运量可达 20 万~45 万人次/d(一般不采用高峰小时客流量的概念)。市域快速轨道系统适用于城市区域内重大经济区之间中长距离的客运交通,服务于城市与郊区、中心城市与卫星城、重点城镇间等,服务范围一般在 100 km 之内。图 1-10 所示为市域快速轨道列车。

图 1-10　市域快速轨道列车

市域快速轨道列车主要在地面或高架桥上运行,必要时也可采用隧道。当采用钢轮钢轨体系时,标准轨距亦为 1 435 mm。由于线路较长,站间距相应较大,必要时可不设中间车站,因而可选用最高运行速度在 120 km/h 以上的快速专用车辆,也可选用中低速磁浮列车进行技术经济比较。市域快速轨道系统对疏散中心城市人口到周围卫星城的作用十分明显。

6. 磁浮系统

磁浮是一种运用"同性相斥、异性相吸"的电磁原理、依靠电磁力使车厢悬浮并行走的轨道运输方式。磁浮系统具有速度快、爬坡能力强和能耗低等众多优点,属于中运量运输系统,高峰时段的单向运输量为 1.5 万~3 万人次/h。图 1-11 所示为我国上海市浦东龙阳路到浦东国际机场的磁浮列车。

磁浮线路分为常导式和超导式两种类型。常导式磁浮线路能使车辆浮起 10~15 mm 的高度,运行速度较低,用感应直线电动机来驱动。超导式磁浮线路能使车辆浮起 100 mm 以上,运行速度较高,用同步直线电动机来驱动,技术难度较大。

日本使用超导体产生的磁力使列车悬浮,列车时速超过 500 km。德国使用常导相吸原理实现磁浮,时速也提高到超过 400 km。2006 年 4 月 27 日开通的中国首条磁浮列车示范线的最高时速可达 430 km,从上海市浦东龙阳路到浦东国际机场线路距离为 31.17 km,单程运行时间只需要 6~7 min。

图 1-11　上海磁浮列车

7. 自动导向轨道系统

自动导向轨道系统是一种中、小运量的新型城市轨道交通。车辆既可单车运行,也可编成列车运行。在欧美国家,自动导向交通的列车编组通常为 1~2 辆,单向运输能力为 5 000~10 000 人/h;在日本,由于自动导向交通的列车编组辆数较多,因而运输能力也相应大一些。自动导向轨道系统适用于城市机场专用线和城市中客流相对集中的点对点运输线路,在必要时可以采取中间少停靠站的方式运营。

自动导向运行方式有中央导向和侧面导向两种。采用中央导向运行方式时,车底架下的导向轮沿着轨道中部的导向轨引导车辆运行。采用侧面导向运行方式时,车辆走行部外侧的导向轮沿着轨道两侧矮墙上的导向轨引导车辆运行。图 1-12 所示为上海轨道交通 8 号线三期采用中央导向运行方式的自动导向轨道列车。在列车底部,走行部为橡胶轮胎,可行驶于混凝土走行面,在单根供电钢轨上配备导向轮(白色),运行转弯半径小,仅需 60 m,而一般地铁转弯半径需要 300~400 m。

(a) 自动导向轨道列车　　　　　　　　(b) 自动导向轨道列车底部导向装置

图 1-12　上海轨道交通 8 号线三期自动导向轨道列车

　　自动导向轨道系统的线路以单线为主,路权专用。线路大多采用高架结构,但也有一些地面线路。轨道通常为混凝土整体道床结构,在轨道的中央或两侧矮墙上安装导向轨。自动导向轨道系统的车辆通常采用轻小型轮胎和橡胶轮胎,外观类似公共汽车,车辆定员为 20~80 人。车辆采用电力驱动和导向运行方式,有的车辆还采用直线电动机驱动技术。

1.1.5　城市轨道交通系统

　　城市轨道交通系统通常由车辆、供电系统、通信系统、信号系统、机电设备系统等组成。

　　车辆作为运输乘客的工具,按有无动力可分为动车和拖车。动车有动力牵引装置,用 M 表示;拖车无动力牵引装置,用 T 表示。

　　供电系统通过城市电网一次电力系统和轨道交通供电系统实现电能输送或变换,最后以适当的电压等级和电流形式供给城市轨道交通用电设备,如车辆、通风、空调、照明、通信、信号、给排水、防灾报警、电梯、电动扶梯等。

　　通信系统是传递语言、文字、数据、图像等多种信息的综合业务数字系统,包括数字传输、电话交换、调度电话、有线和无线通信、闭路电视、有线广播、时钟、电源等设备系统。

　　信号系统是保证列车运行安全和提高线路通过能力的重要设施,其关键设备是列车自动控制系统(ATC)。

　　机电设备系统主要包括自动售检票、暖通空调、屏蔽门、自动扶梯及电梯等车站设施和防火、灭火及给排水系统等环控设施。

1.2　🚈　电　力　系　统

1.2.1　电力系统概述

　　电力系统是由发电厂、送变电线路、供配电所和用电等环节组成的电能生产与消费系统。它的功能是将自然界的一次能源通过发电动力装置转化成电能,再经输电、变电和配电将电能供应到各用户。为实现这一功能,电力系统在各个环节和不同层次还具有相应的信息与控制系统,对电能的生产过程进行测量、调节、控制、保护、通信和调度,以保证用户获得安全、优质的电能。

　　图 1-13 所示为电力系统结构示意图。电力系统的主体结构有电源(水力发电厂、火力发电厂、核电厂等发电厂)、变电所(升压变电所、负荷中心变电所等)、输电及配电线路和负荷中心。各电源点还互相连接以实现不同地区之间的电能变换和调节,从而提高供电的安全性和经济性。输电线路与变电所构成的网络通常称为电力网络。电力系统的信息与控制系统由各种检测设备、通信设备、安全保护装置、自动控制装置以及监控自动化、调度自动化系统组成。电力系统的结构应保证在先进的技术装备和高经济效益的基础上,实现电能生产

与消费的合理协调。

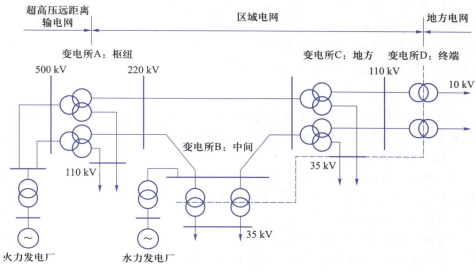

图 1-13　电力系统结构示意图

1.2.2　发电厂

能源按是否需要加工可分为一次能源和二次能源。一次能源是指直接由自然界提供的能源,如煤、石油、天然气、水力资源、核原料等。二次能源是指由一次能源经加工转换而获得的另一种形态的能源,如电力、煤气、蒸汽、焦炭等。

发电厂是把各种一次能源转换成二次能源(即电能)的场所。按照所消耗一次能源类型的不同,发电厂分为火力发电厂、水力发电厂、核电厂和新能源发电厂。把实现热能和机械能相互转换的媒介物质称为工质。

1. 火力发电厂

火力发电厂如图 1-14 所示,其以煤炭、石油、天然气等为燃料,将热能转换成电能输出。火力发电厂包括凝汽式火电厂、热电厂和燃气轮机发电厂。

图 1-14　火力发电厂

① 凝汽式火电厂:只生产电能,热效率低,仅为 30%~40%。

② 热电厂:既生产电能又生产热能,热效率高达 60%~70%。

③ 燃气轮机发电厂:燃气轮机与汽轮机工作原理相似,所不同的是燃气轮机的工质是高温高压的气体而不是蒸汽。这些作为工质的气体可以是用清洁煤技术将煤炭转化成的清洁煤气,也可以是天然气等。

2. 水力发电厂

水力发电厂是将水的位能和动能转换成电能的场所,也称水电站。水电站可分为堤坝式水电站、引水式水电站和抽水蓄能电站。

(1)堤坝式水电站

一般河流水位的落差是沿河流分散的,为提高落差,就需要在河流上游修建拦河坝,将水积蓄起来,提高水头,进行发电。通常堤坝式水电站又细分为坝后式水电站和河床式水电站两种。

坝后式水电站示意图如图 1-15 所示,发电机厂房建在河坝后,全部水头的压力由坝体承受,水库的水由压力水管引入厂房,推动水轮机带动发电机发电。

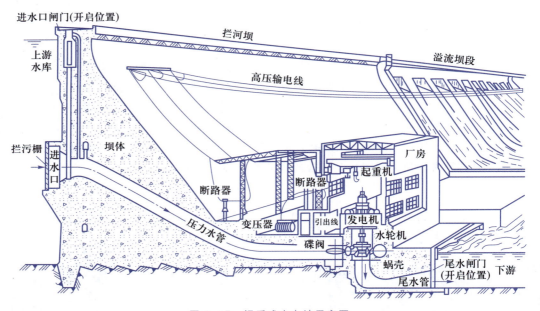

图 1-15 坝后式水电站示意图

河床式水电站示意图如图 1-16 所示,发电机厂房与溢流坝及拦河坝连成一体,厂房也起挡水作用。由于厂房修建在河床中,故称河床式水电站。

(2)引水式水电站

引水式水电站示意图如图 1-17 所示,水电站建在山区水流湍急的河道上或河床坡度较陡的地段,由引水渠提供水头,一般不需要修建堤坝,或只修低堰,适用于水头比较高的情况。

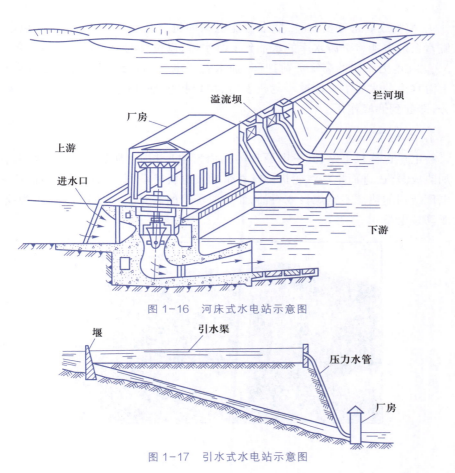

图 1-16　河床式水电站示意图

图 1-17　引水式水电站示意图

（3）抽水蓄能电站

抽水蓄能电站是一种特殊形式的水电站,其示意图如图 1-18 所示。该类型水电站具有电动机(水泵)和发电机(水轮机)两种可逆的工作方式。

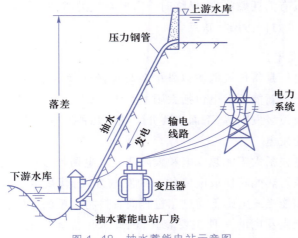

图 1-18　抽水蓄能电站示意图

① 夜晚或周末低负荷时,抽水蓄能电站的机组作为电动机运行,利用电力系统富余的电能将下游水库的水抽到上游水库,以位能的形式将电能储存起来。

② 在电力系统的高峰负荷期间,抽水蓄能电站的机组又作为发电机运行,将上游水库的水放下来通过水轮机发电,用以担任电力系统高峰负荷中的尖峰部分,即起到调峰作用。

3. 核电厂

核电厂也称核电站,其发电原理与火力发电厂相似,都需要有一个热源,将水加热成蒸汽,进而推动汽轮机旋转并带动发电机转动而发出电能。不同的是,核电厂所用的热源不是煤炭或石油,而是原子核的裂变能。图1-19所示为我国大亚湾核电站。

图 1-19   大亚湾核电站

核电是一种安全清洁的能源,利用它可以大大地节约煤炭和减少污染。一个 1 000 MW 的火力发电厂一天燃烧的煤炭是 9 600 t,而相应 1 000 MW 的核电厂一天只需要 3.3 kg 的铀 235。同样容量的发电厂,其耗用的燃料量竟相差 300万倍。核电厂具有消耗燃料少、燃烧时不需要空气助燃、容量越大经济效应越高的优点,但也有放射性污染等缺点。

4. 新能源发电厂

新能源发电厂是将传统能源以外的各种能源转换成电能的场所,即利用新能源发电的场所。新能源发电包括太阳能发电、风力发电、地热发电、潮汐发电、生物质能发电及垃圾发电等,下面主要介绍其中几种发电形式。

（1）太阳能发电

太阳能发电包括太阳能热发电和太阳能光发电两种形式。太阳能热发电是将吸收的太阳辐射热能转换成电能的一种发电方式,其基本组成与常规火力发电厂相似。太阳能光发电则不通过热过程而直接将太阳的光能转换成电能。光伏电池是太阳能光发电的一种主要装置,因此太阳能光发电也叫光伏发电,如图1-20所示。光伏发电是把照射到太阳能电池上的光直接转换成电能的一种发电形式,它是目前太阳能发电的主要研究方向。

图 1-20　光伏发电

（2）风力发电

将风能转换成电能的发电方式称为风力发电。风能属于再生能源,又是一种过程性能源,无法直接储存,且具有随机性,所以风能应用技术比较复杂。

风能的利用主要是将大气运动时所具有的动能转化为其他形式的能量。风力发电机组主要包括风力机和发电机两大部分,风力机将风能转换为机械能,发电机将机械能转换为电能。风力发电装置示意图如图 1-21 所示,风能带动风力机叶片旋转,将风能转换为机械能,再通过升速齿轮箱驱动发电机,将机械能转换为电能。

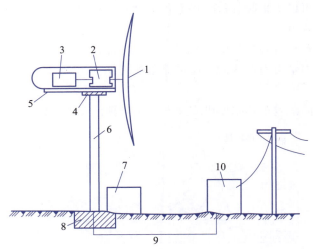

1—风力机；2—升速齿轮箱；3—发电机；4—改变方向的驱动装置；5—底板；
6—塔架；7—控制和保护装置；8—基础；9—电缆线路；10—配电装置

图 1-21　风力发电装置示意图

（3）地热发电

地热发电是将地下热水和蒸汽作为动力源的一种新型发电技术。其基本原理与火力发电类似,也是根据能量转换原理,首先把地热能转换为机械能,再把机械能转换为电能。图 1-22 所示为我国第一座地热发电站——西藏羊八井地热发电站。

图 1-22　西藏羊八井地热发电站

地球本身是个大热库,地热资源遍布世界各地。仅地表 13 km 以内就有可供开采的热能,地热能的储量很大,总量约为煤炭的一亿七千万倍。但是,目前世界上实际能利用的地热资源很少,主要限于蒸汽田和热水田,这两者统称为地热田。地热能是清洁的能源,它的发电成本比水电和火电都低,而且地热发电后排出的热水还可以供采暖、医疗、提取化学物质等利用。

（4）潮汐发电

潮汐是地球在自转过程中,海水受月球引力的变化而产生的,还有小部分潮汐是受太阳引力牵引而形成的。海水涨落的周期为 12 h 25 min,同时会在海底造成三角流。

利用潮汐的落差推动水轮机实现发电称为潮汐发电,其示意图如图 1-23 所

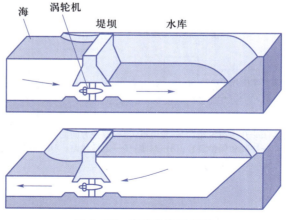

图 1-23　潮汐发电示意图

示。即在海湾或河流入海口处筑起堤坝,涨潮时蓄水,高潮时关闭,直到退潮时形成足以使涡轮机工作的落差时才开始放水,将蓄水放出,驱动涡轮发电机发电。

1.2.3　变电所

变电所起着变换和分配电能的作用,如图 1-24 所示。从发电厂送出的电能一般经过升压远距离输送,再经过多次降压后才供给用户使用,所以电力系统中变电所的数量多于发电厂,变压器的容量约是发电机容量的 7~10 倍。变电所分为发电厂的变电所(升压变电所)和电力网的变电所(降压变电所)。根据变电所在电力系统的地位与供电范围,还可以将其分为枢纽变电所、中间变电所、地区变电所和终端变电所。

图 1-24　变电所

枢纽变电所位于电力系统的枢纽点,电压等级一般为 330~500 kV。它汇集着电力系统中多个大电源和多回路大容量的联络线,连接着电力系统的多个大发电厂和大区域。枢纽变电所在系统中的地位非常重要,若发生全所停电事故,将引起系统解列,甚至系统崩溃的灾难局面。

中间变电所高压侧与枢纽变电所连接,以穿越功率为主,在系统中起交换功率的作用;或使高压长距离输电线路分段,一般汇集 2~3 个电源,起中间环节的作用。中间变电所的电压等级多为 220~330 kV,中压侧一般为 110~220 kV,供给所在的多个地区用电并接入一些中小型发电厂。若发生全所停电事故,将引起区域电网解列,影响面也比较大。

地区变电所的电压等级一般为 110~220 kV,主要任务是给地区的用户供电,是一个地区或城市的主要变电所。若发生全所停电事故,将造成本地区或城市停电。

终端变电所位于输电线路的末端,靠近负荷点。高压侧电压多为 110 kV 或者更低(如 35 kV),经过变压器降压为 6~10 kV 电压后直接向用户送电。若发生全所停电事故,只是所供电的用户停电,影响面较小。

1.2.4 电力线路

电力线路是指在发电厂、变电站和电力用户间用来传送电能的线路。它是供电系统的重要组成部分,担负着输送和分配电能的任务,可分为输电线路和配电线路。

1. 输电线路

输电线路输电是用变压器将发电机发出的电能升压后,再经断路器等控制设备接入输电线路来实现。输电线路在结构形式上可分为架空输电线路和电缆输电线路。

架空输电线路如图 1-25 所示,由线路杆塔、导线、绝缘子、线路金具、拉线、杆塔基础、接地装置等构成,架设在地面之上。

图 1-25 架空输电线路

电缆输电线路由导线、绝缘层、包护层等构成。导线的功能是传输电能,通常为用铜、铝或其他导电金属做成的单股或多股线,其中多股线较为常用。绝缘层使导线与导线之间、导线与包护层之间互相绝缘。绝缘材料主要有橡胶、沥青、聚乙烯、聚氯乙烯、棉、麻、绸、油浸纸、矿物油、植物油等,目前大多使用油浸纸。包护层为保护绝缘层,并有防止绝缘油外溢的作用,分为内护层和外护层。

电缆输电线路的造价比架空输电线路高,但其不用架设杆塔,占地少,供电可靠,极少受外力破坏,对人身相对更安全。

2. 配电线路

配电线路是指从降压变电站把电能送到配电变压器或将配电变电站的电能送到用电单位的线路。

配电线路电压为 3.6~40.5 kV 时,称为高压配电线路;配电电压不超过 1 kV、直流不超过 1 500 V 时,称为低压配电线路。配电线路的建设要求安全可靠,保持供电连续性,减少线路损失,提高输电效率,保证电能质量良好。

1.2.5　电气一次设备与二次设备

在电力系统运行中，为了更好地进行控制和分析，习惯性地把电气设备分为一次设备和二次设备。

1. 电气一次设备

直接生产、转换和输配电能的设备称为电气一次设备，可分为生产和转换电能的设备、接通或断开电路的开关电器、限制故障电流和防御过电压的电器、接地装置、载流导体、补偿装置和仪用互感器等。

（1）生产和转换电能的设备

生产和转换电能的设备主要有发电机、电动机、变压器等，它们是直接生产和转换电能的最主要的电气设备。

（2）接通或断开电路的开关电器

接通或断开电路的开关电器是为了满足运行、操作或事故处理的需要，将电路接通或断开的设备，如断路器、隔离开关、接触器、熔断器等。

（3）限制故障电流和防御过电压的电器

限制故障电流和防御过电压的电器主要有用于限制短路电流的电抗器和防御过电压的避雷器、避雷针、避雷线等。

（4）接地装置

接地装置是用来保证电力系统正常工作的工作接地或保护人身安全的保护接地，它们均与埋入地中的金属接地体或接成接地网的接地装置连接。

（5）载流导体

电气设备必须通过载流导体按照生产和分配电能的顺序或者按照设计要求连接起来，常见的载流导体有母线、架空线、电力电缆等。

（6）补偿装置

补偿装置有调相机、电力电容器、消弧线圈、并联电抗器等。它们用于补偿系统的无功功率、补偿小电流接地系统中的单相接地电容电流、吸收系统过剩的无功功率等。

（7）仪用互感器

仪用互感器主要有电压互感器和电流互感器，它们将一次回路中的高电压和大电流变成低电压和小电流，供给测量仪表和继电保护装置用。

2. 电气二次设备

对电气一次设备进行测量、控制、监视和保护的设备称为电气二次设备，可分为测量仪表、继电保护及自动装置、直流设备、控制设备、信号设备、控制电缆和绝缘监察装置等。

（1）测量仪表

测量仪表主要有电压表、电流表、功率表、电能表等，它们用于测量一次回路的运行参数。

（2）继电保护及自动装置

继电保护及自动装置用于迅速反应电气故障或不正常运行情况，并根据要求切除故障、发出信号或进行相应的调节。

（3）直流设备

直流设备主要用于供给保护、操作、信号以及事故照明等设备的直流供电，有直流发电机组、蓄电池、硅整流装置等。

（4）控制设备

控制设备是指对断路器进行手动或自动的开、合操作控制的设备。

（5）信号设备

信号设备有光字牌信号、反映断路器和隔离开关位置的信号、主控制室的中央信号等。

（6）控制电缆

控制电缆是指连接各类二次设备的电缆。

（7）绝缘监察装置

绝缘监察装置主要用于监察交流和直流系统的绝缘状况。

1.3　城市轨道交通供变电系统

城市轨道交通供变电系统从城市电网引入中高压电源，并将引入的电源进行变压、整流或直接分配至各牵引变电所和降压变电所，为机车和辅助设备提供电能，是城市轨道交通系统的重要组成部分。

1.3.1　城市轨道交通供变电系统结构组成

城市轨道交通供变电系统示意图如图 1-26 所示，图中的发电厂、升压变压器以及区域变电站属于城市电网中的一次供电系统，由国家电力部门统一建造和管理。

发电厂一般可分为火力发电厂、水力发电厂和核电厂等，发电厂的发电机产生的电能需先经过升压变压器升压至 110 kV、220 kV 甚至更高的电压，再通过三相传输线路输送至城市电网区域变电站。城市电网区域变电站将 220 kV 或更高电压等级的电能降压到 110 kV，为城市轨道交通主变电所供电。城市轨道交通主变电所将接收的 110 kV 高压降压成 35 kV 或 10 kV 的中压，经过三相传输线路输送至本区域内的牵引变电所和降压变电所，通过牵引变电所和降压变电所为城市轨道交通各类用电负荷提供合适的电能（如 DC 1 500 V 和 AC 380 V 等）。

在城市轨道交通供变电系统中，可根据实际需要设立专门的高压主变电所，由城市电网区域变电站给城市轨道交通主变电所供电。城市电网提供的电能经过城市轨道交通主变电所降压后，分别以不同的电压等级为牵引变电所和降压变电所供电。

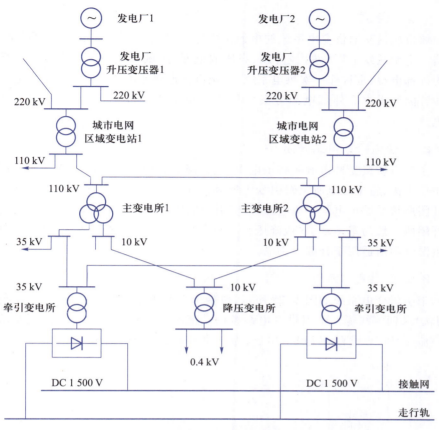

图 1-26　城市轨道交通供变电系统示意图

　　根据功能的不同,城市轨道交通供变电系统可划分为外部电源、主变电所或电源开闭所、牵引供变电系统、降压供配电系统、杂散电流与防护系统和电力监控系统,如图 1-27 所示。

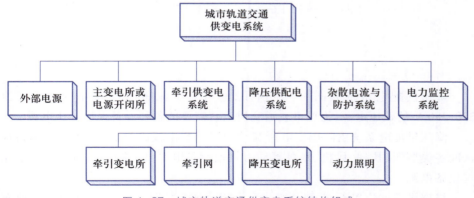

图 1-27　城市轨道交通供变电系统结构组成

1. 外部电源

城市轨道交通供变电系统的电源由发电厂经城市电网提供,属于高压供电网络。电源从发电厂(站)经升压、高压输电网、区域变电站至主变电所的部分称为外部电源,也称作一次供电系统,为城市轨道交通供变电系统的主变电所或电源开闭所供电。外部电源方案的形式有集中式供电、分散式供电和混合式供电。

2. 主变电所或电源开闭所

主变电所接受城市电网高压电源,经过降压为牵引变电所和降压变电所提供中压电源;将主变电所至牵引变电所和降压变电所的部分称为中压网络。电源开闭所接受城市电网中压电源,为牵引变电所和降压变电所转供中压电源;电源开闭所一般与车站牵引(或降压)变电所合建。主变电所适用于集中式供电,而电源开闭所适用于分散式供电。

3. 牵引供变电系统

牵引供变电系统如图 1-28 所示,包括牵引变电所、馈电线、接触网、走行轨(钢轨)及回流线等。牵引供变电系统的功能是将交流中压电源经降压整流变成直流 1 500 V 或直流 750 V 电压,为电动列车提供牵引电源。

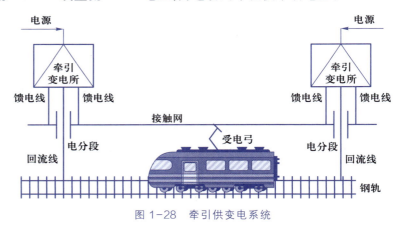

图 1-28　牵引供变电系统

4. 降压供配电系统

降压供配电系统如图 1-29 所示,它可将交流中压电源降压变成交流 220/380 V 的低压电源,为城市轨道交通运营需要的各种设备提供低压电源。

降压供配电系统由降压变电所和动力照明配电线路组成,主要提供车站和区间各类照明、扶梯、风机、水泵等动力机械设备电源,以及通信、信号和自动化等设备电源。

根据设置的位置不同,降压变电所可以分成车站降压变电所、车辆段或停车场降压变电所、控制中心降压变电所;根据主接线的形式不同,降压变电所又可

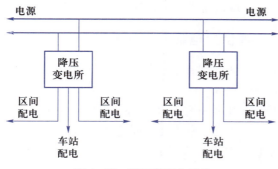

图 1-29 降压供配电系统

以分成一般降压变电所、跟随式降压变电所;当降压变电所与牵引变电所合建时,将形成牵引降压混合变电所。

5. 杂散电流与防护系统

杂散电流与防护系统的功能是减少因直流牵引供电引起的杂散电流并防止其对外扩散,尽量避免杂散电流对城市轨道交通本身及其附近结构钢筋、金属管线的电腐蚀,并对杂散电流及其腐蚀防护情况进行监测。

6. 电力监控系统

电力监控系统在控制中心通过调度端、通信网络和执行端实时对城市轨道交通各变电所、接触网设备进行远程数据采集和监控。

1.3.2 城市轨道交通供变电系统功能

城市轨道交通供变电系统主要具有如下功能:

① 全方位的供电服务功能:指供变电系统应能满足城市轨道交通系统所有用电设备的用电需求。

② 高效便捷的调度功能:指供变电系统应能在控制中心进行远程控制、监视和测量,并在运行时根据实际需要进行方便快捷的调度操作。

③ 完善的控制、显示和计量功能:指供变电系统应具有完善的控制功能,并能明确显示系统中各个环节的运行状态,对电量的测量和电能的计量应高效、准确。

④ 电磁兼容功能:指供变电系统中的各种电气、电子设备应做到良好的兼容。

⑤ 自我保护功能:指供变电系统应具备完善的保护措施,在发生故障时可自动切除故障设备、线路,以确保其他非故障部分的正常运行,最大限度地缩小故障范围。

⑥ 防止误操作功能:指对供变电系统中各个环节的操作都应设置相应的联锁条件,避免因误操作引发供变电系统故障。

⑦ 故障自救功能:指供变电系统应具有备用应急措施(接触网除外),在系

统发生故障时能够保证城市轨道交通的正常运行。

1.3.3 城市轨道交通供变电系统基本要求

城市轨道交通供变电系统的设置与运行应满足安全性、可靠性、经济性、适用性和先进性等条件。

① 安全性是指供变电系统应具备完善的电气安全防护措施，以确保各用电设备、线路及操作人员的安全，亦不能对周边环境和过往行人带来安全隐患。

② 可靠性是指供变电系统应具备稳定可靠的对机车和各用电设备持续供电的能力。

③ 经济性是指供变电系统的设置应综合考虑城市轨道交通项目全生命周期各种因素，全面、科学地核算施工、运营成本，确保经济实用。

④ 适用性是指供变电系统应满足城市轨道交通项目的建设目的和性能要求。

⑤ 先进性是指供变电系统应在设计理念、系统方案设计、设备选型、工艺处理、管理运营等方面充分考虑社会发展形势和科技发展趋势，保证供电系统具备足够的先进性和升级改造潜力。

 复习与思考

1. 城市轨道交通的定义和特点是什么？
2. 城市轨道交通类型主要有哪些？
3. 电力系统由哪些部分组成？
4. 电力系统一次和二次设备分别有哪些？
5. 不同类型的城市轨道交通各有什么样的特点？
6. 城市轨道交通供变电系统按照系统功能的不同主要分为哪几部分？主要作用分别是什么？
7. 简述城市轨道交通供变电系统的主要功能。
8. 城市轨道交通供变电系统的基本要求有哪些？

第 2 章
外部电源

2.1 外部电源概述

城市轨道交通供变电系统一般从城市电网获得电能。通常将城市电网的区域变电站或城市轨道交通主变电所以上的部分称为城市轨道交通的外部电源。

对于城市电网而言,城市轨道交通供变电系统属于电力部门的一级负荷。因此,城市轨道交通主变电所、牵引变电所或降压变电所均由两个独立的电源供电。

2.2 外部电源供电方式

由于城市轨道交通线路分布范围较广,通常需要在轨道沿线设置多个牵引变电所或降压变电所,再加上电源线路的具体分布情况不同,因此,向牵引变电所或降压变电所供电的形式复杂多样,根据外部电源方案可分为集中式供电、分散式供电和混合式供电三种方式。

2.2.1 集中式供电

集中式供电是指设置专用的主变电所集中为牵引变电所和降压变电所供电的外部供电方式。

根据用电容量和线路长短,在城市轨道交通沿线设置若干座专用主变电所,每座主变电所由城市电网提供两路独立可靠的电压为 110 kV 进线电源,经主变电所降压变成 35 kV 或 10 kV(也可以是 20 kV)后为牵引变电所和降压变电所供电,各变电所通过联络开关实现电源互为备用。集中式供电结构如图 2-1所示。

对于城市电网电力接口相对较少的城市,集中式供电方式有利于城市轨道交通供电形成独立供电体系,受城市电网其他负荷的干扰小,保证城市轨道交通供电系统的可靠性和稳定性且便于管理和运营。目前国内大部分城市如上海、广州、南京、香港、西安、重庆等和伊朗德黑兰的地铁均采用此供电方式。

2.2.2 分散式供电

分散式供电是指城市轨道交通沿线分散引入城市中压电源直接(或通过电

电子课件
城市轨道交通
外部电源及其
供电方式

微课
城市轨道交通
外部电源

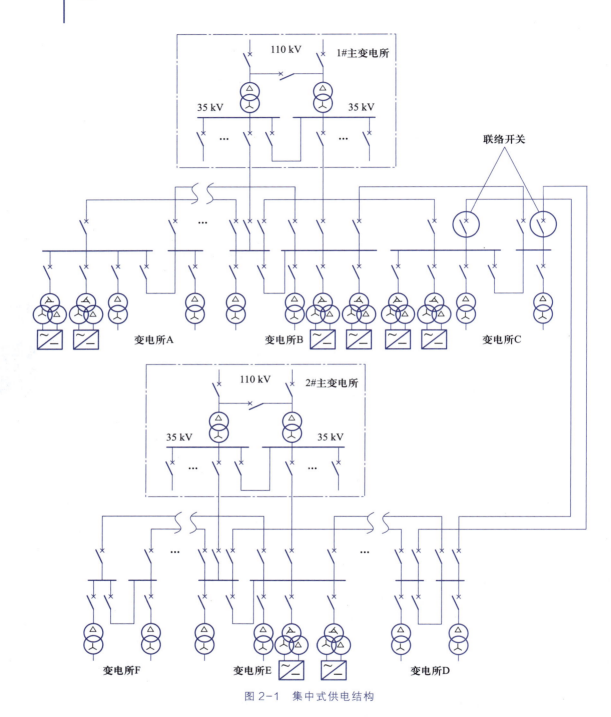

图 2-1　集中式供电结构

源开闭所间接)为牵引变电所和降压变电所供电的外部供电方式。

由于我国城市电网正在逐步取消或改造 35 kV 电压等级,要想在地铁沿线几十千米范围内引入多路 35 kV 的电源比较困难,而城市电网 10 kV 的电压等级比较常见,所以分散式供电通常会在城市轨道交通沿线直接由城市电网引入多路 10 kV(少量的 35 kV)电源构成供电系统。分散式供电结构如图 2-2 所示。

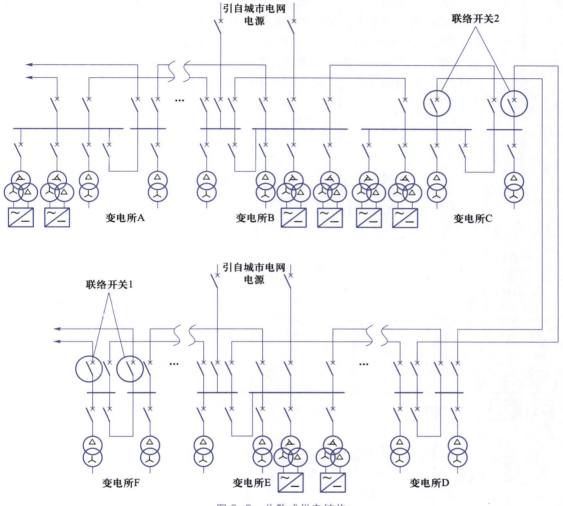

图 2-2　分散式供电结构

　　分散式供电要保证每座牵引变电所和降压变电所均获得双路电源,要求城市轨道交通沿线有足够的电源引入点及备用容量,与城市电网接口比较多,平均每 4~5 个车站就要引入两路电源,与城市电网关系紧密,独立性差,运营管理相对复杂。但随着城市一体化和资源共享的发展趋势,以及分散式供电建设成本和运营成本较低、经济效益高等特点,分散式供电的应用也会有一定的发展前景。

　　分散式供电方案最早应用于北京地铁 1、2 号线,目前沈阳地铁、长春轻轨、大连快轨,以及北京地铁 4、5、9 号线和 10 号线的一期工程等也都采用此供电方式。

2.2.3 混合式供电

混合式供电一般是指以集中式供电为主、分散式供电为辅的供电方式。混合式供电是介于集中式供电和分散式供电之间的一种优势互补的结合式供电方式,该供电方式同时具备分散式供电的经济效益和集中式供电的可靠性,可在资源充足的路段采用分散式供电以降低成本,而在资源紧张的路段采用集中式供电以保证供电的可靠性。混合式供电结构如图 2-3 所示。

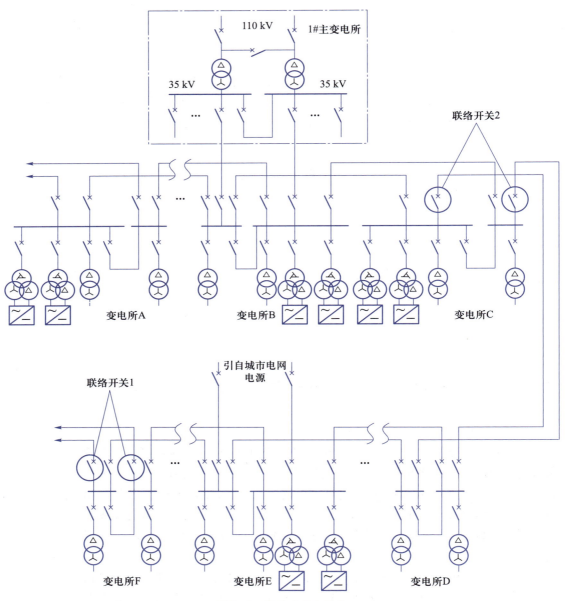

图 2-3 混合式供电结构

在主变电所设置一定的情况下,如果线路末端中压网络压降不能满足要求,则可以从城市电网引入中压电源作为补充,构成以集中式供电为主的混合式供电方案。如果某一条城市轨道交通沿线有其他线路的主变电所可以资源共享,可以从该主变电所引入中压电源,作为城市电网中压电源点的补充,构成以分散式供电为主的混合式供电方案。

另外,与分散式供电相比较,集中式供电还有一些明显优点,如电力部门与城市轨道交通部门产权划分清晰、计量计费方便、维护与维修简单等。集中式供电与分散式供电的比较如表 2-1 所示。

表 2-1　集中式供电与分散式供电的比较

序号	名称	集中式供电	分散式供电
1	受电电压	110 kV	10 kV
2	供电质量	110 kV 为高压输电网,供电质量好	10 kV 电压较低,负荷变化大,供电质量较差
3	电能质量	与公用电网相互影响小,可监测和处理谐波源	与公用电网相互影响较大,会造成电网污染
4	主变电所数量	需新建设若干主变电所	无须建设主变电所,但需要增加城市电网变电所容量
5	调度	与公用电网的连接点少,运行、调度、管理方便	与公用电网的连接点多,运行、调度、管理不便
6	运行	便于集中管理,调度管理相对容易且电网损耗相对较低	分散管理,管理难度较大且电网损耗大
7	公用电网提供备用	受电点少,要求公用电网提供的备用容量降低	受电点多,各分散受电点备用容量之和比集中式供电大
8	业务管理	计量收费工作便捷	计量收费工作复杂
9	电源间隔	需公用电网提供的出线间隔较少	需公用电网提供的出线间隔较多
10	电缆敷设	隧道外电缆敷设量少,电缆敷设通道易安排,隧道内敷设量多,有利于电缆的施工和维护	由于线路回数多,隧道外电缆敷设量增加,不利于电缆施工和维护
11	供电可靠性	受城市电网影响小,有利于形成轨道交通供电网,且供电资源共享,供电可靠性和安全性较高	与城市电网众多的负荷出线引接在同一条公用母线上,供电可靠性和安全性受影响

续表

序号	名称	集中式供电	分散式供电
12	经济性	对交叉或邻近线路供电,能进行综合优化,节约投资及土地资源,达到资源共享;对近、远期不同期建设的线路供电方案能进行优化,做到远近结合;充分利用公用电网的电力资源;节约公用电网出线间隔的使用	没有能力对交叉或邻近线路,以及近、远期不同期建设的线路供电方案进行综合优化;公用电网需提供大量出线间隔,可能影响社会用电间隔需求
13	投资建设	需建设主变电所、电力通道,投资相对较高	若不涉及对公用电网的改造及增容,则投资较低

2.3   外部电源电压等级与基本要求

城市电网有多种不同的电压等级,城市轨道交通供变电系统选用何种电压等级,与外部电源供电方式和城市轨道交通供电负荷容量等有关。城市轨道交通供电负荷作为一级负荷,对外部电源有较高的要求。因此,负责给城市轨道交通系统供电的外部电源需要遵循一定的设计原则。

2.3.1   外部电源电压等级与选择

根据中华人民共和国国家标准《标准电压》(GB/T 156—2017)的规定,我国电网标准电压有 220/380 V、380/660 V、1 kV、3 kV、6 kV、10 kV、20 kV、35 kV、66 kV、110 kV、220 kV、330 kV、500 kV、750 kV 和 1 000 kV 共 15 个等级。一般认为 220 kV 及以上的电压等级为高压送电网,110 kV、66 kV 电压等级为高压配电网,1 kV 以上、35 kV 及以下的电压等级为中压配电网,1 kV 及以下的电压等级为低压配电网。

国内对于集中式供电方案,外部电源电压等级一般为 110 kV;对于分散式供电方案,中压网络的电压等级应与城市电网一致。根据城市电网情况,可以采用 35 kV、20 kV 和 10 kV。国外城市轨道交通供变电系统广泛采用 20 kV 中压网络。

2.3.2   城市轨道交通供变电系统对外部电源的要求

城市轨道交通供变电系统对引入的外部电源的要求如下:

① 引入的两路电源要求来自不同的变电所或同一变电所的不同母线;

② 引入的每条进线电源的容量必须满足变电所全部一、二级负荷需求;

③ 引入的两路电源分列运行,通过母联断路器互为备用,当其中一路电源发生故障时,由另一路电源提供电能;

④ 为便于运营管理和减少损耗,集中式供电的主变电所的位置和分散式供电的电源点应尽量靠近城市轨道交通线路,减少引入城市轨道交通系统的电缆通道的长度;

⑤ 在设有两座以上主变电所的应急电源系统中,在保证城轨电动车组安全快捷地运送旅客这一基本功能的前提下,还需将保证一定运输能力的牵引负荷和保证城市轨道交通的通信系统、信号系统、防灾报警系统、电力监控系统、变电所操作电源和应急照明等特别重要负荷纳入应急电源系统。

2.3.3　外部电源设计与施工原则

城市轨道交通供变电系统引入外部电源时,一般要结合城市电网架空线走廊或电缆通道进行设计与施工,通常由当地电力部门和设计单位负责设计并施工。设计与施工的原则如下:

① 外部电源应就近从城市电网系统接口引入主变电所;

② 对于集中式供电方案,引至同一主变电所的两回路电源线路应至少有一回路直接从城市电网变电所馈电母线专用回路引入;

③ 对于分散式供电方案,引至同一电源开闭所的两回路电源线路应从城市电网变电所不同的馈电母线直接引入;

④ 对于电缆线路,引至同一电源变电所的两回路电源线路应敷设在不同的电缆通路或同一通路的不同支架和管道内。

2.4　城市轨道交通供变电系统谐波与治理

电子课件
城市轨道交通
供变电系统谐
波与治理

城市轨道交通供变电系统中存在许多非线性负载,如整流机组、荧光灯、UPS 电源、变频器和软启动器等,都会产生大量的谐波,使电力系统标准的正弦波发生畸变,降低电能质量。

就如何抑制城市轨道交通供变电系统谐波,将供变电系统的谐波降低到最低程度,减少谐波对供变电系统和设备的危害,国内主要有以下两方面的解决手段:

① 将城市电网中滤波、无功补偿等措施应用到城市轨道交通中,对滤波装置的结构和参数进行优化,采用计算机软件程序根据客流量的变化对谐波电流做出预测和分析,控制滤波装置的参数相应地发生变化;

② 直流侧的谐波对地铁车辆信号会产生很大的干扰,采用等效 24 脉波整流替代原来的 12 脉波整流,会使交流侧和直流侧的谐波得到很大改善,此方式属于主动式谐波抑制方式。

地铁主变电所注入城市电网的谐波电流应符合中华人民共和国国家标准《电能质量　公用电网谐波》(GB/T 14549—1993)的要求。

2.4.1　谐波概念

理想干净的电力系统中,电流和电压都是标准的正弦波。当电力系统向非线性负载供电时,会使得所加的电压与产生的电流不成线性(正比)关系而造成波形畸变为非正弦波。

根据傅立叶级数分析和证明,任何周期性的非正弦波都可以分解为基波分量和一系列频率为基波频率整数倍的谐波分量。基波为频率一定的正弦波,而每个谐波则是频率、幅值和相位都不同的正弦波。

谐波可分为奇次谐波和偶次谐波,并根据谐波额定频率与基波频率的比值确定谐波的次数。额定频率为基波频率奇数倍的谐波称为奇次谐波,如 3、5、7、9 次谐波等;额定频率为基波频率偶数倍的谐波称为偶次谐波,如 2、4、6、8、10 次谐波等。

通常在电力系统中,奇次谐波引起的危害比偶次谐波更多、更大。因为在平衡的三相系统中,由于对称关系,偶次谐波基本被消除,只剩下奇次谐波存在。三相整流装置产生的谐波都为 $6k\pm1(k=1,2,3,\cdots)$ 次谐波,例如 5、7、11、13、17、19、23、25 次谐波等,变频器主要产生 5、7 次谐波。图 2-4 所示为基波叠加 5 次和 7 次谐波前后的波形对比图。

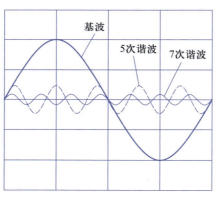
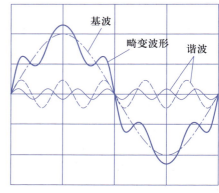

(a) 基波与谐波　　　　　　　　　　　(b) 波形畸变

图 2-4　基波叠加 5 次和 7 次谐波前后的波形对比图

城市轨道交通供变电系统中的谐波源主要为各种交直流换流装置(整流器、逆变器)以及双向晶闸管可控开关设备。

当电力系统向非线性负载供电时,这些设备或负载在传递、变换、吸收基波能量的同时,又把部分基波能量转换为谐波能量,向系统倒送大量的高次谐波,使电力系统的正弦波形畸变,电能质量降低。

2.4.2　谐波危害

城市轨道交通供变电系统中的电力谐波主要有如下危害:

① 整流机组引起的谐波会干扰城轨信号和通信系统,降低信号的传输质量,破坏信号的正确传递,甚至损坏通信设备。

② 使钢轨电位升高,影响城轨车辆安全运营。

③ 使所有接于电网中设备的损耗和温升增加,含有电容器的设备受影响最为严重,甚至可能导致设备损坏以及电容器爆炸等事故。

④ 使电动机类负荷由于谐波的逆序作用而导致输出扭矩下降。

⑤ 继电保护机构可能会由于谐波而产生误动或拒动故障。

⑥ 谐波的频率较高,会使导线的趋肤效应加重,因此铜损急剧增加;同时,变压器铁芯由于不能适应急剧变化的磁通而导致铁损急剧增加。

⑦ 谐波会影响表计的计量精度,主要原因是谐波源将其吸收的一部分电网电能转变为谐波再注入返回电网中去,此时电能表会将谐波能量当作发电量来进行计算,从而导致计量误差。机械式电能表还会由于高频率谐波所产生的高频涡流阻力而变慢。在高次谐波严重的情况下,电能表的计量精度会受到严重影响,导致莫名其妙的丢电现象。

当电网的谐波污染程度小于国家标准的规定时,通常不会对系统造成影响。随着污染程度的增加,谐波的影响就逐渐显现出来。在谐波严重超标的情况下,如果不进行谐波治理,往往会产生很严重的后果。

谐波源的特性非常复杂,因为谐波的产生不仅仅取决于产生谐波的负荷本身,还与电网的短路容量、电网的组成形式以及电网中其他负荷的性质有关。

2.4.3 谐波计算

1. 谐波术语定义与数学表达式

本部分内容根据国家标准《电能质量 公用电网谐波》(GB/T 14549—1993)进行编写。

(1) 谐波含有率

谐波含有率(harmonic ratio,HR)是指周期性交流量中含有的第 h 次谐波分量的均方根(也称方均根)值与基波分量的均方根值之比(用百分数表示)。

① 第 h 次谐波电压含有率 HRU_h:

$$HRU_h = \frac{U_h}{U_1} \times 100\% \tag{2-1}$$

式中,U_h 为第 h 次谐波电压(均方根值)(kV);U_1 为基波电压(均方根值)(kV)。

② 第 h 次谐波电流含有率 HRI_h:

$$HRI_h = \frac{I_h}{I_1} \times 100\% \tag{2-2}$$

式中,I_h 为第 h 次谐波电流(均方根值)(A);I_1 为基波电流(均方根值)(A)。

（2）谐波含量（电压或电流）

谐波含量（harmonic content）是指从周期性交流量中减去基波分量后所得的量。

① 谐波电压含量 U_H：

$$U_H = \sqrt{\sum_{h=2}^{\infty}(U_h)^2} \tag{2-3}$$

② 谐波电流含量 I_H：

$$I_H = \sqrt{\sum_{h=2}^{\infty}(I_h)^2} \tag{2-4}$$

（3）总谐波畸变率

总谐波畸变率（total harmonic distortion，THD）是指周期性交流量中的谐波含量的均方根值与其基波分量的均方根值之比（用百分数表示）。

① 电压总谐波畸变率 THD_u：

$$THD_u = \frac{U_H}{U_1} \times 100\% \tag{2-5}$$

② 电流总谐波畸变率 THD_i：

$$THD_i = \frac{I_H}{I_1} \times 100\% \tag{2-6}$$

（4）谐波电压限值

公用电网谐波电压（相电压）限值如表 2-2 所示。

表 2-2 公用电网谐波电压(相电压)限值

电网标称电压/kV	电压总谐波畸变率 THD_u/%	各次谐波电压含有率 HRU_h/%	
		奇次	偶次
0.38	5.0	4.0	2.0
6	4.0	3.2	1.6
10			
35	3.0	2.4	1.2
66			
110	2.0	1.6	0.8

（5）谐波电流允许值

公共连接点的全部用户向该点注入的谐波电流分量（均方根值）不应超过表 2-3 中规定的允许值。

表 2-3　注入公共连接点的谐波电流允许值

标准电压/kV	基准短路容量/MV·A	谐波次数及谐波电流允许值/A											
		2	3	4	5	6	7	8	9	10	11	12	13
0.38	10	78	62	39	62	26	44	19	21	16	28	13	24
6	100	43	34	21	34	14	24	11	11	8.5	16	7.1	13
10	100	26	20	13	20	8.5	15	6.4	6.8	5.1	9.3	4.3	7.9
35	250	15	12	7.7	12	5.1	8.8	3.8	4.1	3.1	5.6	2.6	4.7
66	500	16	13	8.1	13	5.4	9.3	4.1	4.3	3.3	5.9	2.7	5.0
110	750	12	9.6	6.0	9.6	4.0	6.8	3.0	3.2	2.4	4.3	2.0	3.7
标准电压/kV	基准短路容量/MV·A	谐波次数及谐波电流允许值/A											
		14	15	16	17	18	19	20	21	22	23	24	25
0.38	10	11	12	9.7	18	8.6	16	7.8	8.9	7.1	14	6.5	12
6	100	6.1	6.8	5.3	10	4.7	9	4.3	4.9	3.9	7.4	3.6	6.8
10	100	3.7	4.1	3.2	6	2.8	5.4	2.6	2.9	2.3	4.5	2.1	4.1
35	250	2.2	2.5	1.9	3.6	1.7	3.2	1.5	1.8	1.4	2.7	1.3	2.5
66	500	2.3	2	2	3.4	1.8	3.4	1.6	1.9	1.5	2.8	1.4	2.6
110	750	1.7	1.9	1.5	2.8	1.3	2.5	1.2	1.4	1.1	2.1	1.0	1.9

注：220 kV 基准短路容量取 2 000 MV·A。

当公共连接点的最小短路容量不同于表 2-3 中的基准短路容量时，按下式修正表 2-3 中的谐波电流允许值：

$$I_h = \frac{S_{k1}}{S_{k2}} I_{hp} \tag{2-7}$$

式中，S_{k1} 为公共连接点的最小短路容量（MV·A）；S_{k2} 为基准短路容量（MV·A）；I_{hp} 为表 2-3 中的第 h 次谐波电流允许值（A）；I_h 为短路容量为 S_{k1} 时的第 h 次谐波电流允许值（A）。

2. 牵引整流机组谐波次数

牵引整流机组谐波分为特征谐波和非特征谐波。

（1）特征谐波次数

根据傅立叶级数分析和证明，整流机组中产生的特征谐波次数由整流相数决定，计算公式如下：

$$h = kp \pm 1 \tag{2-8}$$

式中，h 为谐波次数；p 为相数（脉波数）；$k = 1, 2, 3, \cdots$，为正整数。

（2）非特征谐波次数

脉波数较高的整流机组所产生的非特征谐波，一般为 6 脉波整流机组特征谐波的 10%~15%。常见脉波整流电路谐波电流与基波电流之比如表 2-4 所示。

表 2-4　常见脉波整流电路谐波电流与基波电流之比

脉波数 p	谐波次数 h（相对于基波电流 I_1 的标幺值）							
	5	7	11	13	17	19	23	25
6	0.175	0.110	0.045	0.029	0.015	0.010	0.009	0.008
12	0.026	0.016	0.045	0.029	0.002	0.001	0.009	0.008
24	0.026	0.016	0.007	0.004	0.002	0.001	0.009	0.008

3. 相关计算

（1）第 h 次谐波电压含有率 HRU_h 与第 h 次谐波电流分量 I_h 的关系

第 h 次谐波电压含有率 HRU_h 与第 h 次谐波电流分量 I_h 的关系如下式：

$$HRU_h = \frac{\sqrt{3} Z_h I_h}{10 U_N} \times 100\% \qquad (2-9)$$

近似的工程估算按下式计算：

$$HRU_h = \frac{\sqrt{3} U_N h I_h}{10 S_k} \times 100\% \qquad (2-10)$$

式中，U_N 为电网的标称电压（kV）；S_k 为公共连接点的三相短路容量（MV·A）；Z_h 为系统的第 h 次谐波阻抗（Ω）。

（2）两个不同谐波源的同次谐波电流在一条线路的同一相上叠加

① 当相位角已知时，按下式计算：

$$I_h = \sqrt{I_{h1}^2 + I_{h2}^2 + 2 I_{h1} I_{h2} \cos \theta_h} \qquad (2-11)$$

式中，I_{h1} 为谐波源 1 的第 h 次谐波电流（A）；I_{h2} 为谐波源 2 的第 h 次谐波电流（A）；θ_h 为谐波源 1 和谐波源 2 的第 h 次谐波电流之间的相位角。

② 当相位角不确定时，按下式计算：

$$I_h = \sqrt{I_{h1}^2 + I_{h2}^2 + K_h I_{h1} I_{h2}} \qquad (2-12)$$

式中，I_{h1} 为谐波源 1 的第 h 次谐波电流（A）；I_{h2} 为谐波源 2 的第 h 次谐波电流（A）；K_h 为计算系数，按表 2-5 选取。

表 2-5　计算系数 K_h

h	3	5	7	11	13	9、>13、偶次
K_h	1.62	1.28	0.72	0.18	0.08	0

两个以上谐波源的同次谐波电流在同一节点同一相上叠加时，首先将两个谐波电流叠加，然后再与第三个谐波电流叠加，以此类推，计算式与式（2-11）或式（2-12）类同。

③ 公共连接点处第 i 个用户的第 h 次谐波电流允许值 I_{hi} 按下式计算：

$$I_{hi} = I_h \left(\frac{S_i}{S_t} \right)^{\frac{1}{\alpha}} \tag{2-13}$$

式中，I_h 为按式（2-7）换算的第 h 次谐波电流允许值（A）；S_i 为第 i 个用户的用电协议容量（MV·A）；S_t 为公共连接点的供电设备容量（MV·A）；α 为相位叠加系数，按表 2-6 选取。

表 2-6　谐波的相位叠加系数

h	3	5	7	11	13	9、>13、偶次
α	1.1	1.2	1.4	1.8	1.9	2

2.4.4　谐波测量方法与注意事项

谐波的测量方法与注意事项如下：

① 谐波电压（或电流）测量应选择在电网正常供电时可能出现的最小运行方式，且应在谐波源工作周期中产生的谐波量大的时段内进行。当测量点附近安装有电容器组时，应在电容器组的各种运行方式下进行测量。

② 测量的谐波次数一般为第 2 到第 19 次，根据谐波源的特点或测试分析结果，可以适当变动谐波次数测量的范围。

③ 对于负荷变化快的谐波源（如晶闸管变流设备供电的城轨电力机车），测量的间隔时间不大于 2 min，测量次数应满足数理统计的要求，一般不少于 30次。对于负荷变化慢的谐波源，测量间隔和持续时间不做规定。

④ 谐波测量的数据应取测量时段内各相实测量值的 95% 概率值中最大的一相值，作为判断谐波是否超过允许值的依据。但对负荷变化慢的谐波源，可选5 个接近的实测值，取其算术平均值。为了实用方便，可将实测值按由大到小的次序排列，舍弃前面 5% 的大值，取剩余实测值中的最大值，作为实测值的 95%概率值。

2.4.5　谐波治理

1. 谐波治理的总体思路

谐波的治理应当首先考虑预防，限制谐波产生的源头，采取必要的技术措施使系统中产生的谐波尽量减小，这样更有利于谐波的治理或不需要再进行进一步的治理。

在构建城市轨道交通供变电系统和选择设备时，应该将减小谐波作为一项重要的条件来考虑。城市轨道交通的直流牵引供电系统应优先选择具有更好的整流电路和完善的滤波措施的产品。

其次，在预防的基础上，还要再考虑补救措施。特别是对于既有的用户低压系统来说，由于系统结构已经基本固定，谐波问题只能通过加装电抗器、滤波器等补救措施来治理和控制。

2. 治理谐波的预防性措施

整流机组中的相位抵消：通过选择合适的相位移动，由低脉波数整流机组构成高脉波数整流机组，可以消除谐波或控制谐波。

为了减少牵引供变电系统中产生的谐波电流，牵引变电所应采用两套带移相绕组的 12 脉波牵引整流机组并联运行，构成 24 脉波整流，最大限度地减少谐波的产生。还可以通过开发其他有效的过程和方法来控制、减小或消除城市轨道交通牵引供变电系统谐波。

3. 治理谐波的补救性措施

补救性措施是指为克服既有谐波问题所采用的技术措施，主要包括使用 LC 无源谐波滤除和有源谐波滤除等。

（1）无源谐波滤除

无源谐波滤除装置主要由电抗器和电容器串联构成，组成的 LC 串联回路并联于系统中，设定 LC 回路的谐振频率在需要滤除的谐波频率上，如 5 次、7 次和 11 次谐振点上，达到滤除这些谐波的目的。

无源谐波滤除成本低，但滤波效果不太理想，只能消除特定的几次谐波，如果谐振频率设定不好，会与系统产生谐振。目前低压 0.4 kV 系统大多数采用无源谐波滤除方式，高压 10 kV 系统几乎都采用这种方式对谐波进行治理。另外，低压侧高质量的谐波滤除装置可采用光纤触发系统来大幅度降低因谐波干扰导致电缆触发所产生的误动。

（2）有源谐波滤除

有源谐波滤除装置是在无源谐波滤除装置的基础上发展而来的，谐波滤除效果更好，在额定的无功功率范围内，谐波滤除效果可以达到 100%。有源谐波滤除装置主要由可控的电力电子元件组成，该装置可以产生一个与系统谐波同频率、同幅度，且相位相反的谐波电流来与系统中的谐波电流相互抵消，使电源的总谐波电流为零。

由于受到电力电子元件耐压和额定电流限制，有源谐波滤除装置成本极高，其制作工艺也比无源谐波滤除装置复杂得多。有源谐波滤除装置主要应用于计算机控制系统的供电系统，尤其是写字楼的供电系统和工厂的计算机控制供电系统。

对于城市轨道交通供变电系统，由于其运营初期用电负荷小，牵引整流机组产生的谐波含量不高，因此必要时可在主变电所、电源开闭所预留谐波滤除装置的安装位置，当城市轨道交通供变电系统的谐波含量超标时投入谐波滤除装置。

电子课件
无功功率与无功补偿

2.5 　无功功率与无功补偿

在电网中，由电源供给负载的电功率有两种：一种是有功功率，另一种是无功功率。有功功率是保持用电设备正常运行所需的电功率，也就是将电能转换为其他形式能量(机械能、光能、热能)的电功率。无功功率比较抽象,它是用于电路内电场与磁场,并用来在电气设备中建立和维持磁场的电功率。凡是有电磁绕组的电气设备,要建立磁场,就要消耗无功功率。由于它对外不做功,故被称为"无功"。

2.5.1　无功功率概念与作用

在具有电抗的交流电路中,电场或磁场在一个周期的一部分时间内从电源吸收能量,另一部分时间内则释放能量,在整个周期内平均功率是零,但能量在电源和电抗元件(电容、电感)之间不停地交换,交换率的最大值即为无功功率。在单相交流电路中,无功功率值等于电压有效值、电流有效值和电压与电流间相位角的正弦三者之积,单位为 var(乏)。

无功功率并不是无用功率,只不过它的功率并不转化为机械能、热能而已。因此在供、用电系统中除了需要有功电源外,还需要无功电源,两者缺一不可。电动机需要建立和维持旋转磁场,使转子转动,从而带动机械运动,电动机的旋转磁场就是靠从电源取得无功功率建立的。变压器也同样需要无功功率,才能使变压器的一次绕组产生磁场,在二次绕组感应出电压。因此,没有无功功率,电动机就不会转动,变压器也不能变压,交流接触器不会吸合。

在正常情况下,用电设备不但要从电源取得有功功率,同时还需要从电源取得无功功率。如果电网中的无功功率供不应求,用电设备就没有足够的无功功率来建立正常的电磁场,那么这些用电设备就不能维持在额定情况下工作,用电设备的端电压就会下降,从而影响用电设备的正常运行。

2.5.2　无功功率危害

无功功率对供、用电也产生一定的不良影响,主要表现在以下四个方面:
① 降低发电机有功功率的输出;
② 视在功率一定时,增加无功功率就要降低输、变电设备的供电能力;
③ 电网内无功功率的流动会造成线路电压损失增大和电能损耗增加;
④ 系统缺乏无功功率时就会造成低功率因数运行和电压下降,使电气设备容量得不到充分发挥。

2.5.3　功率因数要求

《全国供用电规则》中对功率因数做了如下规定:无功电力应就地平衡。用户应在提高用电自然功率因数的基础上,设计和装置无功补偿设备,并做到随其负荷和电压变动及时投入或切除,防止无功电力倒送。用户在当地供电局规定的电网高峰负荷时的功率因数应达到下列规定:
① 高压供电的工业用户和高压供电装有带负荷调整电压装置的电力用户,功率因数为 0.90 以上;
② 其他 100 kV·A(kW) 及以上电力用户和大、中型电力排灌站,功率因数

为 0.85 以上；

③ 趸售和农业用电,功率因数为 0.80。

凡功率因数不能达到上述规定的新用户,供电局可拒绝接电。未达到上述规定的现有用户,应在二三年内增添无功补偿设备,达到上述规定。对长期不增添无功补偿设备又不申明理由的用户,供电局可停止或限制供电。供电局应督促和帮助用户采取措施,提高功率因数。

城市轨道交通属于电力部门的高压供电用户,当功率因数低于 0.90 时,每低 0.01,需增加电费的 0.5%,以补偿功率因数偏低引起电力系统增加的电能损失。

2.5.4　无功功率补偿方式

提高功率因数的方法主要是采用低压无功功率补偿技术。无功功率补偿根据安装位置可分为就地补偿和集中补偿,根据控制工艺可分为静态补偿和动态补偿。

1. 就地补偿

就地补偿是将低压电容器组与电动机并接,通过控制、保护装置与电动机同时投切。就地补偿适用于补偿电动机的无功消耗,以补偿励磁无功为主,此种方式可较好地限制城市轨道交通供变电系统的无功负荷。

就地补偿技术在用电设备运行时,无功补偿设备投入,用电设备停运时,无功补偿设备退出,不需要频繁调整无功补偿容量,具有投资小、占地少、安装配置方便、维护简单和事故率低等特点。

2. 集中补偿

集中补偿分为主变电所集中补偿和变电所低压集中补偿两种方式。

（1）主变电所集中补偿

主变电所集中补偿是针对中压网络的无功平衡,在主变电所进行集中补偿,将并联电容器、同步调相机和静止补偿器等补偿装置连接在主变电所中压母线上,改善高压侧电源的功率因数,提高降压变电所的电压和补偿变压器的无功损耗。此无功补偿方式的管理和维护比较方便。

（2）变电所低压集中补偿

变电所低压集中补偿是以无功补偿投切装置作为控制保护装置,将低压电容器组连接在变电所低压 0.4 kV 母线上,根据低压负荷的波动,投入相应数量的电容器进行跟踪补偿。

变电所低压集中补偿的主要目的是提高配电变压器的功率因数,实现无功的就地平衡,对降低中压网络和配电变压器的电压损失有一定作用,也有助于保证低压配电系统的电压水平,可以替代就地补偿方式,是目前补偿无功功率最常用的手段之一。

集中补偿运行方式灵活,运行维护工作量小,寿命相对延长,运行更可靠;但不能降低配电线路及电气设备的功率损耗,且控制保护装置复杂,首期投资相对较大。集中补偿方式可与就地补偿方式结合使用。

3. 静态补偿

传统的补偿柜或补偿箱大多采用接触器作为电容投切的开关。由于接触器的反应速度慢,还要考虑电容器的放电时间,所以传统的补偿装置都有一个共同特点,投切间隔较长,最快的时间也要 5 s 左右。

静态补偿的优点:技术成熟,价格低廉,工作可靠,在一般场合补偿效果良好。

静态补偿的不足:反应慢,无法对负载波动大的设备进行补偿。另因静态补偿的成本限制,通常没有分补功能。

4. 动态补偿

针对传统静态补偿方式的缺陷,采用晶闸管来做电容的投切开关,可以将反应速度提高到毫秒级,也就可以跟踪负载的变化。技术先进的产品,几乎可以达到同步补偿的水平。把这种通过自动检测相电流、相电压、功率因数等数据,对任何负载情况进行实时快速补偿,并有稳定电网电压功能,可提高电网质量的快速补偿装置称为动态补偿。

动态补偿的优点:反应快,补偿效果好,特别适用于负载波动剧烈的场合。动态补偿通常还有分补功能,可以对不平衡的负载做较好的补偿。

动态补偿的不足:价格高,可靠性还不够,自身耗能很大。在负载比较稳定的场合没有优势。

由于早期的动态补偿装置在工作时没有接触器吸合或释放产生的巨大响声,所以又称为静止补偿。目前常用的动态补偿装置有静止无功补偿装置(static var compensator,SVC)和静止无功发生器(static var generator,SVG),其中,SVG 也称为静止同步补偿器(static synchronous compensator,STATCOM)。

2.5.5　并联电容器无功补偿装置

1. 并联电容器无功补偿原理

图 2-5 所示为并联电容器无功补偿原理图。图中,U 为电源电压,Z 为牵引变压器每相阻抗负载,C 为并联补偿电容器,I_z 为牵引负荷电流,I_c 为并联电容器回路无功补偿电流。

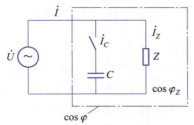

图 2-5　并联电容器无功补偿原理图

图 2-6 所示为并联电容器无功补偿相量图。在牵引侧并联电容器补偿装置后,牵引变压器中流过的电流 I_z 减小为 I,牵引侧功率因数由 $\cos \varphi_z$ 提高到 $\cos \varphi$。

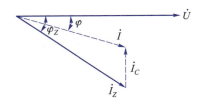

图 2-6　并联电容器无功补偿相量图

2. 并联电容器无功补偿装置结构

（1）接线形式

城市轨道交通供变电系统中虽然同时存在三相负荷和单相负荷,但主要以三相平衡负荷为主。无功补偿装置结构可采用电容器 Y-△ 接线,实现三相分补与三相共补相结合的接线形式,如图 2-7 所示。三相分补部分的电容器为 Y 接线,三相共补部分的电容器为 △ 接线。此接线形式的补偿装置运行方式灵活,且成套设备性价比优于三相分补设备。

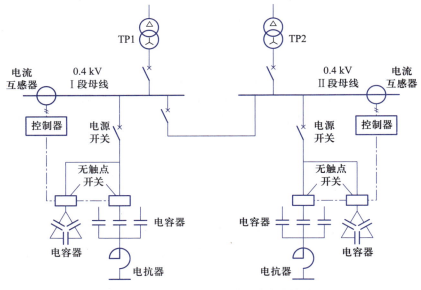

图 2-7　三相分补与三相共补相结合的接线形式

（2）控制器与控制原理

通过检测线路参数,实现电容器自动投切。检测量主要有功率因数 $\cos \varphi$、无功功率 Q 和无功电流 I_q 三种。目前以检测无功电流 I_q 为主。

电容器投切控制器主要有投切电容器专用接触器、复合开关、同步开关和晶闸管等。

　　投切电容器专用接触器有一组辅助触头串联电阻后与主触头并联。在投入过程中辅助触头先闭合,与辅助触头串联的电阻使电容器预充电,然后主触头再闭合,这样就限制了电容器投入时的涌流。

　　复合开关是将晶闸管与继电器触头并联使用,由晶闸管实现电压过零投入与电流过零切除,由继电器触头来通过连续电流,这样就避免了晶闸管的导通损耗问题,也避免了电容器投入时的涌流。但是复合开关既使用晶闸管又使用继电器,于是结构就变得比较复杂,成本也比较高。并且,由于晶闸管对过电流、过电压及 du/dt 较为敏感,因此比较容易损坏。在实际应用中,复合开关的故障多半是由晶闸管损坏所引起的。

　　同步开关在触头两端电压为零的时刻闭合,从而实现电容器的无涌流投入,在电流为零的时刻断开,从而实现开关触头的无电弧分断。由于同步开关省略了晶闸管,因此不仅降低了成本,而且提高了可靠性。同步开关是传统机械开关与现代电子技术完美结合的产物,使机械开关在具有独特技术性能的同时,充分发挥其高可靠性以及低损耗的特点。

　　晶闸管是动态无功补偿装置唯一可选的器件。晶闸管的动作速度快,可以在一个交流周期内完成电容器的投入与切除,并且对投切次数没有限制,通常用于动态补偿控制。由于晶闸管存在导通损耗大、价格高和可靠性差等缺点,在静态补偿控制中并不占优势。

3. 并联电容器无功补偿作用

　　并联电容器无功补偿可以提高城市轨道交通供变电系统的功率因数,减少电力系统的电能损失,吸收谐波电流,具有滤波作用,并改善电力系统的电压质量,提高牵引变电所牵引侧母线电压。

复习与思考

　　1. 城市轨道交通供变电系统的外部电源供电方式有哪些? 各自特点是什么?

　　2. 城市轨道交通供变电系统对外部电源有哪些基本要求?

　　3. 城市轨道交通供变电系统外部电源设计与施工时要注意哪些基本原则?

　　4. 什么是电力系统谐波? 谐波产生的主要因素有哪些?

　　5. 电力系统谐波对城市轨道交通有哪些危害?

　　6. 电力系统谐波测量方法和注意事项有哪些?

　　7. 电力系统谐波治理有哪些方式和措施?

　　8. 什么是无功补偿? 无功补偿方式有哪些?

第 3 章
变电所电气主接线与电气设备

3.1 变电所概述

变电所是电力网中的线路连接点,是用于变换电压、交换功率和汇集、分配电能的设施。变电所主要由变压器、配电装置、测量及控制系统构成,是电网的重要组成部分和电能传输的重要环节,对保证电网安全、经济运行具有重要作用。变电所中用来承担输送和分配电能任务的电路,称为一次电路或电气主接线。

根据变电所在系统中所处的地位可将其分为枢纽变电所、中间变电所、终端变电所。根据变电所在电力网的位置可将其分为区域变电所、地方变电所。变电所还可分为户内式、户外式和组合式三种基本类型。常见变电所有独立式、附设式、露天式、户内式、地下式、杆上式或高台式变电所。

城市轨道交通系统中的变电所主要有主变电所、牵引变电所、降压变电所和跟随式降压变电所,主要由高压配电室、低压配电室、变压器室、直流配电室、电容器室和后台监控室等组成。城市轨道交通系统中的各类变电所大都为户内式。

3.1.1 变电所选址原则

根据变电所设计规范的规定,变电所所址的选择应综合考虑以下因素:

① 尽量接近或深入负荷中心,以降低线路的电能损耗和有色金属的消耗量,提高电能质量;

② 进出线方便,尽量靠近电源侧,避免高压线路跨越其他设备和建筑物;

③ 设备运输方便,特别是大型设备,如电力变压器、高低压开关柜的运输要方便;

④ 不应设在有剧烈振动或高温的场所,不应设在多尘或有腐蚀性气体的场所,不应设在正常积水场所的正下方,且不宜和浴室、厕所或其他经常积水的场所相邻,不应设在有爆炸危险环境的正上方或正下方;

⑤ 高层建筑的变电所宜设置在地下层或首层,设在地下层时,宜选择通风、散热条件较好的场所;

⑥ 在无特殊防火要求的多层建筑中,装有可燃性油的电气设备的变配电所,可设置在底层靠外墙部位,但不应设在人员密集场所的上方、下方、贴邻或疏

散出口的两旁；

⑦ 充分考虑变电所与周边环境和邻近设施之间的相互影响，并应适当考虑变电所扩建的可能；

⑧ 城市轨道交通牵引变电所可与车站降压变电所合建为牵引降压混合变电所。

变电所所址的选择可采用负荷指示图法、负荷矩法或负荷电能矩法确定，具体应用可查阅相关设计手册。

3.1.2　变电所布置要求

变电所的布置应综合考虑以下要求：

（1）便于运行维护与检修

有人值班的变电所，应设单独的值班室，值班室应尽量靠近高低压配电室，且有门直通。昼夜值班的变电所，宜设休息室，并有厕所和给排水设施。变压器、高低压开关柜等电气装置要留有足够的安全净距离和操作维护通道。

（2）便于进出线

如果是高压架空进线，则高压配电室宜位于进线侧。变压器低压出线电流较大，一般采用矩形裸母线，因此变压器的安装位置宜靠近低压配电室，低压配电室宜位于出线侧。

（3）保证运行安全

高低压配电室和电容器的门应朝值班室开，或朝外开。变电所采用双层布置时，变压器应设在底层。高压电容器组较多时应装设在单独的房间内。所有带电部分离墙和离地的尺寸以及各室维护操作通道的宽度等，均应符合有关规程的要求，以确保运行安全。变电所应设置防止雨、雪和蛇鼠类小动物从采光窗（通风窗、门、电缆沟等）进入室内的设施。另外，变电所还应考虑防火、通风等要求。

（4）节约土地与建筑费用

当干式变压器具有不低于 IP2X 级的防护外壳时，就可和高低压配电装置设置在同一房间内，而三相油浸式变压器油量超过 100 kg 时应装设在单独的变压器室内。现代高压开关柜和低压配电屏均为封闭外壳，防护等级不低于 IP3X 级，两者可以靠近布置。高压开关柜不多于 6 台时，可与低压配电屏设置在同一房间内，但高压开关柜与低压配电屏的间距不得小于 2 m。周围环境正常的变电所，可采用露天或半露天式，即变压器安装在户外。高压配电所应尽量与邻近的车间变电所合建。

（5）适应发展要求

高低压配电室内均应留有适当数量开关柜（屏）的备用位置。变压器室应考虑到扩建时有更换大一级容量变压器的可能。

3.2 电气主接线基本形式

电气主接线主要是指在发电厂、变电所、电力系统中,为满足预定的功率传送和运行等要求而设计的,表明高压电气设备之间相互连接关系的传送电能的电路。电气主接线是以电源进线和引出线为基本环节,以母线为中间环节构成的电能输配电路。

3.2.1 单母线不分段接线

单母线不分段接线是一种简单的接线形式,如图 3-1 所示。单母线不分段接线的每一回路均经过一台断路器 QF 和隔离开关 QS 接于一组母线上。断路器用于在正常或故障情况下接通与断开电路。断路器两侧装有隔离开关,用于停电检修断路器时作为明显断开点以隔离电压。

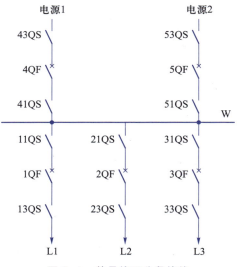

图 3-1 单母线不分段接线

在主接线设备编号中隔离开关编号前几位与该支路断路器编号相同,靠近母线侧的隔离开关称为母线侧隔离开关,编号尾数为 1(如 11QS);靠近引出线侧的隔离开关称为线路侧隔离开关,编号尾数为 3(如 13QS)。

1. 单母线不分段接线优点
单母线不分段接线形式具有如下优点:

① 结构清晰,设备少,操作方便,方便扩建和采用成套配电装置,并能满足一定的可靠性;

② 每一个回路由断路器切断负荷电流和故障电流,检修断路器时,可利用两侧的隔离开关使断路器与电压隔离,保证检修人员安全;

③ 任一用电回路可从任何电源回路取得电能,不会因运行方式的不同而造成相互影响;

④ 检修任一回路及其断路器时,该回路停电,不会影响其他回路正常供电。

2. 单母线不分段接线缺点

单母线不分段接线形式具有如下缺点:

① 检修母线和与母线相连接的隔离开关时,将造成全部停电;

② 母线发生故障,将使全部电源回路断电,待修复后才能恢复供电。

3. 单母线不分段接线适用范围

单母线不分段接线一般只适用于一台发电机或一台主变压器的以下三种情况:

① 6~10 kV 配电装置的出线回路数不超过 5 回;

② 35~63 kV 配电装置的出线回路数不超过 3 回;

③ 110~220 kV 配电装置的出线回路数不超过 2 回。

3.2.2　单母线分段接线

若出线回路数增加,为克服单母线不分段接线在工作时不够可靠和灵活性差的缺点,可用断路器和隔离开关将母线分段,构成单母线分段接线形式,如图 3-2 所示,将单母线通过分段断路器 0QF 和隔离开关 01QS、02QS 分段成 I 段母线和 II 段母线。

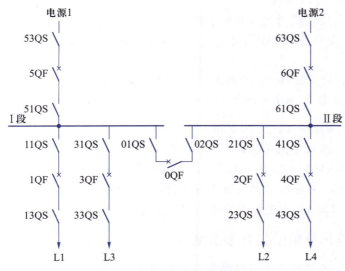

图 3-2　单母线分段接线

1. 单母线分段接线运行方式

正常运行时,单母线分段接线有如下两种运行方式:

（1）分段断路器闭合运行

正常运行时分段断路器 0QF 闭合,两个电源分别接在两段母线上。两段母线上的负荷应均匀分配,使得两段母线上的电压均衡。在运行中,当任一段母线发生故障时,继电保护装置动作,跳开分段断路器和接至该母线段上的电源断路器,另一段则继续供电。如有一个电源故障时,仍可以使两段母线都有电,可靠性比单母线不分段接线形式更高,但是线路故障时短路电流较大。

（2）分段断路器断开运行

正常运行时分段断路器 0QF 断开,每个电源只向接至本段母线上的引出线供电,重要用户可以从两段母线引接,采用双回路供电。当任一电源出现故障时,接该电源的母线停电,导致部分用户停电,在 0QF 处装设备自投装置,在该段母线停电时,断开该段母线电源断路器的同时通过备自投装置合上分段断路器,使断电的母线恢复供电。当任一段母线发生故障时,备自投装置和分段断路器不动作,另一段母线不受影响,分段断路器断开运行可以限制短路电流。

2. 单母线分段接线优点

单母线分段接线形式具有如下优点:

① 用断路器把母线分段后,对重要用户可以从不同段引出两个回路,由两个电源供电;

② 当一段母线发生故障时,分段断路器自动将故障段切除,保证正常段母线不间断供电,不致使重要用户或大面积停电。

3. 单母线分段接线缺点

单母线分段接线形式具有如下缺点:

① 当一段母线或母线隔离开关故障或检修时,该段母线的回路都要在检修期间内停电;

② 当出线为双回路时,常使架空线路出现交叉跨越;

③ 扩建时需向两个方向均衡扩建。

4. 单母线分段接线适用范围

单母线分段接线形式适用于如下三种情况:

① 6~10 kV 配电装置的出线回路数为 6 回及以上;

② 35~63 kV 配电装置的出线回路数为 4~8 回;

③ 110~220 kV 配电装置的出线回路数为 3~4 回。

3.2.3 单母线分段带旁路母线接线

单母线分段接线虽然可以提高运行的可靠性和灵活性,但在线路断路器检修或故障时将会使该回路停电,为克服这一缺点,可采用图 3-3 所示的单母线分段带旁路母线接线。

1. 单母线分段带旁路母线接线形式

图 3-3 所示为单母线分段带旁路母线接线的一种情况。旁路母线 W2 经旁

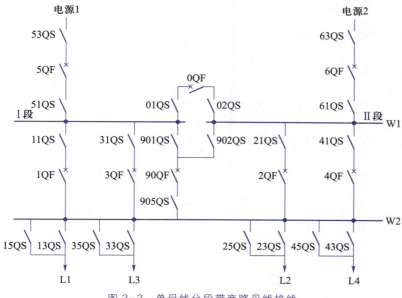

图 3-3　单母线分段带旁路母线接线

路断路器 90QF 和隔离开关 901QS、902QS 和 905QS 接至分段工作母线 W1 的 Ⅰ、Ⅱ段母线上。正常运行时,旁路断路器 90QF 回路、旁路母线及其与各回路相连接的旁路隔离开关断开,处于冷备用状态。当任意回路如 L1 回路断路器 1QF 需要检修时,可以用旁路断路器 90QF 替代,而不至于使该回路断电。具体操作过程如下:

①用旁路断路器 90QF 对旁路母线 W2 充电,即合上隔离开关 901QS 和 905QS 后,再合上旁路断路器 90QF;

②充电成功后,使 L1 回路断路器 1QF 与旁路断路器 90QF 并列运行,即合上旁路隔离开关 15QS;

③退出 L1 回路断路器 1QF,即断开断路器 1QF 后,再断开两侧的隔离开关 11QS 和 13QS;

④断路器 1QF 两侧挂地线(或者合地刀),检修。

这样便完成了由旁路断路器 90QF 代替断路器 1QF 的转换而使线路 L1 不停电。由于隔离开关不能带负荷切断和闭合电路,上述操作顺序应当严格遵守。

当出线回路数不多时,旁路断路器利用率不高,可与分段断路器合用,有分段断路器兼做旁路断路器和旁路断路器兼做分段断路器两种形式。

(1)分段断路器兼做旁路断路器

如图 3-4 所示,从分段断路器 0QF 的隔离开关内侧引接联络隔离开关 05QS 和 06QS 至旁路母线,在分段工作母线 W1 之间再加两组串联的分段隔离开关 03QS 和 04QS。正常运行时,分段断路器 0QF 及其两侧隔离开关 03QS 和 04QS 处于接通位置,联络隔离开关 05QS 和 06QS 处于断开位置,分段隔离开关 01QS 和 02QS 中,一组断开,一组闭合,旁路母线 W2 不带电。

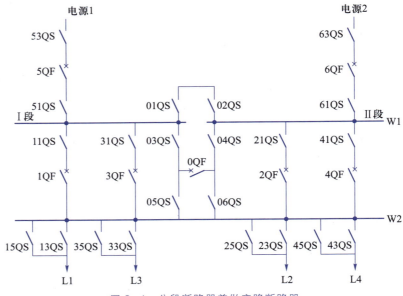

图 3-4 分段断路器兼做旁路断路器

当 L1 回路断路器 1QF 需要检修时，可以用分段断路器 0QF 替代，而不至于使该回路断电。假设分段隔离开关 01QS 闭合，02QS 断开，具体操作过程如下：

① Ⅰ、Ⅱ 两段母线合并为单母线运行：合上隔离开关 02QS。

② 退出分段断路器：断开分段断路器 0QF。

③ 对旁路母线 W2 充电，并验电：断开隔离开关 04QS 并合上隔离开关 06QS 后，合上分段断路器 0QF。

④ L1 回路断路器 1QF 与分段断路器 0QF 并列运行：合上旁路隔离开关 15QS。

⑤ 退出 L1 回路断路器 1QF：断开断路器 1QF 后，再断开两侧的隔离开关 11QS 和 13QS。

⑥ 断路器 1QF 两侧挂地线（或者合地刀），检修。

（2）旁路断路器兼做分段断路器

如图 3-5 所示，正常运行时，两分段隔离开关 01QS、02QS 一组闭合，一组断开。工作母线 W1 的 Ⅰ、Ⅱ 段通过 901QS、90QF、905QS、旁路母线 W2、04QS 相连接，旁路母线 W2 带电，处于热备用状态，90QF 起分段断路器作用。

当 L1 回路断路器 1QF 需要检修时，可以用旁路断路器 90QF 替代，而不至于使该回路断电。假设分段隔离开关 01QS 闭合，02QS 断开，具体操作过程如下：

① Ⅰ、Ⅱ 两段母线合并为单母线运行：合上隔离开关 02QS。

② 断开隔离开关 04QS。

③ L1 回路断路器 1QF 与旁路断路器 90QF 并列运行：合上旁路隔离开关 15QS。

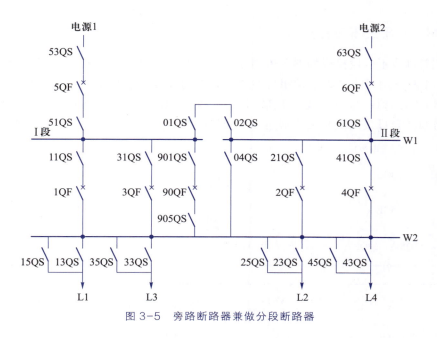

图 3-5　旁路断路器兼做分段断路器

④ 退出 L1 回路断路器 1QF：断开断路器 1QF 后，再断开两侧的隔离开关 11QS 和 13QS。

⑤ 断路器 1QF 两侧挂地线（或者合地刀），检修。

2. 单母线分段带旁路母线接线优点

单母线分段带旁路母线接线形式具有如下优点：

① 解决了断路器的公共备用和检修备用；

② 在调试、检修、更换断路器及内装式电流互感器，整定继电保护时都可以做到不停电；

③ 当旁路断路器利用率不高，与分段断路器合用时，节约了专用旁路断路器和配电装置间隔。

3. 单母线分段带旁路母线接线缺点

单母线分段带旁路母线接线形式具有如下缺点：

① 增加了一套旁路母线和相应的设备，从而增加了配电装置的占地面积；

② 当旁路断路器利用率不高，与分段断路器合用时，在进出线断路器检修时，就要用分段断路器代替旁路断路器，或用旁路断路器代替分段断路器，双母线变成单母线，破坏了双母线固定连接的运行方式，增加了进出线回路母线隔离开关的倒闸操作。

4. 单母线分段带旁路母线接线适用范围

单母线分段带旁路母线接线形式广泛应用于牵引负荷和 35 kV 以上变电所中，特别是负荷较重要、线路断路器多、检修断路器不允许停电的场合。

3.2.4　双母线不分段接线

双母线不分段接线如图 3-6 所示。这种接线方式设有两组母线,即工作母线 W1 和备用母线 W2,在两组母线之间通过母线联络断路器 0QF(简称母联断路器)连接;每一条引出线(L1、L2、L3、L4)和电源支路(5QF、6QF)都经一套断路器和两套母线隔离开关分别连接到两组母线上。

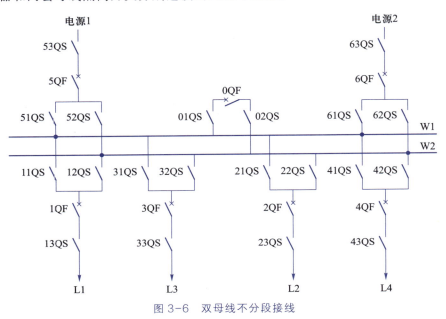

图 3-6　双母线不分段接线

双母线的两组母线同时工作,并通过母线联络断路器并联运行,电源与负荷平均分配在两组母线上。由于母线继电保护的要求,一般某一回路固定与某一组母线连接,以固定连接的方式运行。

1. 双母线不分段接线优点

双母线不分段接线形式具有如下优点:

① 供电可靠。通过两组母线隔离开关的倒换操作,可以轮流检修一组母线而不致使供电中断;一组母线故障后,能迅速恢复供电;检修任一回路的母线隔离开关,只停该回路。

② 调度灵活。各个电源和各回路负荷可以任意分配到某一组母线上,能灵活地适应系统中各种运行方式调度和潮流变化的需要。

③ 扩建方便。向双母线的左右任何一个方向扩建,均不影响两组母线的电源和负荷均匀分配,不会引起原有回路的停电。当有双回架空线路时,可以顺序布置,以致连接不同的母线段时,不会像单母线分段那样导致出线交叉跨越。

④ 便于试验。当个别回路需要单独进行试验时,可将该回路分开,单独接至一组母线上。

2. 双母线不分段接线缺点

双母线不分段接线形式具有如下缺点：

① 添加了一组母线,使引出线和电源支路都相应加设一组母线隔离开关,增加了建设成本;

② 当母线故障或检修时,隔离开关作为倒换操作电器使用,容易误操作;

③ 为了避免隔离开关误操作,需要在隔离开关和断路器之间装设联锁装置。

3. 双母线不分段接线适用范围

当出线回路数或母线上电源较多、输送和穿越功率较大、母线故障后要求迅速恢复供电、母线或母线设备检修时不允许影响对用户的供电、系统运行调度对接线的灵活性有一定要求时采用,各级电压采用的具体条件如下：

① 6~10 kV 配电装置,当短路电流较大、出线需要带电抗器时。

② 35~63 kV 配电装置,当出线回路数超过 8 回,或连接的电源较多、负荷较大时。

③ 110~220 kV 配电装置的出线回路数为 5 回及以上时;或当 110~220 kV 配电装置在系统中居重要地位,出线回路数为 4 回及以上时。

3.2.5　双母线分段接线

双母线分段接线如图 3-7 所示,W1 母线通过分段断路器 0QF 分为两段,每段母线与 W2 母线之间分别通过母联断路器 01QF、02QF 连接。这种接线形式较双母线不分段接线具有更高的可靠性和更大的灵活性。当 W1 母线工作,W2 母线备用时,它具有单母线分段接线的特点。W1 母线的任一分段检修时,将该

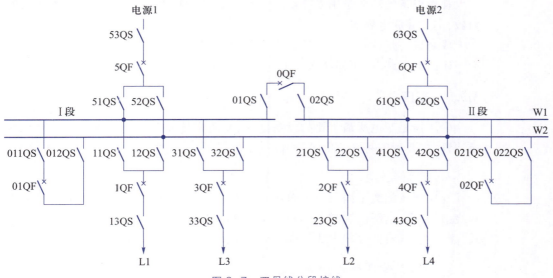

图 3-7　双母线分段接线

段母线所连接的支路倒闸至备用母线上运行,仍能保持单母线分段运行的特点。当具有三个或三个以上电源时,可将电源分别接到 W1 的两段母线和 W2 母线上,用母联断路器连通 W2 母线与 W1 某一个分段母线,构成单母线分三段运行,可进一步提高供电可靠性。

当 220 kV 进出线回路数很多时,双母线需要分段,分段原则如下:

① 当进出线回路数为 10～14 回时,在一组母线上用断路器分段;

② 当进出线回路数为 15 回及以上时,两组母线均用断路器分段;

③ 在双母线分段接线中,均装设两台母联兼旁路断路器;

④ 为了限制 220 kV 母线短路电流或系统解列运行的要求,可根据需要将母线分段。

3.3　电气设备

变电所内的电气设备根据其所属电路的性质不同可分为一次设备和二次设备两大类。其中,一次设备指一次高压电路中所有的电气设备,二次设备指二次控制、信号和测量电路中的所有电气设备。一次设备按其在一次电路中的功能又可分为变换设备、控制设备、保护设备、补偿设备和成套设备等。

变换设备的功能是按电力系统工作的要求来改变电压或电流等,例如电力变压器、电流互感器、电压互感器等。

控制设备的功能是按电力系统工作的要求来控制一次设备的投入和切除,例如各种高低压开关。

保护设备的功能是用来对电力系统进行过电流和过电压等的保护,例如熔断器和避雷器等。

补偿设备的功能是用来补偿电力系统的无功功率,以提高电力系统的功率因数,例如并联电容器。

成套设备是按一次电路接线方案的要求,将有关一次设备及二次设备组合为一体的电气装置,例如高压开关柜、低压配电屏、动力和照明配电箱等。

3.3.1　变压器

变压器是变电所最主要的设备之一,是用来传递和变换交流电能的静止变换装置,主要用来将交流电进行升压或降压。

1. 变压器分类

变压器按相数不同可分为单相、三相、多相变压器;按绕组结构不同可分为双绕组、自耦、三绕组和多绕组变压器;按铁芯类型不同可分为芯式、非晶合金式、壳式变压器;按冷却方式不同可分为干式、油浸式变压器。

2. 油浸式变压器

变压器的容量、电压等级、绕组匝数等指标不同,其外形和附件也不完全相同。城市轨道交通供变电系统中主变电所常用的油浸式主变压器的基本结构如图 3-8 所示,主要包括油箱、油枕、防爆装置、绝缘套管、瓦斯继电器、调压装置等部件。

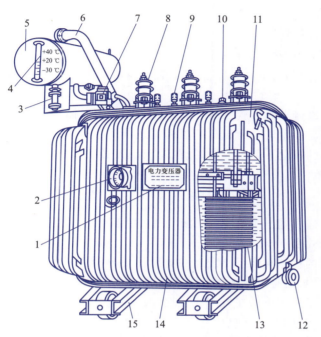

1—铭牌;2—信号温度计;3—吸湿器;4—油位计;5—油枕;6—安全气道;
7—瓦斯继电器;8—高压套管;9—低压套管;10—分接开关;11—油箱;
12—放油阀门;13—变压器身;14—接地板;15—小车

图 3-8　油浸式主变压器的基本结构

（1）油箱

油箱是变压器的外壳,内部充满变压器油,铁芯和绕组均安装于油箱内,浸没于变压器油中。变压器油具有绝缘特性,在起绝缘作用的同时还具有散热降温的作用。

（2）油枕

油枕也称储油柜,变压器油因温度变化会发生热胀冷缩现象,由此造成油面上升或下降,油枕具有储油和补油的作用,可使变压器油箱内始终保持满油状态,同时缩小了油面与空气的接触面积,减少了变压器油的老化速度。油枕侧面的油位计负责监测和显示油量的变化。

（3）防爆装置

防爆装置（图中未标出）安装于变压器顶盖上,主要有防爆管和压力释放装置两种形式。当变压器内部发生故障导致变压器油剧烈分解并产生大量气体,使油箱内压力急剧增加时,防爆装置将油及气体排出,防止油箱发生爆炸或变形。

（4）绝缘套管

绝缘套管用于变压器绕组的引出线上，以保证与变压器箱体绝缘，分为高压套管和低压套管。绝缘套管有纯瓷式、充油式和电容式等多种形式。

（5）瓦斯继电器

瓦斯继电器也称气体继电器，是变压器内部主要的保护装置，通常装在油箱和油枕的连接管上。当变压器内部发生严重故障时，瓦斯继电器接通断路器跳闸回路；当变压器内部发生一般性故障时，瓦斯继电器接通故障信号回路。

（6）调压装置

当变压器一次侧电源电压变动时，调压装置（图中未标出）用来调节变压器的二次电压。调压装置可分为有载调压和无载调压两种形式，有载调压装置可在变压器带负载的情况下调节电压，无载调压装置必须在变压器不带负载时才能进行电压调节。

3. 干式变压器

城市轨道交通供变电系统中牵引变电所和降压变电所中的牵引变压器和配电变压器常用干式变压器。

干式变压器的铁芯和绕组不浸渍在绝缘油中，一般将铁芯和绕组置于空气或六氟化硫气体中，或是浇注环氧树脂来绝缘，主要依靠空气对流进行冷却。其中环氧树脂浇注干式变压器在城市轨道交通供变电系统中应用较多，其结构如图 3-9 所示。如 SCB11 型环氧树脂浇注的三相干式变压器具有安全、阻燃防火、无污染、免维护、安装简便等特点，可直接安装在负荷中心。干式变压器防潮性能好，停运后不经预干燥即可投入运行。其自身还备有完善的温度保护控制系统，可为变压器安全运行提供可靠保障。

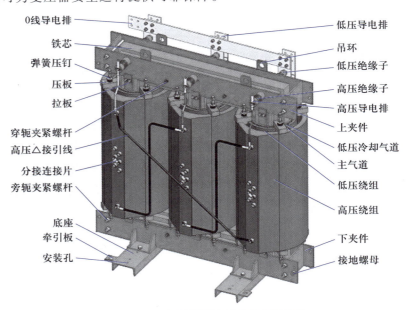

图 3-9　环氧树脂浇注干式变压器结构

（1）铁芯

干式变压器的铁芯选用优质冷轧硅钢片，三阶全斜接缝结构，芯柱采用 F 级无纬带绑扎，铁芯表面采用环氧树脂包封，降低了空载损耗、空载电流和铁皮噪声，铁芯、夹件和绕组之间采用弹性件夹紧，使绕组处于稳定压紧状态，进一步降低噪声。

（2）绕组

干式变压器的高压绕组用铜线、低压绕组用铜线或铜箔绕制，玻璃纤维毡填充包绕，真空状态下用不加填料的环氧树脂浇注，固化后形成坚固的圆筒形整体，具有机械强度高、抗短路、耐冲击能力强、局部放电小和可靠性高等特点。高压绕组首末端及中间分接抽头采用铜嵌件预埋结构，具有刚性好，便于调挡且美观整齐等特点。

（3）风冷系统

干式变压器按自冷设计，整体浇注的高（低）压绕组筒壁内部预留有纵向通风道，可配备强迫风冷装置（冷却风机）。采用强迫风冷装置的干式变压器可提高 20% 输出容量。

（4）温控系统

干式变压器的温度控制采用智能温控仪，在低压绕组顶部的预埋孔内放置铂电阻（Pt100），以监测变压器绕组温升，自动启停冷却风机并设有故障报警、超温报警和超温跳闸功能。为干式变压器提供可靠的过载保护装置，可提高干式变压器运行的安全性和可靠性。

（5）保护外壳和出线母排

保护外壳对变压器做进一步安全保护，防护等级有 IP20、IP23 等。外壳材料有铝合金、冷轧钢板和不锈钢等。低压出线用标准母线排出线，侧出线和顶出线均可，也可为用户设计特殊出线方式。

4. 变压器工作原理

从变压器的结构可知，变压器的主体是由铁芯及套在铁芯上的绕组所组成。接交流电源的绕组称为一次绕组（也称原绕组或初级绕组），其匝数用 N_1 表示；接负载的绕组称为二次绕组（也称副绕组或次级绕组），其匝数用 N_2 表示。变压器的简化工作原理图如图 3-10 所示。

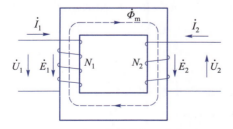

图 3-10　变压器的简化工作原理图

在变压器的输入端加上交流电压 $\dot{U}_1$ 后,一次绕组中便有交流电流 $\dot{I}_1$ 流过,这个交变电流 $\dot{I}_1$ 在铁芯中产生交变主磁通 $\dot{\Phi}_m$ 以及少量的漏磁通,其频率与电源电压的频率一样。由于一次绕组和二次绕组套在同一铁芯柱上,交变主磁通 $\dot{\Phi}_m$ 同时穿过两个绕组,根据电磁感应定律,在一次绕组中产生自感电动势 $\dot{E}_1$,在二次绕组中产生互感电动势 $\dot{E}_2$,其大小分别正比于一次绕组和二次绕组的匝数。二次绕组中有了电动势 $\dot{E}_2$ 后,便在输出端产生电压 $\dot{U}_2$,接上负载后,就会在负载中流过电流 $\dot{I}_2$,向负载供电,实现了电能的传递。可见,变压器从电网吸收电能后,依靠电磁感应的作用,以磁场为媒介,将电能传递给负载。整个过程是:电能→磁场能→电能。

上述能量传递的过程也说明,变压器只能传递交流电能,不能传递直流电能,也不能产生电能;变压器只能改变交流电压或电流的大小,而不能改变频率的高低;变压器在传递能量的过程中损耗很小,效率极高,输出电压、电流的乘积几乎等于输入电压、电流的乘积。

由法拉第电磁感应定律可知,一次绕组和二次绕组中感应电动势的相量形式分别为

$$\dot{E}_1 = -j4.44fN_1\dot{\Phi}_m \, ; \dot{E}_2 = -j4.44fN_2\dot{\Phi}_m \tag{3-1}$$

式中,N_1、N_2 为一次绕组、二次绕组的匝数。由图 3-10 可知

$$\frac{\dot{U}_1}{\dot{U}_2} = -\frac{\dot{E}_1}{\dot{E}_2} = -\frac{N_1}{N_2} = -k \tag{3-2}$$

即变压器一次电压和二次电压有效值之比等于其匝数比,且一次电压和二次电压的相位差为 π。

在空载电流可以忽略的情况下,有

$$\frac{\dot{I}_1}{\dot{I}_2} = -\frac{N_2}{N_1} \tag{3-3}$$

即变压器一次电流和二次电流有效值大小与其匝数成反比,且相位差为 π。

由此可知,理想变压器一次侧和二次侧的功率相等,即 $P_1 = P_2$,说明理想变压器本身无功率损耗。而实际变压器总存在损耗,其效率为

$$\eta = \frac{P_2}{P_1} \times 100\% \tag{3-4}$$

电力变压器的效率通常可达 90% 以上。

5. 变压器铭牌与额定值

铭牌是装在设备、仪器等外壳上的金属标牌,上面标有名称、型号、功能、规格、出厂日期、制造厂等字样,是用户安全、经济、合理使用变压器的依据。变压

器铭牌上的主要数据如下：

（1）型号

型号标明了变压器的结构特点、额定容量和高压侧的电压等级。

例如，油浸式变压器 S11-M-50/10，其中，S 表示三相变压器；11 为设计序号；M 表示全密封式；50 为变压器额定容量，以 kV·A 为单位；10 表示高压侧电压等级为 10 kV。

又如，干式变压器 SCB11-250/10-0.4，其中，S 表示三相变压器；C 表示环氧树脂浇注；B 表示箔绕；11 为变压器性能水平（主要有 10、11、13、15 等）；250 为变压器额定容量，以 kV·A 为单位；10-0.4 表示变压器高压侧电压为 10 kV，低压侧电压为 0.4 kV。

（2）额定电压 U_{1N}/U_{2N}

额定电压 U_{1N}/U_{2N} 的单位为 V 或 kV。U_{1N} 是指变压器正常工作时加在一次绕组上的电压；U_{2N} 是指一次绕组加 U_{1N} 时，二次绕组的开路电压，即 U_{20}。在三相变压器中，额定电压是指线电压。

（3）额定电流 I_{1N}/I_{2N}

额定电流 I_{1N}/I_{2N} 的单位为 A。I_{1N}、I_{2N} 是指变压器一次绕组、二次绕组连续运行时所允许通过的电流。在三相变压器中，额定电流是指线电流。

（4）额定容量 S_N

额定容量 S_N 的单位为 V·A 或 kV·A。S_N 是指变压器额定的视在功率，即设计功率，通常也叫容量。在三相变压器中，S_N 是指三相总容量。额定容量 S_N、额定电压 U_{1N}/U_{2N}、额定电流 I_{1N}/I_{2N} 三者之间的关系如下：

单相变压器
$$S_N = U_{1N}I_{1N} = U_{2N}I_{2N} \tag{3-5}$$

三相变压器
$$S_N = \sqrt{3}\,U_{1N}I_{1N} = \sqrt{3}\,U_{2N}I_{2N} \tag{3-6}$$

除了额定电压、额定电流和额定功率外，变压器铭牌上还会标有额定频率 f_N、效率 η、温升 T、短路电压标幺值 $u_K\%$、联结组标号、相数 m 等。油浸式变压器的铭牌如图 3-11 所示，SCB11 型环氧树脂浇注干式变压器的铭牌如图 3-12 所示。

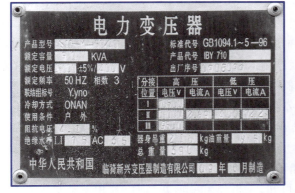

图 3-11　油浸式变压器铭牌

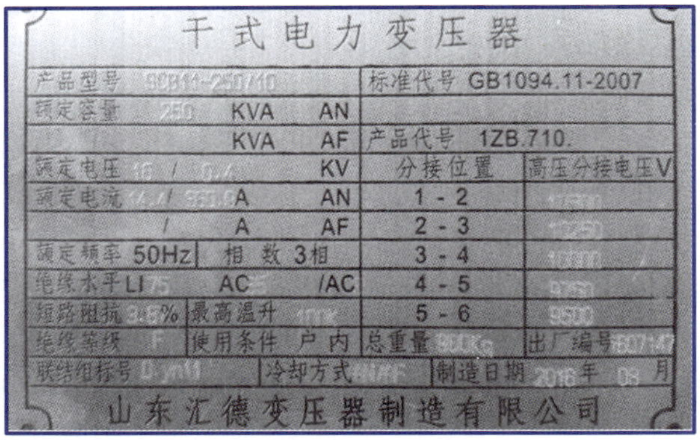

图 3-12　SCB11 型环氧树脂浇注干式变压器铭牌

例 3-1　有一台单相变压器,额定容量 $S_N = 200$ kV·A,额定电压 $U_{1N}/U_{2N} = 10/0.4$ kV,求额定运行时一次绕组、二次绕组中的电流 I_{1N} 和 I_{2N}。

解:

$$I_{1N} = \frac{S_N}{U_{1N}} = \frac{200}{10} \text{ A} = 20 \text{ A}$$

$$I_{2N} = \frac{S_N}{U_{2N}} = \frac{200}{0.4} \text{ A} = 500 \text{ A}$$

例 3-2　有一台三相变压器,额定容量 $S_N = 250$ kV·A,额定电压 $U_{1N}/U_{2N} = 10/0.4$ kV,求额定运行时一次绕组、二次绕组中的电流 I_{1N} 和 I_{2N}。

解:

$$I_{1N} = \frac{S_N}{\sqrt{3}\,U_{1N}} = \frac{250}{\sqrt{3} \times 10} \text{ A} \approx 14.4 \text{ A}$$

$$I_{2N} = \frac{S_N}{\sqrt{3}\,U_{2N}} = \frac{250}{\sqrt{3} \times 0.4} \text{ A} \approx 360.9 \text{ A}$$

6. 三相变压器绕组的联结

三相变压器的一次绕组和二次绕组均可以接成星形或三角形。国家标准规定,一次绕组星形联结用 Y 表示,有中性线时用 YN 表示,三角形联结用 D 表示;二次绕组星形联结用 y 表示,有中性线时用 yn 表示,三角形联结用 d 表示。本书中,三相变压器一次绕组和二次绕组的首端分别用 A、B、C 和 a、b、c 标记,末端分别用 X、Y、Z 和 x、y、z 标记,星形接法的中性点分别用 N、n 标记。

图 3-13 给出了三相绕组的不同联结方法以及对应的相量图。其中,图 3-13(a)为星形联结;图 3-13(b)和(c)均为三角形联结。国家标准规定,电力变压器的三角形联结只采用图 3-13(b)所示的逆序联结。

由图 3-13 可知,三相绕组星形联结时,其相电动势的相量图是一个 Y 形;而三角形联结时,其相电动势的相量图是一个等边三角形。

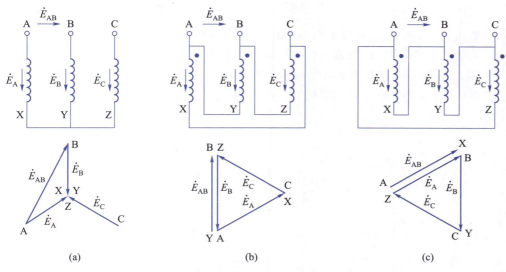

图 3-13　三相绕组的不同联结方法及对应的相量图

7. 三相变压器的联结组

与单相变压器不同,三相变压器的输出电压不仅与一次绕组和二次绕组的匝数有关,还与绕组的接法有关。判别三相变压器联结组的方法如下:

① 在三相变压器绕组联结图中标出各个相电动势和线电动势的正方向。

② 根据一次绕组的接法,首先画出一次绕组线电动势的相量图。星形联结做星形相量图,三角形联结做三角形相量图,在各端点标上对应的字母符号,并确定一次绕组线电动势 $\dot{E}_{AB}$ 的相量。

③ 令 A 与 a 是等电位的点,画在同一点上。根据同一铁芯柱上一次绕组和二次绕组的相位关系,先确定二次绕组 a 相的电动势相量,然后按照二次绕组的接法画出另外两相的电动势相量,再画出二次绕组线电动势 $\dot{E}_{ab}$ 的相量。

④ 比较一次绕组与二次绕组线电动势的相位关系,根据时钟表示法,相量 $\dot{E}_{AB}$ 指向时钟上12 点的位置,相量 $\dot{E}_{ab}$ 所指的数字就是联结组的标号。

8. 三相变压器联结组的判别方法举例

(1) Yy 接法的联结组

先以 Yy 接法的三相变压器为例,说明三相变压器联结组标号的判断过程。在图 3-14 中,上下对齐的一次绕组和二次绕组表示是同一铁芯柱上的两个绕组,不管它们属于哪一相,只要两个首端是同名端,则相电动势同相位;若两个首端是异名端,则相电动势相位相反。根据相电动势的这种关系及三相对称的原理,画出一次绕组和二次绕组各个相电动势相量以及对应的线电动势相量 $\dot{E}_{AB}$ 和 $\dot{E}_{ab}$,即可判定图 3-14 中三相变压器的联结组标号为 Yy0。而在图 3-15 中,一次绕组和二次绕组对应的首端是异名端,则相电动势相位相反,对应的线电动势相量 $\dot{E}_{AB}$ 和 $\dot{E}_{ab}$ 的相位也相差180°,联结组标号为 Yy6,即在 Yy0 的基础上加6。若把图3-14中二次绕组的首端标记由原来的 a、b、c 改为 c、a、b,即依次循环右移一次,则不难判断出其联结组标号为 Yy4,也就是在原来 Yy0 的基础上加4;若循环左移一次,则减4。这样,Yy 接法三相变压器的联结组标号共有6个偶数。

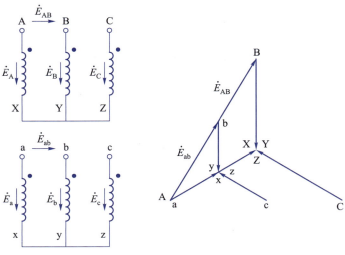

图 3-14　Yy0 联结组

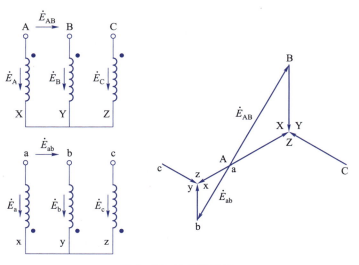

图 3-15　Yy6 联结组

（2）Yd 接法的联结组

下面再来分析 Yd 接法三相变压器的联结组标号。图3-16所示二次绕组为逆序三角形接法,按照上述判断步骤,画出相量图,可以确定其联结组标号为

Yd11。若二次绕组是顺序三角形接法,则联结组标号为 Yd1,如图 3-17 所示。

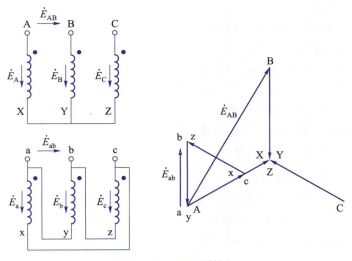

图 3-16　Yd11 联结组

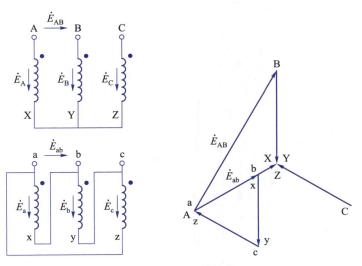

图 3-17　Yd1 联结组

在 Yd 接法的三相变压器联结组中也有类似 Yy 接法中的加 6 或加 4 的规律。另外,Dd 接法与 Yy 接法一样,联结组标号为 6 个偶数;Dy 接法与 Yd 接法一样,联结组标号为 6 个奇数。

9. 变压器的标准联结组

三相变压器有很多联结组,为了避免制造和使用时造成混乱,国家标准规定,单相电力变压器只有一个标准联结组为 Ii0;三相电力变压器一般采用以下五种联结组:Yyn0、Yd11、YNd11、YNy0 和 Yy0。实际运行经验已经证明,Yy 接法和 Yd 接法几乎可以满足各种需要,但城市轨道交通供变电系统中的牵引变压器采用 Dy 接法。

　　Yyn0 联结组是经常可以碰到的,二次绕组的中性线引出以三相四线制供电,它主要用于容量不大的三相电力变压器,一次电压不超过 35 kV,二次电压为 400/230 V,以供给动力和照明的混合负载。联结组标号为 Yd11 的三相变压器用于低压绕组超过 400 V 的电力线路;联结组标号为 YNd11 的三相变压器用于 110 kV 以上的高压输电线路,其高压则可以通过中性点接地;联结组标号为 YNy0 的三相变压器用于一次绕组需要接地的场合;联结组标号为 Yy0 的三相变压器专门为三相动力负载供电。

10. 变压器的并联运行

　　在发电厂和变电所中,常采用多台变压器并联运行的方式。变压器的并联运行是指两台或两台以上变压器的一次绕组和二次绕组分别并联起来,接到输入和输出的公共母线上,同时对负载供电,如图 3-18 所示。

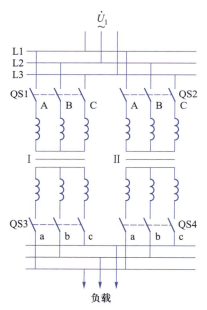

图 3-18　变压器的并联运行

　　(1) 变压器并联运行的优点

　　变压器并联运行具有如下优点:

　　① 提高供电的可靠性,如果某台变压器发生故障,可把它从电网切除,进行维修,电网仍能继续供电;

　　② 可根据负载的大小,调整运行变压器的台数,使工作效率提高;

　　③ 可以减少变压器的备用量和初次投资,随着用电负荷的增加,分期分批安装新的变压器。

（2）变压器理想的并联运行状态

变压器理想的并联运行状态如下：

① 空载时，各变压器之间无环流，每台变压器的空载电流都为零；

② 带负载时，各变压器所分担的负载电流与它们的容量成正比；

③ 各变压器的负载电流同相位。

（3）变压器理想并联运行的条件

为了实现理想并联运行，各台参与并联运行的变压器必须满足以下条件：

① 各变压器输入/输出的额定电压相等，即变比相等。如果变比不相等，则并联运行的几台变压器的二次绕组空载电压也不相等，各台变压器的二次绕组之间将产生环流，即电压高的绕组向电压低的绕组供电，引起很大的铜损耗，导致绕组过热或烧毁。

② 各变压器的联结组标号相同。如果联结组标号不同，则并联运行的各台变压器输出电压的大小相等，相位却不相同，它们二次电压的相位差至少差30°，这样在一次绕组和二次绕组中将产生极大的环流，这是绝对不允许的。如果两台变压器并联运行，一台为 Yyn0 联结组，另一台为 Yd11 联结组，则会在两台变压器二次绕组之间产生电位差 ΔU，如图 3-19 所示。ΔU 在数值上超过额定输出电压的 50%，将在两台变压器的二次绕组中产生一个很大的环流，在短时间内烧毁变压器的绕组。

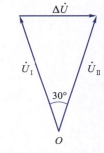

图 3-19　Yyn0 与 Yd11 的电位差

③ 各变压器的短路电压相等。由于并联运行各台变压器的负荷与对应的短路电压值成反比，短路电压值大的变压器承担的负荷小，不能充分发挥作用；短路电压值小的变压器承担的负荷大，很容易过载。

实际的变压器并联运行中，并不要求变比绝对相等，误差在±0.5%以内是允许的，所形成的环流不大；也不要求短路电压值绝对相等，但误差不能超过 10%，否则容量分配不合理；只有变压器的联结组标号一定要相同，这是变压器并联运行首先要满足的条件。并联运行的各台变压器容量差别越大，离开理想并联运行的可能性就越大，所以在并联运行的各台变压器中，最大容量与最小容量之比不宜超过 3：1，最好是同规格、同型号的变压器并联运行。

3.3.2　整流机组

整流机组由牵引变压器和整流器组成，其作用是通过两台牵引变压器将高压侧 AC 35 kV 降压成 AC 1 180 V，然后再通过两台整流器将 AC 1 180 V 整流成 DC 1 500 V，最后通过直流高速断路器和接触网隔离开关给接触网供电，保证城轨电动列车正常取电运行。

整流变压器宜采用干式、户内、自冷、环氧树脂浇注变压器，其绕组绝缘等级为 F 级，绕组温升限值为 70 K/90 K（高压、低压），可承受的极限温度为 155 ℃，铁芯温升在任何情况下不应出现损坏铁芯金属部件及其附近材料的温度。在高湿环境下可能产生凝露，应采取有效措施防止凝露对设备的危害。

整流器采用自然风冷式，适用于户内安装。整流器柜（见图 3-20）宜采用独

电子课件
整流机组

微课
牵引变电所的
主要设备——
整流机组

立式金属柜,二极管及其他元件的布置应考虑通风流畅、接线方便,同时便于维护、维修。整流器与外部连接的跳闸信号采用硬接点方式,报警信号采用数字方式。整流器柜的上部及底部开口,应采取措施防止小动物进入,正面和后面有门,各部件应与柜体绝缘。牵引变压器应从结构上进行优化设计,以抑制谐波的产生,减少电磁波干扰。整流机组产生的谐波电流应满足国家标准《电能质量 公用电网谐波》(GB/T 14549—1993)的规定,并满足我国电磁兼容相应标准的规定。

图 3-20   整流器柜

1. 24 脉波整流机组的构成

早期的城市轨道交通直流牵引系统通常采用三相桥式整流电路,随着技术的发展,其逐步被 12 脉波和等效 24 脉波整流电路代替。今后,我国建设的城市轨道交通牵引变电所将会以 24 脉波整流为主,等效 24 脉波整流机组的主电路原理图如图 3-21 所示。

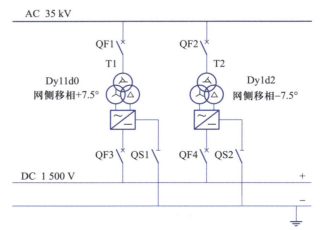

图 3-21   等效 24 脉波整流机组的主电路原理图

整流机组主要由两台 12 脉波轴向双分裂式牵引整流变压器和四组全波整流桥组成。每台变压器的两组阀侧(二次侧)绕组分别接成 d 联结和 y 联结,其线电压天然形成 30° 的相位差。两台变压器的网侧(一次侧)绕组采用延边三角形联结,分别移相 ±7.5°,这样形成的两台变压器的四组阀侧绕组的线电压相量的相位互差 15°,分别经全波整流后,在直流侧并联运行,形成 24 脉波整流系统。

2. 牵引变压器原理分析

轴向双分裂式变压器的绕组布置示意图如图 3-22 所示。这种变压器的网侧为一个不分裂的绕组,分为上下两个支路,两支路并联联结。两组阀侧绕组沿轴向布置于同一铁芯柱上,其本身并没有串联或并联,而是将其头尾各自采用 y 联结和 d 联结分别引出,分裂成两个支路。这种阀侧绕组分裂为两个支路布置在同一个铁芯柱上的轴向双分裂式变压器可以使阀侧两个支路并联运行,同时向负载供电,即同时各供一套三相桥式整流器。

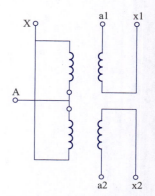

图 3-22 轴向双分裂式变压器的绕组布置示意图

阀侧绕组一组采用 y 联结,另一组采用 d 联结,使它们的线电压有效值相等。变压器阀侧绕组同名端线电压的相位差为 $2\pi/12$(电角度为 30°),这就形成每周期含有 12 脉波的六相整流系统。如果有两台这样的变压器,一台移相 +7.5°,另一台移相 -7.5°,两台变压器组成一套移相变压器组,就形成了十二相 24 脉波的移相变压器,其阀侧绕组同名端线电压的相位差为 $2\pi/24$(电角度为 15°)。

在选择城市轨道交通整流机组的规格时,应尽量考虑采用带三角形联结的变压器,同时尽可能地增加整流的相数。变压器采用 Dy11d0-Dy1d2 或 Dy5d0-Dy7d2 都符合这一设想。变压器采用 Dy11d0-Dy1d2 联结的整流机组,单台变压器运行时只是 12 脉波,要获得 24 脉波,需两台并联运行。对于变压器采用 Dy5d0-Dy7d2 联结的整流机组同样如此。在实际运行时,一台变压器退出运行,则联跳另一台变压器,可通过邻近变电所实行大双边供电保证列车运行。如果只运行一台变压器,则电网谐波含量会较正常时增加。24 脉波整流机组输出直流电压的纹波系数较 12 脉波小,Dy11d0-Dy1d2 两台变压器互换性好,从 Dy11d0-Dy1d2 的接法可以看出,两台变压器的互换只需改变一次侧接入电网的相序即可。当励磁电流的 3 次谐波或零序分量能够流通时,3 次谐波或 3 的整数次谐波电流就不注入电网,可选择两台轴向双分裂式变压器,一台(T1)联结组为 Dy11d0,如图 3-23 所示;另一台(T2)联结组为 Dy1d2,如图 3-24 所示,其中 D 联结为延边三角形。根据两台变压器 T1、T2 的接线,可绘制出其结构及相量图如图 3-25 和图 3-26 所示。

分析图 3-25 和图 3-26 所示的相量图可知,若以水平右方向为参考方向,则可得到其他电压相量的相位角。

(1)对于变压器 T1

一次侧电压相量 $\dot{U}_{B1A1}$ 的相位角为 112.5°;二次侧电压相量 $\dot{U}_{b2a2}$ 的相位角为 142.5°(y 联结),$\dot{U}_{b3a3}$ 的相位角为 112.5°(d 联结)。

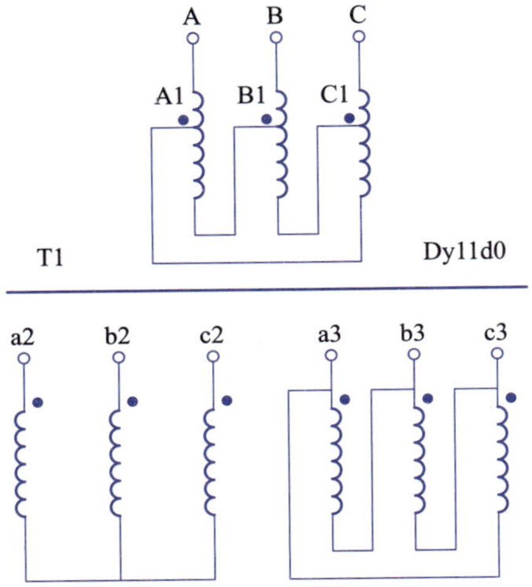

图 3-23 变压器 T1 的绕组联结

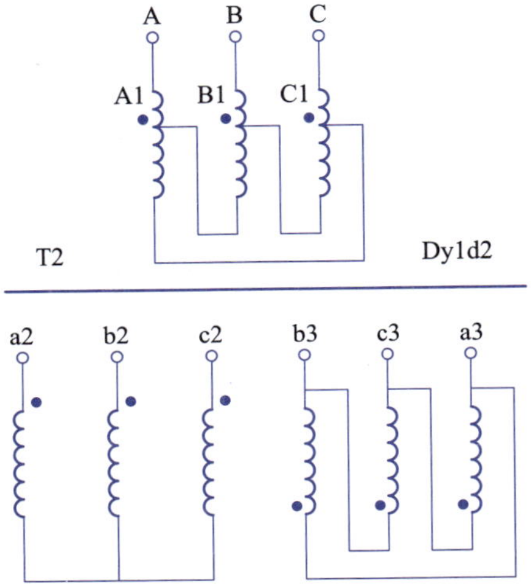

图 3-24 变压器 T2 的绕组联结

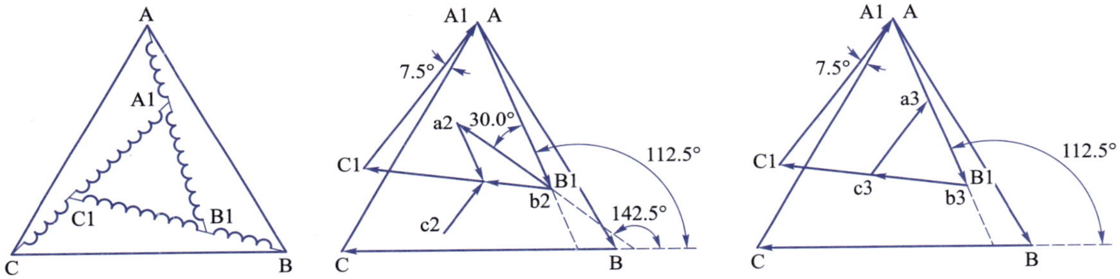

(a) 一次侧D联结绕组　　(b) 二次侧y联结绕组相量图　　(c) 二次侧d联结绕组相量图

图 3-25 变压器 T1 的结构及相量图

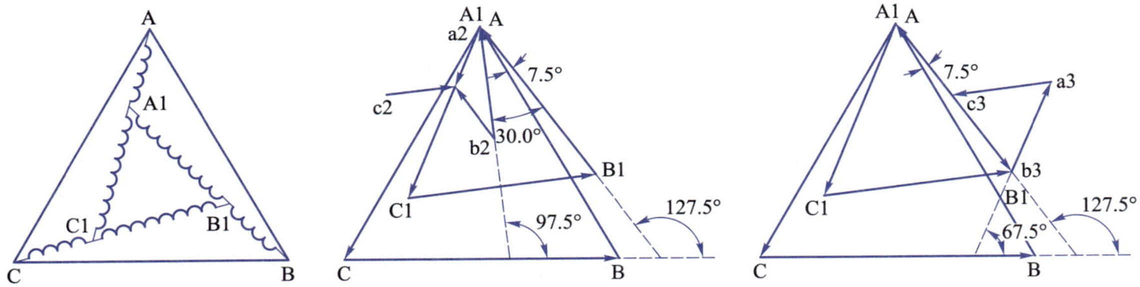

(a) 一次侧D联结绕组　　(b) 二次侧y联结绕组相量图　　(c) 二次侧d联结绕组相量图

图 3-26 变压器 T2 的结构及相量图

（2）对于变压器 T2

一次侧电压相量 $\dot{U}_{B1A1}$ 的相位角为 127.5°；二次侧电压相量 $\dot{U}_{b2a2}$ 的相位角为

97.5°（y 联结），$\dot{U}_{b3a3}$ 的相位角为 67.5°（d 联结）。

　　观察图 3-25 和图 3-26 所示的相量图并利用上述分析的结果可知，对于同一台变压器，其阀侧绕组同名端线电压的相位差为 30°（142.5°-112.5°=97.5°-67.5°=30°）；而两台变压器的网侧并联接入电网时，相当于其一次侧各移相 7.5°（不同的旋转方向），使 T1 变压器一次侧三角形绕组线电压与 T2 变压器一次侧三角形绕组线电压有 15°的相位差（127.5°-112.5°=15°），而两台变压器二次侧对应的线电压相位差为 45°（142.5°-97.5°=112.5°-67.5°=45°）。两台牵引变压器的相量关系如图 3-27 所示。

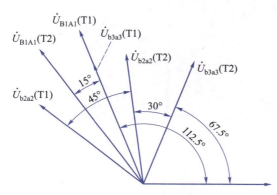

图 3-27　两台牵引变压器的相量关系

3.3.3　高压断路器

1. 高压断路器功能与特点

　　高压断路器是高压电气设备中最重要的设备之一，是一次设备系统中控制和保护电路的关键设备。断路器在正常运行时，用来接通或切断电路的负荷电流；当电气设备或线路发生短路故障或严重过负荷时，由继电保护装置控制断路器自动迅速地切断故障电流，切断发生短路故障的设备或线路，保障系统中非故障部分的正常运行，以防止事故扩大。

　　断路器开断电路时，充分利用交流电弧电流每半个周期过零一次自然熄弧的特点，加强去游离使电弧不再复燃。其介质强度恢复主要由断路器灭弧装置和介质特性所决定。系统电压恢复过程可能是周期性的或非周期性的，这取决于被开断电路的参数。断路器在电路中的图形符号如图 3-28 所示，文字符号用 QF 表示。

图 3-28　断路器图形符号

2. 高压断路器分类

　　高压断路器根据其使用灭弧介质的不同，可分为以下几种类型：

（1）油断路器

油断路器以绝缘油作为灭弧介质,根据绝缘油量的多少,可分为多油断路器和少油断路器。图 3-29 所示为高压少油断路器。

图 3-29　高压少油断路器

① 在多油断路器中,绝缘油不仅要作为灭弧介质,还要作为绝缘介质,因此多油断路器用油量多且体积大。

② 在少油断路器中,绝缘油只作为灭弧介质,因此少油断路器用油量少、体积小且消耗钢材也少。

目前在变电所中,油断路器已很少采用,逐渐被其他断路器所替代。

（2）空气断路器

空气断路器以压缩空气作为灭弧介质,具有灭弧能力强和动作迅速等优点,但结构复杂、工艺要求高且有色金属消耗多。因此,空气断路器一般应用在 110 kV 及以上的电路系统中。

（3）磁吹断路器

磁吹断路器是利用磁吹原理灭弧的断路器。利用磁场对弧柱的电磁力（磁场通常由分断电流本身产生）,驱使电弧进入由一组栅片形成的灭弧室,由于电弧与栅片壁接触,加速了电弧的冷却,去游离作用加强,使电弧快速熄灭。磁吹断路器的开断能力较弱,额定电压较低,价格较贵,但使用寿命长,只适用于要求频繁操作而又能避免火灾的场合。

（4）SF_6 断路器

SF_6 断路器采用具有优良灭弧能力和绝缘能力的无色、无臭、无毒、不燃的惰性气体 SF_6 作为灭弧介质,具有开断能力强、动作快、体积小等优点,但金属消耗多且价格较贵。SF_6 断路器在我国发展很快,在高压和超高压系统中得到了广泛的应用,尤其是以 SF_6 断路器为主体的封闭式组合电器,是高压和超高压电气设备的重要发展方向。图 3-30 所示为 SF_6 气体绝缘全封闭组合电器。

图 3-30　SF$_6$气体绝缘全封闭组合电器

（5）真空断路器

真空断路器在高度真空环境中工作,利用真空作为绝缘介质和灭弧介质,具有开断能力强、灭弧迅速、触头不易氧化、运行维护简单、灭弧室无须检修、结构简单、体积小、质量轻、噪声低、寿命长、无火灾和爆炸危险等优点。但真空断路器对制造工艺、材料和密封性的要求很高,开断电流和断口电压不能做得很高。图 3-31 所示为 ZN63AVS1-12 型手车式户内高压真空断路器和 ZW32-12G/630A 型户外高压真空断路器。

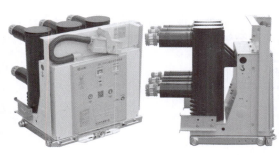

(a) ZN63AVS1-12型手车式户内高压真空断路器　　　　　(b) ZW32-12G/630A型户外高压真空断路器

图 3-31　高压真空断路器

在城市轨道交通供变电系统中,110 kV 及以上的 GIS(气体绝缘全封闭组合电器)中大多采用 SF$_6$断路器,而中压(35 kV 或 10 kV)开关柜大多采用真空断路器。

3. 高压断路器型号与结构

（1）高压断路器型号

高压断路器型号较多。根据国家技术标准规定,断路器型号一般由字母和数字按图 3-32 所示方式组成。

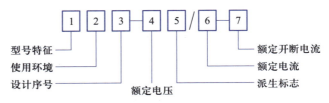

图 3-32 断路器型号编码规则示意图

其代表意义如下：

【1】型号特征：用字母表示，D—多油断路器；S—少油断路器；K—空气断路器；C—磁吹断路器；L—SF₆断路器；Z—真空断路器；Q—产气断路器。

【2】使用环境：用字母表示，N—户内式；W—户外式。

【3】设计序号：用数字或字母表示，如 1、2、3、A、B、C 等。

【4】额定电压：用数字表示，单位为 kV。

【5】派生标志：用字母表示，C—带手车装置；D—带电磁操动机构；F—分相操作；G—改进型。

【6】额定电流：用数字表示，单位为 A。

【7】额定开断电流：用数字表示，单位为 kA。

例如，某断路器型号为 LW10B—252G/3150—40，表示该断路器为 SF₆断路器，适用于户外，设计序号为 10B，额定电压为 252 kV，改进型，额定电流为 3 150 A，额定开断电流为 40 kA。

（2）高压断路器结构

高压断路器的结构多样，型式各异，但基本上都是由开断元件、绝缘支撑元件、中间传动元件、基座和操动机构等部分组成，其结构如图 3-33 所示。

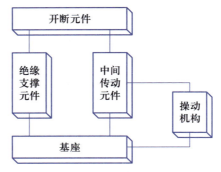

图 3-33 高压断路器结构

开断元件是断路器用来进行关合、承载和开断正常工作电流和故障电流的执行元件，包括触头、导电部分和灭弧室等。绝缘支撑元件起着固定开断元件的作用，并使其带电部分与地绝缘。操动机构（也称为操作机构）向开断元件提供分合闸操作的能量，实现各种规定的顺序操作，并维持开关的合闸状态，触头的分合动作是靠操动机构来带动的，常用的操动机构有手动操动机构、电磁操动机构、弹簧操动机构、气动操动机构和液压操动机构等。中间传动元件把操动机构提供的操作能量及发出的操作命令传递给开断元件。基座用于支撑、固定和安装开关电器的各结构部分。

4. 高压断路器主要性能与参数

（1）额定电压与额定电流

① 额定电压（U_N）。额定电压是指断路器在正常使用和性能条件下，能够长期稳定运行的标准电压。电力系统电压在运行中允许有 ±5% 的波动，断路器必须满足在一定电压变化范围内能长期运行，因此断路器在出厂时都以最高工作电压进行鉴定。例如，在 3~220 kV 范围内，其最高工作电压约比额定电压提高 15% 左右；在 330 kV 以上，规定最高工作电压比额定电压提高 10% 左右。

根据我国交流高压断路器国家标准规定，高压断路器的额定电压有 3.6 kV、7.2 kV、12 kV、40.5 kV、72.5 kV、126 kV、252 kV、363 kV、550 kV 和 800 kV 等。

② 额定电流（I_N）。额定电流是指断路器的主回路在额定频率下能够长期承载通过的电流有效值。额定电流工作情况下，断路器无损伤，且各部分发热温度不超过长期工作时允许的最高发热温度。

根据我国交流高压断路器国家标准规定，高压断路器的额定电流有 200 A、400 A、630 A、1 000 A、1 250 A、1 500 A、1 600 A、2 000 A、3 150 A、4 000 A、5 000 A、6 300 A、8 000 A、10 000 A、12 500 A、16 000 A 和 20 000 A 等。

（2）额定开断电流与额定断流容量

① 额定开断电流（I_{Nkd}）。断路器在开断操作时，首先起弧的某相电流称为开断电流。额定开断电流是指断路器在额定电压下能保证正常可靠开断的最大短路电流。

额定开断电流是标志断路器开断能力的一个重要参数。根据我国交流高压断路器国家标准规定，高压断路器的额定开断电流有 1.6 kA、3.15 kA、6.3 kA、8 kA、10 kA、12.5 kA、16 kA、20 kA、25 kA、31.5 kA、40 kA、50 kA、63 kA、80 kA 和 100 kA 等。

② 额定断流容量（S_{Nkd}）。额定断流容量是指断路器在额定条件下的开断能力。三相电路的额定断流容量根据下式计算：

$$S_{Nkd} = \sqrt{3}\, U_N I_{Nkd}\,(MV \cdot A) \tag{3-7}$$

我国根据国际电工委员会（IEC）的规定，现只把额定开断电流作为表征开断能力的唯一参数，而额定断流容量仅作为一个描述断路器特性的参数。

（3）额定关合电流（I_{Ng}）

额定关合电流是表征断路器关合短路故障能力的参数，其数值以关合操作时瞬态电流的第一个大半波峰值来表示。制造部门一般取额定开断电流的 $1.8\sqrt{2}$ 倍作为额定关合电流，即

$$I_{Ng} = 1.8\sqrt{2}\, I_{Nkd} = 2.55 I_{Nkd} \tag{3-8}$$

断路器关合短路电流的能力除与灭弧装置性能有关外，还与断路器操动机

构合闸功率的大小有关。

（4）耐受性能

断路器应具有足够的耐受短时短路电流的能力,简称耐受性能。

① 短时热电流(I_r)。短时热电流是指断路器在合闸位置,在规定的时间内(标准时间为 2 s,需要大于 2 s 时推荐 4 s)可以经受的电流最大周期分量有效值,也称为热稳定电流。国家标准中规定断路器的短时热电流等于额定开断电流,即

$$I_r = I_{Nkd} \tag{3-9}$$

短时热电流通过断路器时,各零部件的温度应不超过短时发热最高允许温度,且不出现触头熔接或软化变形,以及其他妨碍正常运行的异常现象。

② 峰值耐受电流(I_{dw})。峰值耐受电流是指在规定的使用条件和性能下,断路器在合闸位置时所能经受的电流峰值,也称动稳定电流。它与关合电流不同的是,峰值耐受电流是断路器处于合闸位置时通过的短路电流,而关合电流则是由于断路器关合短路故障所产生的短路电流。峰值耐受电流也是以短路电流的第一个大半波峰值来表示,峰值耐受电流等于额定关合电流,即

$$I_{dw} = I_{Ng} = 2.55 I_{Nkd} \tag{3-10}$$

峰值耐受电流反映了断路器承受由短路电流产生电动力的耐受性能,它决定了断路器的导电部分和绝缘支撑件的机械强度以及触头的结构形式。

（5）操作性能

① 全开断时间(t_{kd})。全开断时间是指从断路器接到分闸命令瞬间起到各相电弧完全熄灭所用的时间间隔,即

$$t_{kd} = t_{gf} + t_h \tag{3-11}$$

式中,t_{kd}为全开断时间;t_{gf}为分闸时间,指从断路器接到分闸命令瞬间到所有相的触头都分离的时间间隔,亦称为断路器固有分闸时间;t_h为燃弧时间,指从某一相首先起弧瞬间到所有相电弧全部熄灭的时间间隔。

全开断时间是说明断路器开断过程快慢的主要参数,直接影响故障对设备的损坏程度、故障范围、传输容量和系统的稳定性。断路器开断时间示意图如图 3-34 所示。

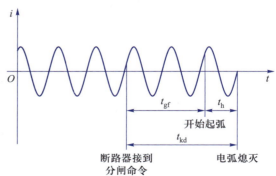

图 3-34　断路器开断时间示意图

② 合闸时间 (t_{hz})。合闸时间是指处于分闸位置的断路器,从断路器操动机构接到合闸命令瞬间起到所有相的主触头均接触导通为止的时间间隔,用来表征断路器操动机构和中间传动元件的灵敏度。通常,合闸时间大于全开断时间。

（6）自动重合闸性能

架空输电线路的短路故障,大部分是由雷电或虫鸟等引起的临时性故障。为了提高架空输电线路供电的可靠性并增加电力系统的稳定性,线路保护多采用快速自动重合闸操作的方式,即输电线路发生短路故障时,根据继电保护发出的信号,断路器开断短路故障,然后经很短时间又再次自动关合。断路器重合闸后,如故障并未消除,断路器必须再次开断短路故障。

在有些情况下,由运行人员在断路器第二次开断短路故障后经过一定时间（如 180 s）,再令断路器关合电路,称作"强送电"。强送电后,故障如仍未消除,断路器还需第三次开断短路故障。上述操作顺序称为快速自动重合闸的额定操作顺序,即:分—θ—合分—t—合分。

上述操作顺序中,"分"指分闸操作;θ 指无电流间隔时间,即断路器开断时从所有相电弧均已熄灭起到重新关合时任意一相中开始通过电流时的时间间隔,对快速自动重合闸的断路器,取 0.3 s 或 0.5 s;"合分"指断路器合闸后无任何延时就立即进行分闸操作;t 指运行人员"强送电"时间,通常为 180 s。采用快速自动重合闸的断路器,在上述很短的时间内应该能可靠地多次连续关合、开断短路故障。

5. 高压断路器灭弧方法

高压断路器在开断高压有载电路时之所以会产生电弧,原因在于触头本身及其周围的介质中含有大量可被游离的电子。当分断的触头间存在足够大的外施电压,电路电流也达到最小生弧电流时,会因强烈的游离作用而产生电弧。

交流电流每半个周期要经过零值一次,对于交流系统的交流电弧,由于电流过零时电弧要暂时熄灭,因此在大多数交流开关电器的灭弧方法中,都是利用了交流电流过零时电弧暂时熄灭这一特性。

（1）速拉灭弧法

在交流电流经过零值的瞬间,拉大触头间距离,当触头间所加电压不足以击穿其间距时,电弧就不会重新点燃。触头的分离速度越快,电弧熄灭就越快,通常在高压断路器中装设强力的跳脱弹簧来加快触头分开的速度。

（2）吹弧灭弧法

利用外力（如气流、油流或电磁力）来吹动电弧,使电弧加速冷却,同时拉长电弧,降低电弧中的电场强度,加速电弧的熄灭。按吹弧的方向可分为横吹和纵吹,如图 3-35 所示。

（3）冷却灭弧法

冷却灭弧法是一种基本的灭弧方法,它利用

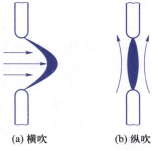

(a) 横吹　　　(b) 纵吹

图 3-35　吹弧灭弧法示意图

降低电弧的温度,使正负离子的复合增强,使电弧迅速熄灭。

（4）短弧灭弧法

利用金属片将长弧切成若干短弧,则电弧上的压降将近似地增大若干倍。当外施电压小于电弧上的压降时,则电弧就不能维持而迅速熄灭。通常采用钢灭弧栅,让电弧进入钢片,一是利用了电动力吹弧,二是利用了铁磁吸弧,同时钢片对电弧还有冷却作用。

（5）狭缝灭弧法

电弧在固体介质所形成的狭缝窄沟内燃烧,将电弧冷却,同时电弧在狭缝窄沟中燃烧,压力增大,有利于电弧的熄灭。有的熔丝在熔管内充填石英砂,就是利用这种狭缝灭弧原理,还有一种用耐弧的绝缘材料（陶瓷类）制成灭弧栅,也是利用了这种灭弧原理。

（6）真空灭弧法

真空具有较高的绝缘强度,如果将开关触头装置置于真空容器内,则在电流过零时即能熄灭电弧。为防止产生过电压,在触头分开时,应使电流不能突变为零。一般会在触头间产生少量金属蒸气,形成电弧通道,当交流电流自然下降过零的前后,这些等离子态的金属蒸气便在真空中迅速飞散而熄灭电弧。

6. 高压断路器操作要求

（1）对断路器操动机构的要求

断路器操动机构通常需要满足如下基本要求:

① 操动机构的动作电压应满足低于额定电压的30%时操动机构不动作,高于额定电压的65%时操动机构可靠动作。

② 操动机构箱应防尘、防潮、防小动物进入且具有通风措施,液压与气动机构应有加热装置和恒温控制措施。

③ 电磁操动机构的合闸电源应保持稳定。运行中电源电压如有变化,其电压最低不得低于额定电压的80%,最高不得高于额定电压的110%。

④ 液压操动机构应具有防"失压慢分"装置,并具有防"失压慢分"的机构卡具。所谓"失压慢分"是指液压操动机构因某种原因压力降到零,然后重新启动油泵打压时,造成断路器缓慢分闸。采用液压或气动机构时,当其工作压力大于1 MPa(表压)时,应有压力释放装置。

⑤ 弹簧操动机构在断路器合闸释放能量后,应能自动再次储能。

（2）断路器正常操作要求

断路器的正常操作需要满足如下基本要求:

① 新装或大修后的断路器,投运前必须验收合格才能施加运行电压;

② 断路器的分合闸指示器应指示正确,且与当时实际运行状态相符;

③ 断路器接线板的连接处或其他必要的地方应有监视运行温度的措施,如示温蜡片等;

④ 断路器金属外壳应接地良好且有明显的接地标志,接地体的截面积应符

合规程要求;

⑤ 油断路器的油色应正常,油位应在油位指示的上、下限油位监视线中,绝缘油牌号和性能应满足当地最低气温的要求,油质应合格;

⑥ 为监视 SF$_6$断路器的气体压力,应装有密度继电器或压力表,并附有压力表和压力温度关系曲线,断路器还应有 SF$_6$气体补气接口;

⑦ 真空断路器应配有限制操作过电压的保护装置。

（3）断路器故障状态下的操作要求

断路器在故障状态下的操作需要满足如下基本要求:

① 断路器在运行中,由于某种原因造成油断路器严重缺油,SF$_6$断路器气体压力异常(如突然降至零等)时,严禁对断路器进行停、送电操作,应立即断开故障断路器的控制电源,及时采取措施,将故障断路器退出运行。

② 分相操作的断路器操作时,发生非全相合闸,应立即将已合上的相拉开,重新操作合闸一次,如仍不正常,则应拉开已合上的相后汇报,等待上级派专业工程师处理。当发生非全相分闸时,应立即拉开故障开关控制电源,手动操作将拒动相分闸。

③ 严禁将有拒跳或合闸不可靠的断路器投入运行。

3.3.4　高压隔离开关

1. 高压隔离开关功能与特点

高压隔离开关是一种主要用于隔离电源、倒闸操作、连通和切断小电流电路,且无灭弧功能的开关器件。隔离开关在分位置时,触头间有符合规定要求的绝缘距离和明显的断开标志;在合位置时,能承载正常回路条件下的电流及在规定时间内异常条件(如短路)下的电流。高压隔离开关一般用在额定电压 1 kV 以上的电路中起隔离作用,其工作原理和结构比较简单,无灭弧能力,只能在没有负荷电流的情况下接通和分断电路。高压隔离开关在电路中的图形符号如图 3-36 所示,文字符号用 QS 表示。

QS

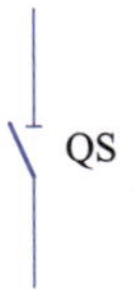

图 3-36　高压隔离开关图形符号

高压隔离开关主要用来将高压配电装置中需要停电的部分与带电部分可靠地隔离,以保证检修工作的安全。隔离开关的触头全部敞露在空气中,具有明显的断开点,由于隔离开关没有灭弧装置,因此不能用来切断负荷电流或短路电流,否则在高电压作用下,断开点将产生强烈电弧,并很难自行熄灭,甚至可能造成飞弧(相对地或相间短路),烧损设备,危及人身安全,造成"带负荷拉隔离开关"的严重事故。隔离开关还可以用来进行某些电路的切换操作,以改变系统的运行方式。如在双母线电路中,可以用隔离开关将运行中的电路从一条母线切换到另一条母线上。单极式高压隔离开关如图 3-37 所示,一般由槽钢底座、绝缘子、缓冲纸垫、触头座、锁扣板、触刀片、触头弹簧、锁扣装置、分闸限位板等组成。

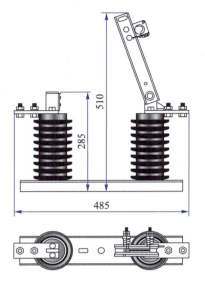
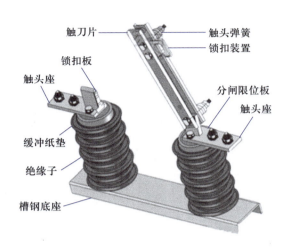

图 3-37　单极式高压隔离开关(单位:mm)

通常在断路器进出线两端各安装一组隔离开关,用于将断路器与上下电源端隔离,形成明显断开点。一般情况下,出线柜是从母线上通过开关柜向下供电,在断路器进线端安装一组隔离开关是为了将断路器与进线电源隔离,但有时,断路器的出线端也存在来电的可能(如通过其他环路的反送、电容器等装置的反送),故断路器的出线端也需要安装一组隔离开关。

2. 高压隔离开关型号与结构

(1) 高压隔离开关型号

高压隔离开关按照架设地点可分为户内式和户外式两种,按有无接地闸刀可分为有接地闸刀和无接地闸刀两种。根据国家技术标准规定,高压隔离开关型号一般由字母和数字按图 3-38 所示方式组成。

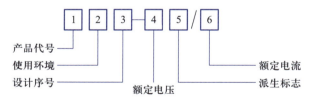

图 3-38　高压隔离开关型号编码规则示意图

其代表意义如下:

【1】产品代号:用字母表示,G—隔离开关;J—接地开关。

【2】使用环境:用字母表示,N—户内式;W—户外式。

【3】设计序号:用数字表示,如 1、2、3。

【4】额定电压:用数字表示,单位为 kV。

【5】派生标志:用字母表示,K—带快分装置;D—带接地刀闸;G—改进型;T—统一设计。

【6】额定电流:用数字表示,单位为 A。

例如,某高压隔离开关型号为 GW5 - 110GD/600,其表示额定电压为 110 kV,额定电流为 600 A,设计序号为 5 的带有接地刀闸的改进型户外式高压隔离开关。

（2）高压隔离开关结构

户内式高压隔离开关分为单极式和三极式两种,一般为闸刀式结构。图 3-39 所示为户内式高压隔离开关的典型结构。

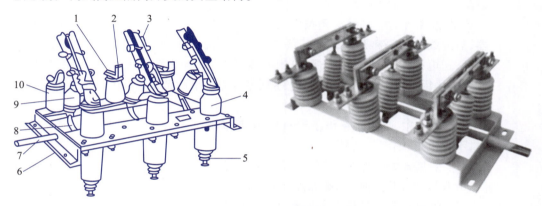

1—上接线端子；2—静触头；3—闸刀；4—操作瓷瓶；5—下接线端子；6—底座；
7—转轴；8—拐臂；9—升降绝缘子；10—支柱瓷瓶

图 3-39　户内式高压隔离开关典型结构

户内式高压隔离开关的导电部分包括闸刀（动触头）和静触头。闸刀和静触头采用铜导体制成,一般额定电流为 3 000 A 及以下的隔离开关采用矩形截面的铜导体,额定电流为 3 000 A 以上的隔离开关则采用槽形截面的铜导体。闸刀由两片平行刀片组成,电流平均流过两刀片且方向相同,产生相互吸引的电动力,使接触压力增加。支柱瓷瓶固定在角钢底座上,承担导电部分的对地绝缘。升降绝缘子与闸刀及转轴上对应的拐臂铰接,操动机构则与轴端拐臂连接,各拐臂均与轴硬性连接。当操动机构动作时,带动转轴转动,从而驱动闸刀转动而实现分合闸。

3. 高压隔离开关配置

高压隔离开关的配置原则如下:

① 断路器的两侧均应配置高压隔离开关,以便在断路器检修时形成明显的断口与电源隔离;

② 中性点直接接地的普通变压器,均应通过高压隔离开关接地;

③ 在母线上的避雷器和电压互感器,宜合用一组隔离开关,保证电器和母线的检修安全,每段母线上宜装设 1~2 组接地刀闸;

④ 接在变压器引出线或中性点的避雷器可不装设隔离开关；

⑤ 当馈电线路的用户侧没有电源时，断路器通往用户的那一侧可以不装设高压隔离开关，但为了防止雷电过电压，也可以装设高压隔离开关；

⑥ 选用高压隔离开关时其额定电压、额定电流、动稳定电流、热稳定电流等都必须符合使用场合的需要。

4. 高压隔离开关操作

高压隔离开关的正确操作顺序如下：

① 首先在操作隔离开关时，应先检查相应回路的断路器确实在断开位置，以防止带负荷拉合隔离开关。

② 线路停、送电时，必须按顺序分合隔离开关。停电操作时，必须先分断路器，后分线路侧隔离开关，再分母线侧隔离开关。送电操作顺序与停电操作顺序相反，送电操作时，必须先合母线侧隔离开关，后合线路侧隔离开关，再合断路器。这是因为发生误操作时，按上述顺序可缩小事故范围，避免人为使事故扩大至母线。

③ 操作中，如发现绝缘子严重破损、隔离开关传动杆严重损坏等严重缺陷时，不得进行操作。

④ 隔离开关操作时，应有值班人员在现场逐相检查其分合闸位置、同期情况、触头接触深度等项目，确保隔离开关动作正确、位置正确。

⑤ 隔离开关一般应在主控室进行远控操作。当远控电气操作失灵时，可在现场就地进行手动或电动操作，但必须征得站长或技术负责人的许可，并在有现场监督的情况下才能进行。

⑥ 隔离开关、接地刀闸和断路器之间安装有防止误操作的电气、电磁和机构闭锁装置。倒闸操作时，一定要按顺序进行。如果闭锁装置失灵或隔离开关和接地刀闸不能正常操作，必须严格按闭锁的条件检查相应的断路器、刀闸位置状态，只有核对无误后，才能解除闭锁进行操作。

3.3.5　高压负荷开关

1. 高压负荷开关功能与特点

高压负荷开关是指在配电系统中能关合、承载、开断正常条件下（包括规定的过载系数）的电流，并能通过规定的异常（如短路）电流的开关设备，是一种带有专用灭弧触头、灭弧装置和弹簧断路装置的分合开关。压气式高压负荷开关的灭弧装置利用分闸时主轴带动活塞压缩空气，使压缩的空气由喷嘴高速喷出来吹灭电弧以达到灭弧效果，具有开断能力大、安全可靠、电寿命长、可频繁操作、结构紧凑、体积小、质量轻、基本不需要维修等优点。高压负荷开关在电路中的图形符号如图 3-40 所示，文字符号用 QL 表示。

图 3-40　高压负荷开关图形符号

高压负荷开关可以隔离电源,分闸时有明显的断开点,多用于固定式高压设备。高压负荷开关具有灭弧装置和一定的分合闸速度,在合闸状态下可以通过正常工作电流和规定的短路电路。其常与高压熔断器串联配合使用,这时高压负荷开关的功能接近于高压断路器,可以简化配电装置及继电保护,降低设备费用。图 3-41 所示为直动式结构的 FKN21-12D(R)/400 型组合式带熔断器和接地刀的高压负荷开关。

图 3-41　FKN21-12D(R)/400 型高压负荷开关

2. 高压负荷开关型号与结构

（1）高压负荷开关型号

根据国家技术标准规定,高压负荷开关型号一般由字母和数字按图 3-42 所示方式组成。

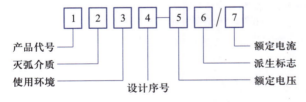

图 3-42　高压负荷开关型号编码规则示意图

其代表意义如下:

【1】产品代号:用字母表示,F—负荷开关。

【2】灭弧介质:用字母表示,K—空气;S—少油;L—SF_6;Z—真空。

【3】使用环境:用字母表示,N—户内式;W—户外式。

【4】设计序号:用数字表示,如 1、2、3。

【5】额定电压:用数字表示,单位为 kV。

【6】派生标志:用字母表示,R—带熔断器;G—改进型;D—带接地刀。

【7】额定电流:用数字表示,单位为 A。

例如,某高压负荷开关型号为 FKN21-12D(R)/400,其表示额定电压为 12 kV,额定电流为 400 A,设计序号为 21 的户内式空气灭弧带熔断器和接地刀组合式高压负荷开关。

（2）高压负荷开关结构

图 3-43 所示为直动式结构的 FKN21-12D(R)/400 型带熔断器和接地刀组合式高压负荷开关的结构,上半部分为负荷开关本体,下半部分为熔断器。其载流和灭弧分开,压缩空气由操动机构提供压缩功,导电杆上下直动而压气熄弧。

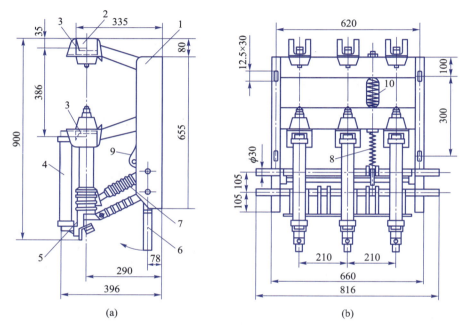

(a)   (b)

1—框架；2—绝缘支持件；3—导电装置；4—熔断器；5—自动脱扣机构；6—接地开关；
7—拐臂；8—合闸弹簧；9—操动机构；10—分闸弹簧

图 3-43   FKN21-12D(R)/400 型高压负荷开关结构(单位:mm)

3. 高压负荷开关安装和使用注意事项

高压负荷开关在安装和使用时需注意如下事项:

① 必须垂直安装,开关框架、合闸机构、电缆外皮、保护钢管等均应可靠接地(不可串联接地)；

② 运行前应进行数次空载分合闸操作,各转动部分无卡阻,合闸到位,分闸后有足够的安全距离；

③ 与负荷开关串联使用的熔断器熔体应选配得当,即应使故障电流在大于负荷开关的开断能力时保证熔体先熔断,然后负荷开关才能分闸；

④ 合闸时应接触良好,连接部无过热现象,巡检时应注意检查瓷瓶是否有脏污、裂纹、掉瓷、闪烁放电等现象。

4. 高压断路器、高压负荷开关和高压隔离开关异同点

高压负荷开关是一种功能介于高压断路器和高压隔离开关之间的开关电器。高压负荷开关具有简单的灭弧装置,因此能通断一定的负荷电流和过负荷电流,但是不能断开短路电流,所以高压负荷开关一般与高压熔断器串联配合使用,借助熔断器来进行短路保护。高压断路器、高压负荷开关及高压隔离开关的异同点如下:

① 高压负荷开关可以带负荷接通和分断电路,带有自灭弧功能,但开断容量很小且很有限,没有高压断路器开断容量大;

② 高压隔离开关在结构上没有灭弧罩,严禁带负荷接通和分断电路;

③ 高压负荷开关和高压隔离开关都可以形成明显断开点,具有隔离功能,而大部分高压断路器不具备隔离功能;

④ 高压隔离开关不具备保护功能,高压负荷开关的保护一般需要加熔断器保护,只有速断和过流保护;

⑤ 高压断路器的开断容量可以在制造过程中做得很高,主要是依靠加电流互感器配合二次设备来保护,具有短路保护、过载保护、漏电保护等功能。

3.3.6　母线

1. 母线功能与特点

母线是指在发电厂和变电站的各级电压配电装置中,将发电机、变压器等大型电气设备与各种电器装置连接的导体。母线的主要作用是汇集、分配和传送电能,包括一次设备部分的主母线和设备连接线、站用电部分的交流母线、直流系统的直流母线、二次部分的小母线等。母线按照结构类型可分为敞露母线、封闭母线和绝缘母线等。

2. 敞露母线

（1）按母线的使用材料分类

敞露母线按使用材料可分为铜母线、铝母线、铝合金母线、钢母线等。

① 铜母线。铜具有导电率高、机械强度高、耐腐蚀等优点,在工业上有很多重要用途,且产量少,价格贵,所以铜母线主要用在易腐蚀的地区(如化工厂附近或沿海地区等)。

② 铝母线。铝的导电率仅次于铜,且质轻、价廉、产量高,铝母线在室内和室外的配电装置中广泛采用。

③ 铝合金母线。铝合金母线分为铝锰合金和铝镁合金两种。铝锰合金母线载流量大,但强度较差,采用一定的补强措施后可广泛使用;铝镁合金母线机械强度大,但载流量小,焊接困难,使用范围较小。

④ 钢母线。钢的机械强度大,但导电性差,所以钢母线仅用在高压小容量电路(如电压互感器回路以及小容量厂用、所用变压器的高压侧)、工作电流不大于 200 A 的低压电路、直流电路以及接地装置回路中。

电子课件
母线

（2）按母线的截面形状分类

敞露母线按截面形状可分为矩形截面母线、圆形截面母线、管形截面母线、绞线圆形软母线、槽形截面母线等。

① 矩形截面母线。矩形截面母线如图 3-44 所示，常用在 35 kV 及以下，持续工作电流在 4 000 A 及以下的屋内配电装置中。矩形截面母线具有散热条件好、趋肤效应小、安装简单和连接方便等优点。当工作电流超过最大截面的单条母线允许电流时，每相可用两条或三条矩形截面母线固定在支持绝缘子上，每相矩形截面母线的条数不宜超过三条。

图 3-44　矩形截面母线

② 圆形截面母线。圆形截面母线如图 3-45 所示，一般用在 110 kV 及以上的户外配电装置中以防止发生电晕。

图 3-45　圆形截面母线

③ 管形截面母线。管形截面母线如图 3-46 所示，常用在 110 kV 及以上，持续工作电流在 8 000 A 以上的配电装置中，具有趋肤效应小、电晕放电电压高、机械强度高和散热条件好等优点。

④ 绞线圆形软母线。绞线圆形软母线如图 3-47 所示,钢芯铝绞线由多股铝线绕单股或多股钢线的外层构成,一般用于 35 kV 及以上屋外配电装置中。

图 3-46　管形截面母线

图 3-47　绞线圆形软母线

⑤ 槽形截面母线。槽形截面母线常用在 35 kV 及以下,持续工作电流在 4 000~8 000 A 的配电装置中,具有电流分布均匀、趋肤效应小、冷却条件好、金属材料利用率高、机械强度高等优点。

3. 封闭母线

封闭母线是指用外壳将母线封闭起来,用于单机容量在 200 MW 以上的大型发电机组、发电机与变压器之间的连接线,以及用于厂用电源和电压互感器等的分支线。

（1）封闭母线的结构类型

按外壳与母线间的结构形式可将封闭母线分为不隔相式封闭母线、隔相式封闭母线和分相封闭式母线。

① 不隔相式封闭母线。不隔相式封闭母线的三相母线设在没有相间板的公共外壳内,如图 3-48 所示。其只能防止绝缘子免受污染和外物所造成的母线短路,而不能消除发生相间短路的可能性,也不能减少相间电动力和钢结构的发热。

② 隔相式封闭母线。隔相式封闭母线的三相母线设在相间有金属（或绝缘）隔板的金属外壳之内,如图 3-49 所示。其可较好地防止相间故障,在一定程度上减少母线电动力和周围钢结构的发热,但是仍然可能发生因单相接地而

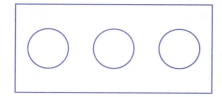

图 3-48　不隔相式封闭母线

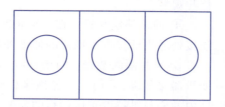

图 3-49　隔相式封闭母线

烧穿相间隔板造成相间短路的故障。

③ 分相封闭式母线。分相封闭式母线的每相导体分别用单独的铝制圆形外壳封闭,如图 3-50 所示。根据金属外壳各段的连接方法,其又可分为分段绝缘式分相封闭母线和全连式分相封闭母线两种。

图 3-50　分相封闭式母线

（2）全连式分相封闭母线的基本结构

全连式分相封闭母线主要由载流导体、支柱绝缘子、保护外壳、伸缩补偿装置、密封隔断装置、短路板等组成,如图 3-51 所示（图中未体现支柱绝缘子和密封隔断装置）。

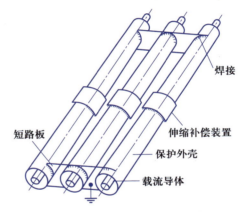

图 3-51　全连式分相封闭母线

① 载流导体。载流导体一般用铝制成,采用空心结构以减小趋肤效应。当电流很大时可采用水内冷圆管母线。

② 支柱绝缘子。支柱绝缘子采用多棱边式结构以加长漏电距离,每个支持点可采用 1~4 个绝缘子支持,一般采用 3 个绝缘子支持的结构,具有受力好、安装检修方便、可采用轻型绝缘子等优点。

③ 保护外壳。保护外壳由 5~8 mm 厚的铝板制成圆管形,在外壳上设置检修与观察孔。

④ 伸缩补偿装置。在一定长度范围内设置焊接的伸缩补偿装置,在与设备连接处适当部位设置螺接的伸缩补偿装置。

⑤ 密封隔断装置。封闭母线靠近发电机端及主变压器接线端和厂用高压变压器接线端,采用大口径绝缘板作为密封隔断装置,并用橡胶圈密封,以保证区内的密封维持微正压运行的需要。

（3）全连式分相封闭母线的特点

全连式分相封闭母线具有如下优点：

① 运行安全、可靠性高。各相的外壳相互分开，母线封闭于外壳中，不受自然环境和外物的影响，能防止相间短路，同时外壳多点接地，保证了人员接触外壳的安全。

② 母线附近钢结构中的损耗和发热显著减小。三相外壳短接，铝壳电阻很小，外壳上感应产生与母线电流大小相近而方向相反的环流，环流的屏蔽作用使壳外磁场减小到敞露母线的 10% 以下，壳外钢结构发热可忽略不计。

③ 短路时母线之间的电动力大为减小。当母线通过三相短路电流时，由一相电流产生的磁场经其外壳环流屏蔽削弱后，所剩余的磁场再进入别相外壳时，还将受到该相外壳涡流的屏蔽作用，使进入壳内的磁场明显减弱，作用于该相母线的电动力一般可减小到敞露母线电动力的 1/4 左右。同时，各壳间的电动力也减小很多。

④ 母线的载流量可做到很大。母线和外壳可兼做强迫冷却的管道，可以使母线的载流量做到很大。

全连式分相封闭母线的缺点如下：

① 有色金属消耗约增加一倍；

② 外壳产生损耗，母线功率损耗约增加一倍；

③ 母线导体的散热条件较差时，相同截面母线载流量减小。

4. 绝缘母线

绝缘母线由导体、环氧树脂渍纸绝缘、地屏、端屏、端部法兰和接线端子构成，最适用于紧凑型变电所、地下变电所及城市轨道交通用变电所，占地面积少，运行可靠。绝缘母线主要有如下优点：

① 绝缘母线全绝缘，相间距不受电压等级的限制，只取决于安装尺寸，相间距大大减小，且运行可靠；

② 单根绝缘母线可根据通过的电流大小设计，可满足任何电流的要求，避免了电流较大时使用多根电缆并用所带来的电流不平衡问题；

③ 绝缘母线绝缘层的无模具浇注使得母线的形状尺寸可根据需要做随意调整，满足各种需要；

④ 绝缘母线连接装置的使用使得绝缘母线的安装非常灵活，可根据不同的空间位置、安装尺寸做随意分段组合，同时还可弥补由于某种原因造成的安装尺寸上的一些偏差。

5. 母线的布置与着色

（1）母线的布置

① 水平布置。母线水平布置让三相母线固定在支持绝缘子上，具有相同高度，有竖放式和平放式两种。

a. 竖放式［见图 3-52（a）］：散热条件好，母线的额定允许电流较其他放置方式要大，但机械强度不是很好。

b. 平放式[见图3-52(b)]:载流量不大,机械强度较高。

② 垂直布置。母线垂直布置让三相母线分层安装[见图3-52(c)],采用竖放式垂直布置,散热性强,机械强度较高,绝缘能力较强。

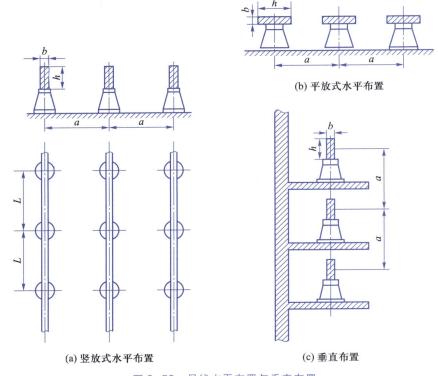

(b) 平放式水平布置

(a) 竖放式水平布置

(c) 垂直布置

图3-52　母线水平布置与垂直布置

③ 槽形布置。如图3-53所示,母线槽形布置均采用竖放式,每相均由两条相同母线组成,两条母线之间每隔一段距离用焊接片进行连接,构成一个整体。母线槽形布置的机械性能强,且节约金属材料。

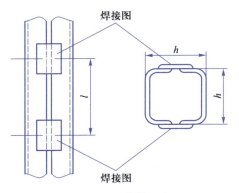

焊接图

焊接图

图3-53　母线槽形布置

④ 软母线的布置。软母线一般为三相水平布置,用绝缘子悬挂。

（2）母线的相序排列要求

① 垂直布置的交流母线,由上到下排列为 A、B、C 相;直流母线正极在上,负极在下。

② 水平布置的交流母线,由盘后向盘面排列为 A、B、C 相;直流母线正极在后,负极在前。

③ 引下线的交流母线,由左到右排列为 A、B、C 相;直流母线正极在左,负极在右。

（3）母线的着色

母线的着色有利于母线的散热,可增加 12%～15% 的载流量,还可以防止生锈以及便于识别直流的极性和交流的相序。

① 硬母线的油漆颜色规定。

a. 三相交流母线:A 相—黄色,B 相—绿色,C 相—红色。

b. 单相交流母线:从三相母线分支来的应与引出相颜色相同。

c. 直流母线:正极—赭色,负极—蓝色。

d. 直流均衡汇流母线及交流中性汇流母线:不接地者—紫色,接地者—紫色带黑色横条。

② 软母线因受温度影响而伸缩较大以及各股绞线常有相对扭动会破坏着色层,故无须着色。

3.3.7　互感器

1. 互感器概述

互感器是电力系统中一次系统和二次系统之间的联络元件,用以变换电压或电流,分别为测量仪表、保护装置和控制装置提供较小电压或电流信号,反映电气设备的正常运行和故障情况。电力系统中的互感器有电磁式、电容式、光电式等,广泛使用的是电磁式互感器,分为电压互感器和电流互感器两种,其一次绕组接入电网,二次绕组分别与测量仪表、保护装置及控制装置相互连接,如图 3-54 所示。

互感器性能的好坏直接影响系统测量、计量的准确性和继电保护、自动装置动作的可靠性。互感器的作用主要体现在如下几个方面:

① 使二次回路不受一次回路的限制,接线灵活、方便。对二次设备进行维护、调换以及调整试验时,无须中断一次系统的运行,仅改变二次接线即可。

② 使所有二次设备可用低电压、小电流控制电缆来连接,使配电屏内布线简单、安装方便、便于集中管理,可以实现远距离控制和测量。

③ 使一次设备和二次设备实现电气隔离,互感器二次绕组接地,保证了二次设备和人身安全。

④ 使二次设备的绝缘水平可按低压设计,使测量仪表和继电保护装置标准

电子课件
互感器

微课
变电所电气设备——互感器、防雷设备、成套设备

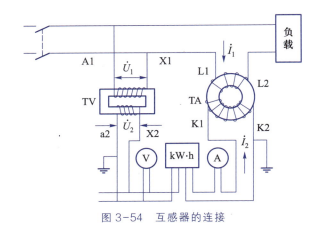

图 3-54 互感器的连接

化、小型化、结构轻巧、性价比更高。

2. 电压互感器

（1）电压互感器工作原理

电压互感器相当于一台小型的降压变压器。它的一次绕组匝数很多，二次绕组匝数较少。工作时，一次绕组并联在需要测量的高电压电路上，二次绕组接测量仪表或继电器的电压绕组。图 3-55 所示为电压互感器的原理接线图。

由于电压互感器二次绕组接阻抗很大的电压绕组，工作时相当于变压器的空载运行状态。设一次绕组匝数为 N_1，二次绕组匝数为 N_2，故可得电压互感器运行时的输入/输出电压关系为

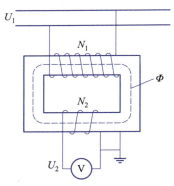

图 3-55 电压互感器原理接线图

$$\frac{U_1}{U_2} \approx \frac{N_1}{N_2} = K_u$$

即 $$U_1 \approx K_u U_2 \tag{3-12}$$

式中，K_u 为电压互感器的电压变比。

式（3-12）说明，电压互感器利用一次绕组匝数 N_1 大于二次绕组匝数 N_2 的关系，可以将高电压 U_1 成正比地转换为低电压 U_2，以便采用低压仪表测量。对于一块常用的电压表，选配一个合适电压变比 K_u 的电压互感器，就可适应不同电压的线路。

一般电压互感器二次绕组的额定电压为 100 V，电压变比的范围 $K_u = 1 \sim 5\,000$。这样，一个 100 V 的电压表，最大的测量值可达 500 000 V。电压互感器存在电压变比误差和相位角误差，按电压变比相对误差的大小，电压互感器的精度可分为 0.2、0.5、1.0 和 3.0 四个等级。

（2）电压互感器使用注意事项

使用电压互感器时,必须注意下列事项:

① 电压互感器运行时,二次绕组绝不允许短路,否则短路电流过大,将使电压互感器烧坏。为此,在电压互感器的二次侧电路中应该串联熔断器作为短路保护。

② 电压互感器的铁芯和二次绕组的一端必须可靠接地,以保证安全,以防一次侧的高压绕组绝缘损坏时,铁芯和二次绕组带高压造成人员触电事故。

③ 电压互感器二次侧所接电压绕组的阻抗值不能过小,否则将使测量精度降低。

（3）电压互感器图形符号

电压互感器在电路中的图形符号如图 3-56 所示,文字符号用 TV 表示。在一次系统图和需要描述二次系统连接的原理图中,电压互感器图形符号的表述方式不同。图 3-56(a)所示图形符号适用于一次系统图,图 3-56(b)所示图形符号适用于二次系统原理图。

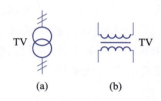

图 3-56　电压互感器图形符号

（4）电压互感器种类和型号

① 电压互感器种类。

a. 按结构原理分:电磁式和电容式。

b. 按绕组数分:双绕组式、三绕组式和四绕组式。

c. 按相数分:单相式(35 kV 及以上)和三相式(20 kV 以下)。

d. 按安装地点分:户内式(35 kV 以下)和户外式(35 kV 及以上)。

e. 按绝缘方式分:干式(低压)、浇注式(3~35 kV)、油浸式(35 kV 及以上)和气体绝缘式等。

② 电压互感器型号。

根据国家技术标准规定,电压互感器型号一般由字母和数字按图 3-57 所示方式组成。

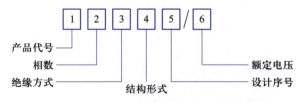

图 3-57　电压互感器型号编码规则示意图

其代表意义如下:

【1】产品代号:用字母表示,J—电压互感器。

【2】相数:用字母表示,D—单相;S—三相。

【3】绝缘方式:用字母表示,C—油瓷绝缘式;G—干式;J—油浸式;Q—气体绝缘式;R—电容分压式;Z—树脂浇注式。

【4】结构形式:用字母表示,B—三柱带补偿绕组;J—接地保护;W—五柱三绕组。

【5】设计序号:用数字表示,如 1、2、3。

【6】额定电压:用数字表示,单位为 kV。

例如,某电压互感器型号为 JDZJ2-10,其表示额定电压为 10 kV,设计序号为 2 的单相树脂浇注式带接地保护的电压互感器。

(5)电压互感器联结方式

电压互感器在电力系统中要测量的电压有线电压、相电压、相对地电压和单相接地时出现的零序电压。为了测取这些电压,电压互感器就有了不同的联结方式,最常见的有如下几种联结:

① 单相电压互感器联结。单相电压互感器联结如图 3-58 所示,可用于测量 35 kV 及以下中性点不直接接地系统的线电压或 110 kV 以上中性点直接接地系统的相对地电压。

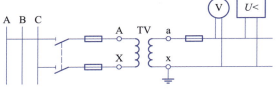

图 3-58 单相电压互感器联结

② 电压互感器的 V,v 联结。电压互感器的 V,v 联结(不完全星形联结)如图 3-59 所示,其是将两台全绝缘单相电压互感器的高低压绕组分别接于相与相间构成不完全星形联结。这种联结广泛用于中性点不接地或经消弧线圈接地的 35 kV 及以下的高压三相系统中,特别是 10 kV 三相系统中。V,v 联结不仅能节省一台电压互感器,还能满足三相表计所需要的线电压。这种联结方法的缺点是不能测量相电压,不能接入监视系统绝缘状况的电压表。

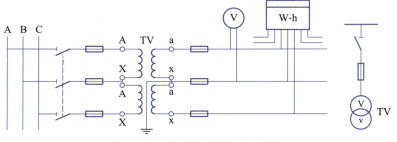

图 3-59 电压互感器的 V,v 联结

③ 电压互感器的 YN,yn 联结。电压互感器的 YN,yn 联结如图 3-60 所示,其是用三台单相电压互感器构成一台三相电压互感器,也可以用一台三铁芯柱式三相电压互感器,将其高低压绕组分别构成星形联结。YN,yn 联结多用于小电流接地的高压三相系统,既可以测量线电压,又可以测量相对地电压。但这种

联结方法有如下缺点：

a. 当三相负载不平衡时，会引起较大的误差；

b. 当一次高压侧有单相接地故障时，它的高压侧中性点不允许接地，否则可能烧坏互感器，所以高压侧中性点无引出线，也就不能测量对地电压。

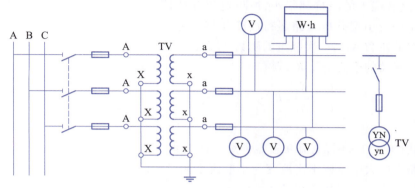

图 3-60　电压互感器的 YN,yn 联结

④ 电压互感器的 YN,ynd 联结。电压互感器的 YN,ynd 联结常用三台单相电压互感器构成三相电压互感器组，主要用于大电流接地系统中。YN,ynd 联结的主二次绕组既可测量线电压，又可测量相对地电压；辅助二次绕组构成开口三角形联结，供给单相接地保护使用。

当 YN,ynd 联结用于小电流接地系统时，通常都采用三相五柱式的电压互感器，如图 3-61 所示。其一次绕组和主二次绕组构成星形联结，并且中性点接地，辅助二次绕组构成开口三角形联结。三相五柱式的电压互感器可以测量线电压和相对地电压，辅助二次绕组可以接入交流电网绝缘监视用的继电器和信号指示器，以实现单相接地的继电保护。

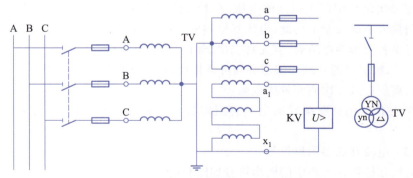

图 3-61　电压互感器的 YN,ynd 联结

3. 电流互感器

（1）电流互感器工作原理

在测量大电流时，通常采用电流互感器。电流互感器一次绕组的匝数很少，

只有一匝或几匝，串联在被测电路中，一次绕组流过被测电流，二次绕组串联测量仪表或继电器的电流绕组，如图 3-62 所示。

由于电流互感器的负载是仪器仪表的电流绕组，这些绕组的阻抗都很小，所以电流互感器相当于一台小型升压短路运行的变压器。将二次绕组的匝数 N_2 与一次绕组的匝数 N_1 之比称为电流互感器的电流变比 K_i，则有

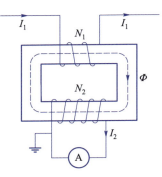

图 3-62　电流互感器原理接线图

$$\frac{I_1}{I_2} \approx \frac{N_2}{N_1} = K_i$$

即 $$I_1 \approx K_i I_2 \qquad (3-13)$$

式（3-13）表明，电流互感器利用一次绕组与二次绕组不同的匝数关系，可将线路上的大电流成正比地变为小电流来测量。即知道了电流表的读数 I_2，乘以电流变比 K_i 就是被测电流 I_1。

一般电流互感器二次绕组的额定电流为 5 A，电流变比的范围 $K_i = 1 \sim 5\,000$。这样，一个 5 A 的电流表，最大的测量值可达 25 000 A。由于电流互感器工作时存在励磁电流分量，因此电流互感器也存在电流变比误差和相位角误差，按电流变比相对误差的大小，电流互感器的精度可分为 0.2、0.5、1.0、3.0 和 10.0 五个等级。

（2）电流互感器使用注意事项

使用电流互感器时，必须注意下列事项：

① 电流互感器工作时二次绕组不许开路，因为开路时 $I_2 = 0$，失去二次绕组的去磁作用，一次绕组磁动势 $I_1 N_1$ 全部用来产生磁通，将使铁芯中的磁通密度剧增。这样，一方面使铁芯损耗剧增，铁芯严重过热，甚至烧坏绕组绝缘；另一方面还会在二次绕组中产生很高的电压，有时可达数千伏以上，将绕组绝缘击穿，并危及测量人员的安全。为此，电流互感器的二次绕组电路中绝不允许装熔断器。在运行中若要拆换电流表，应先将二次绕组短路后再进行。

② 二次绕组的一端和铁芯必须可靠接地，以免互感器的绝缘损坏时一次线路中的高压进入二次侧而发生危险。

③ 二次绕组回路串联的电流绕组阻抗值不得超过允许值，以免降低测量精度。

（3）电流互感器图形符号

电流互感器在电路中的图形符号如图 3-63 所示，文字符号用 TA 表示。在一次系统图和需要描述二次系统连接的原理图中，电流互感器图形符号的表述方式不同。图 3-63（a）所示图形符号适用于一次系统图，图 3-63（b）所示图形符号适用于二次系统原理图。

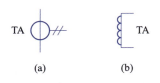

图 3-63　电流互感器图形符号

（4）电流互感器种类和型号

① 电流互感器种类。

a. 按用途分：测量用和保护用。

b. 按安装方式分：穿墙式、支持式和装入式。

c. 按安装地点分：户内式（35 kV 以下）和户外式（35 kV 及以上）。

d. 按绝缘方式分：干式、浇注式、油浸式、瓷绝缘式、气体绝缘式等。

e. 按一次绕组匝数分：单匝式和多匝式，其中单匝式又分为贯穿型和母线型两种。

② 电流互感器型号。

根据国家技术标准规定，电流互感器型号一般由字母和数字按图 3-64 所示方式组成。

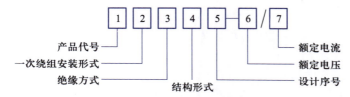

图 3-64　电流互感器型号编码规则示意图

其代表意义如下：

【1】产品代号：用字母表示，L—电流互感器。

【2】一次绕组安装形式：用字母表示，A—穿墙式；B—支持式；Z—支柱式；R—装入式。

【3】绝缘方式：用字母表示，C—瓷绝缘；J—树脂绝缘；K—塑料外壳；Z—浇注绝缘。

【4】结构形式：用字母表示，M—母线式；G—改进型；Q—加强式。

【5】设计序号：用数字表示，如 1、2、3。

【6】额定电压：用数字表示，单位为 kV。

【7】额定电流：用数字表示，单位为 A。

例如，某电流互感器型号为 LRKG1-10/20，其表示额定电压为 10 kV，额定电流为 20 A，设计序号为 1 的塑料外壳装入式改进型电流互感器。

（5）电流互感器联结方式

① 电流互感器单相联结。电流互感器单相联结如图 3-65 所示，主要用于测量单相负荷电流或对称三相负荷中的一相电流。电流互感器的接线与极性的关系不大，但需注意二次侧要有保护接地，防止一次侧发生过电流现象时，电流互感器被击穿，烧坏二次侧仪表和继电设备。并且，电流互

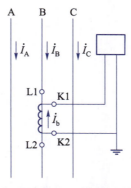

图 3-65　电流互感器单相联结

感器严禁多点接地,因为两点接地二次电流在继电器前形成分路,会造成继电器无动作。《继电保护和安全自动装置技术规程》(GB/T 14285—2006)中规定,对于有几组电流互感器连接在一起的保护装置,应在保护屏上经端子排接地,如变压器的差动保护,并且几组电流互感器组合后只有一个独立的接地点。

② 电流互感器两相 V 形联结。电流互感器两相 V 形联结(不完全星形联结)如图 3-66 所示。A 相和 C 相电流互感器所接继电器中流过的电流等于各自电流互感器二次电流,反映的是相电流。电流互感器二次侧公共线上的电流,正好是未接电流互感器 B 相的二次电流($\dot{i}_a + \dot{i}_c = -\dot{i}_b$)。因此这种联结的三个电流绕组分别反映了三相的电流。这种联结广泛用于中性点不接地的三相三线制电路中,供测量三个相电流使用,也常用于继电保护中作为过电流保护。

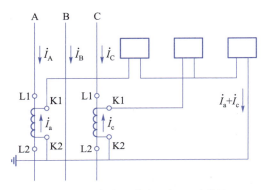

图 3-66   电流互感器两相 V 形联结

③ 电流互感器两相电流差联结。电流互感器两相电流差联结(两相一继电器联结)如图 3-67 所示,其二次侧公共线流过的电流等于两个相电流的矢量差($\dot{i}_a - \dot{i}_c$),值为相电流的 $\sqrt{3}$ 倍。这种联结多用于三相三线制电路的继电保护中作为过电流保护。

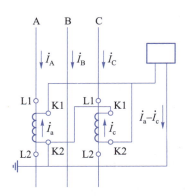

图 3-67   电流互感器两相电流差联结

④ 电流互感器三相 Y 形联结。电流互感器三相 Y 形联结(三相完全星形

联结）如图 3-68 所示。三个电流绕组通过的电流正好反映各相的电流。这种联结广泛用在无论负荷平衡与否的三相电流测量电路中，特别广泛用于电压为 380/220 V 的三相四线制系统中，也常用于继电保护中作为过电流保护、差动保护等。

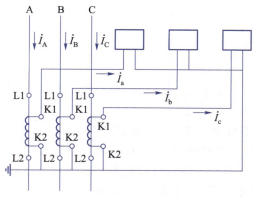

图 3-68　电流互感器三相 Y 形联结

微课
电气设备的
选择

复习与思考

1. 变电所地址的选择应该综合考虑和遵循哪些原则？

2. 变电所的布置有哪些基本要求？

3. 变电所的电气主接线有哪些形式？各有哪些优缺点？

4. 变电所的一次设备按其在一次电路中的功能划分有哪些设备？分别起到什么作用？

5. 油浸式变压器和干式变压器的主要部件分别有哪些？各适用于什么场合？

6. 三相变压器的额定电压和额定电流分别是如何定义的？

7. 有一台三相变压器，额定容量 $S_N = 500$ kV·A，额定电压 $U_{1N}/U_{2N} = 35/0.4$ kV，求额定运行时一次、二次绕组中的电流 I_{1N} 和 I_{2N}。

8. 三相变压器的并联运行条件有哪些？

9. 简述 24 脉波整流机组的工作原理。

10. 高压断路器根据灭弧介质不同，主要分为哪几类？各有什么特点？

11. 简述高压断路器、高压负荷开关和高压隔离开关的主要区别。它们分别适用于什么场合？

12. 母线按使用材料和截面积形状分别分为哪几种？各有什么特点？

13. 母线的着色作用和要求分别有哪些？

14. 电压互感器和电流互感器的使用注意事项有哪些？

第 4 章
主变电所

4.1 主变电所概述

微课
城市轨道交通
主变电所

对于分散式外部电源方案,往往需要设置电源开闭所,负责向供电分区供电。电源开闭所一般不单独建设,而是在城市轨道交通车站与牵引(或降压)变电所合建,且共用中压母线。中压母线应采用单母线分段接线形式。在这种情况下,电源开闭所将连同牵引(或降压)变电所一起设计。

对于集中式外部电源方案,应建设城市轨道交通专用主变电所。主变电所将城市电网的高压(110 kV)电能降压为 35 kV 或 10 kV 电压等级的中压电能,分别为牵引变电所或降压变电所供电。根据城市轨道交通线路用电负荷的特点,主变电所一般沿线路布置,为保证供电可靠性,每条城市轨道交通线路通常设置两座或两座以上主变电所。主变电所由两路独立的电源进线供电,内部设置两台相同的主变压器。

主变电所作为城市轨道交通线路的总变电所,承担整条线路的电力负荷用电。主变电所的电气设备主要包括主变压器、110 kV GIS 组合电器、中压(35 kV 或 10 kV)开关柜、站用变压器、交直流屏、二次设备(主变保护、线路保护等)。

4.2 主变电所设置

电子课件
主变电所设置

城市轨道交通主变电所选址所涉及的主要因素与城市电网变电所选址所涉及的诸多因素(如负荷分布、现有电网状况、线路走廊、所址地形地质、与城市规划相一致等)相比要简单一些。

4.2.1 主变电所选址原则

城市轨道交通主变电所的选址应遵循以下原则:

① 和城市规划、城市电网规划相协调。
② 满足城市轨道交通供电网络规划中主变电所资源共享的要求。
③ 方便电缆线路的引入、引出和设备的运输。
④ 邻近城市轨道交通线路布置,靠近负荷中心。
⑤ 中压网络电缆的电压降满足要求。
⑥ 地质、地形和地貌条件选择适宜(如避开断层、塌陷区等)。

⑦ 充分考虑主变电所的周边环境和与邻近设施的相互影响。

⑧ 可独立设置,也可以合建。市区内宜与其他建筑合建或建于地下;当与城市电力部门合建时,也可设置在地面,但主变电所到城市轨道交通线路的电缆敷设距离不宜过长。

4.2.2　主变电所设置依据

1. 根据所处城市位置确定主变电所结构形式

城市轨道交通主变电所多数采用户内式、半户外式或地下式,很少采用全户外式。布设在市区边缘或郊区、县的主变电所,可采用布置紧凑、占地较小的半户外式;而市区内及市中心规划新建的主变电所,宜采用户内式结构。主变电所根据结构形式的分类如表 4-1 所示。

表 4-1　主变电所根据结构形式的分类

类型	结构形式	
1	户外式	全户外式
		半户外式
2	户内式	常规户内式
		小型户内式
3	地下式	全地下式
		半地下式

2. 根据负荷特点确定主变电所沿线布置

城市轨道交通主变电所的用电负荷是沿着城市轨道交通线路走向呈线状分布,这样的负荷分布特点要求主变电所只能设置在城市轨道交通沿线,并尽量靠近轨道沿线,以便减小主变电所到城市轨道交通线路间的电缆敷设距离。通常,主变电所位置离城市轨道交通线路的距离一般控制在几百米范围内。实际工程中,主变电所都是贴近城市轨道交通线路布置的。

3. 根据电压损失要求确定主变电所数量

主变电所数量取决于负荷分布及大小(负荷矩),即中压网络电缆的电压降应满足设计要求。《地铁设计规范》(GB 50157—2013)要求:"供电系统的中压网络应按列车的远期通过能力设计,对互为备用线路,一路退出运行,另一路应承担其一、二级负荷的供电,线路末端电压损失不宜超过 5%。"

4. 根据城市规划要求确定主变电所位置

根据主变电所数量初步确定大致位置。在沿线负荷均匀的情况下,若设一座主变电所,则考虑布置在线路长度中心附近;若设两座主变电所,则首选位置考虑在线路长度的 1/4 及 3/4 处。随着城市轨道交通建设的网络化发展,主变

电子课件
主变电所电气
主接线

电所的位置还应满足网络共享的要求。

4.3　主变电所电气主接线

城市轨道交通主变电所高压侧与城市电网之间应设明显的电气分断点。主变电所电气主接线可以从高压侧和中压侧两个方面来描述。高压侧主接线主要有线路—变压器组接线和桥形接线，其中桥形接线根据桥回路断路器的位置不同，又可分为内桥形接线和外桥形接线两种方式。中压侧一般采用单母线分段形式，并设置母线分段开关。

4.3.1　线路—变压器组接线

主变电所高压侧主接线采用线路—变压器组加两台断路器的接线如图 4-1所示，两回路分别由断路器 QF101（QF102）、隔离开关 QS1011（QS1021）、QS1013（QS1023）和主变压器 T1（T2）组成，两回路互不关联。主变电所两路高压电源进线（110 kV）可以都是专线，也可以一路专线，另一路"T"接。

线路—变压器组接线方式具有接线简洁、高压设备少、占地少、投资少、继电保护简单等优点。正常运行方式下，两回路各带一台主变压器。

如主变压器一、二级负荷负载率较低，当一台主变压器或一条线路发生故障退出运行

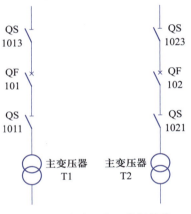

图 4-1　线路—变压器组接线

时，只需在主变电所中压侧做转移负载操作，由另一路进线电源的主变压器承担本主变电所供电范围内全部一、二级用电负荷，不影响其他主变电所，恢复供电操作相对方便。

若主变压器一、二级负荷的负载率较高，当一台主变压器或一条线路发生故障退出运行时，需要通过相邻主变电所联络来转移部分负荷，实现相互支援。

线路—变压器组接线方式适用于主变电所不设高压配电装置，一台主变压器退出时，另一台主变压器能承担本变电所供电范围内的全部一、二级负荷的场合。这种接线方式广泛应用于城市轨道交通供变电系统中的主变电所高压侧电气主接线。

4.3.2　内桥形接线

主变压器高压侧主接线采用内桥形接线如图 4-2 所示，桥回路置于线路断路器内侧（靠主变压器侧），此时线路经断路器 QF101（QF102）和隔离开关 QS1011（QS1021）接至桥接点，构成独立单元；而主变压器支路只经隔离开关

QS1013(QS1023)与桥接点相连,为非独立单元。主变电所两路高压电源进线(110 kV)可以都是专线,也可以一路专线,另一路"T"接。

内桥形接线方式只需要 3 台断路器(QF101、QF102、QF100),具有断路器数量少、线路故障操作简单方便和系统接线清晰等优点。正常运行方式下,桥联断路器(QF100)打开,类似线路—变压器组接线,两路线路各带一台主变压器运行。

内桥形接线的线路侧装有断路器,线路的投入和切除十分方便。当送电线路发生故障时,只需要断开故障线路的断路器,不影响另一回路正常运行。需要时也可以合上桥联断路器(QF100),由一路进线带两台主变压器运行。当主变压器故障时,则与该变压器连接的两台断路器均需要断开,从而不会影响另一非故障回路的正常运行。在实际接线中可采用加装正常断开运行的跨条来提高运行灵活性。为了轮流停电检修任一组隔离开关,在跨条上须加装两组隔离开关 QS1017 和 QS1027。检修桥联断路器时,也可利用此跨条。

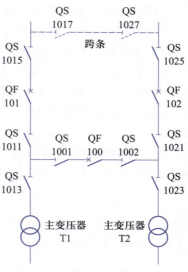

图 4-2　内桥形接线

由于主变压器的运行可靠性较高,故障率比线路要低,且主变压器也不需经常切换,因此内桥形接线方式适用于电源线路较长和线路故障率较高的场合,采用这种接线方式可提高供电的可靠性。内桥形接线在城市轨道交通供变电系统主变电所的高压侧主接线中应用也较多。

4.3.3　外桥形接线

主变压器高压侧主接线采用外桥形接线如图 4-3 所示,桥回路置于线路断路器外侧,主变压器经线路断路器 QF101(QF102)和隔离开关 QS1011(QS1021)、QS1013(QS1023)接至桥接点,而线路支路只经隔离开关 QS1015(QS1025)与桥接点相连。主变电所两路高压电源进线(110 kV)可以都是专线,也可以一路专线,另一路"T"接。

外桥形接线方式也只需要 3 台断路器(QF101、QF102、QF100),具有断路器数量少和系统接线清晰的优点。在正常运行方式下,外桥联断路器(QF100)打开,类似于线路—变压器组接线,两路线路各带一台主变

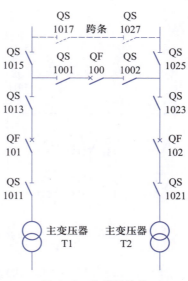

图 4-3　外桥形接线

压器运行。当一路进线电源失电后,外桥联断路器(QF100)合闸,由另一路进线电源向分挂在两段母线上的两台主变压器供电,承担本主变电所范围内的全部一、二级用电负荷,根据供电系统负荷变动情况,确定三级负荷的切除与保留。

采用外桥形接线时线路的投入和切除不是很方便,需操作两台断路器,并有一台主变压器暂时停运。检修外桥联断路器时,两路线路需解列运行;检修主变压器侧断路器时,主变压器需较长时期停运。在实际接线中也可采用加装正常断开运行的跨条来提高运行灵活性。为了轮流停电检修任一组隔离开关,在跨条上须加装两组隔离开关 QS1017 和 QS1027。检修外桥联断路器时,也可利用此跨条。

在电源线路较短、故障率较少的情况下可采用外桥形接线方式。当电源线路有穿越功率时,也可采用这种接线方式。根据目前国内城市电网情况,城市轨道交通主变电所属于终端变电所,没有穿越功率,因而基本不采用外桥形接线方式。

4.3.4　中压侧主接线

主变电所中压侧主接线一般采用单母线分段的接线形式,并设置母线分段开关,如图 4-4 所示。

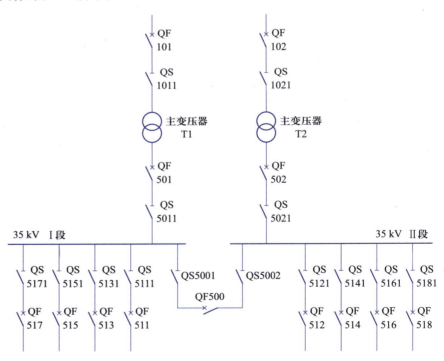

图 4-4　主变电所中压侧主接线

（1）单母线分段接线形式的优点
主变电所中压侧采用单母线分段接线形式具有如下优点:

① 两段母线可以分开运行,也可以并列运行;

② 重要用户可用双回路接于不同母线段,增加供电可靠性;

③ 任意母线或隔离开关检修,只需要停该段,其余段可继续供电,可减小停电范围。

（2）单母线分段接线形式的缺点

主变电所中压侧采用单母线分段接线形式具有如下缺点:

① 分段的单母线增加了分段部分的投资和占地面积;

② 任一段母线故障或检修时,仍有停电情况;

③ 任一回路断路器检修时,该回路停电;

④ 主变电所扩建时需向两端均衡扩建。

4.4　主变电所的主要电气设备

电子课件
主变电所的主
要电气设备

主变电所的主要电气设备有主变压器、高压（110 kV）开关设备和中压（35 kV 或 10 kV）开关设备等。

4.4.1　主变压器

主变电所使用的主变压器为三相油浸电力变压器,110 kV 高压侧采用星形绕组中性点直接接地,带有载调压开关和自动调压装置;35 kV（或 10 kV）中压侧采用星形绕组中性点经电阻接地,或采用三角形绕组。主变压器下方设置储油设施。主变电所的主变压器可以放置在室内,也可以放置在室外。图 4-5 所示为放置在室外的主变压器。

图 4-5　室外主变压器

4.4.2　高压（110 kV）开关设备

主变电所的高压（110 kV）开关设备采用户内安装的 GIS 组合电器,如

图 4-6所示。GIS(gas insulated switchgear)即气体绝缘全封闭组合电器,由断路器、隔离开关、接地开关、互感器、避雷器、母线、连接件和出线终端等组成。这些设备或部件全部封闭在金属接地的外壳中,在其内部充有一定压力的 SF_6 绝缘气体,故也称 SF_6 全封闭组合电器。

图 4-6 高压(110 kV)GIS 组合电器

4.4.3 中压（35 kV 或 10 kV）开关设备

主变电所的中压(35 kV 或 10 kV)开关设备也采用 GIS 组合电器,均为三相分箱式。中压断路器采用真空断路器,配用操动机构为弹簧储能式或弹簧液压式,隔离开关一般采用三工位隔离开关(具有分闸、合闸、接地三个工作位置),也有个别采用隔离开关与接地开关的组合方式。中压(35 kV 或 10 kV)开关柜如图 4-7 所示。

图 4-7 中压(35 kV 或 10 kV)开关柜

4.5 主变电所运行方式

电子课件
主变电所运行
方式

微课
城市轨道交通供
变电系统事故
处理方法——
GIS 开关柜的
事故处理

主变电所中压侧采用单母线分段接线形式,运行方式分为正常运行方式和故障运行方式。

正常情况下,两段母线分列运行;主变电所下面的牵引变电所和降压变电所可以从不同母线段取得中压电源;当主变电所一段中压母线失电时,另一段中压母线可以迅速恢复对牵引变电所和降压变电所的供电。

当一段中压母线故障时,该段母线上的进线开关分闸,同时该段母线上的馈线所接的第一级牵引变电所或降压变电所进线开关也应失压跳闸,根据中压网络运行方式,由主变电所的另一段中压母线继续供电。

当一路高压进线失电或一台主变压器退出运行时,通过中压母线分段开关迅速合闸,由另一台主变压器承担本主变电所范围内的全部一、二级用电负荷,根据供电系统负荷变动情况,确定是否切除三级负荷。

4.5.1 正常运行方式

主变电所正常运行方式如下:

① 110 kV 主变电所两路 110 kV 进线同时受电,两台主变压器同时运行(线路—变压器组运行方式);

② 两台主变压器二次侧各带一段母线负荷,母联断路器断开(处于“备用”状态),备自投投入,每段母线各出若干路 35 kV(或 10 kV)回路供给牵引降压混合变电所和降压变电所两段母线负荷。

4.5.2 故障运行方式

主变电所故障运行方式如下:

① 当主变电所的一路 110 kV 进线故障时,该线路对应的主变压器退出运行,35 kV(或 10 kV)母联断路器自投,切除主变电所供电区域的三级负荷,另一台主变压器承担本所供电区域的牵引负荷和一、二级动力照明用电负荷;

② 当主变电所的一台主变压器故障时,故障主变压器退出运行,35 kV(或 10 kV)母联断路器自动投入,切除主变电所供电区域的三级负荷,另一台主变压器承担本所供电区域的牵引负荷和一、二级动力照明用电负荷;

③ 当一座主变电所的两路进线或两台主变压器都出现故障时,该主变电所退出运行,35 kV(或 10 kV)母联断路器处于热备用,切除主变电所供电区域的三级负荷,合上主变电所间的联络开关,由相邻主变电所承担本所供电区域的牵引负荷和一、二级动力照明用电负荷。

复习与思考

1. 城市轨道交通主变电所的选址应遵循哪些原则?

2. 城市轨道交通主变电所的设置依据有哪些？

3. 城市轨道交通主变电所的高压侧电气主接线有哪些形式？各有什么特点？

4. 城市轨道交通主变电所的中压侧电气主接线通常采用哪种形式？有何特点？

5. 城市轨道交通主变电所主要有哪些电气设备？其各自功能是什么？

6. 分别简述城市轨道交通主变电所的正常运行方式和故障运行方式。

第 5 章
中压网络

5.1 中压网络概述

城市轨道交通供变电系统中压网络可通过电缆,在纵向上把上级主变电所和下级牵引变电所、降压变电所连接起来,在横向上把全线的各个牵引变电所和降压变电所连接起来,起分配和传输电能的作用,其功能类似于电力系统中的配电网络。

电压等级和构成形式是中压网络的两大属性。中压网络电压等级可选择35 kV、33 kV、20 kV 和 10 kV 等,构成形式主要有牵引动力照明混合网络与牵引动力照明独立网络两种。

根据中压网络功能的不同,可将为牵引变电所供电的中压网络称为牵引供电网络(简称牵引网络),将为降压变电所供电的中压网络称为动力照明供电网络(简称动力照明网络)。

5.2 中压网络电压等级

5.2.1 中压网络电压等级与特点

国外城市轨道交通中压网络一般有 33 kV、20 kV 和 10 kV 三个电压等级,国内城市轨道交通中压网络有 35 kV、33 kV 和 10 kV 三个电压等级。

① 35 kV 中压网络,国家标准电压等级。输电容量较大,输电距离较长,设备体积较大,会占用较大的变电所面积,不利于减小车站体量。设备主要来源于国内,设备价格适中。由于国内没有环网开关,因而不能采用比断路器柜价格更便宜的环网开关来构成接线与保护简单、操作灵活的环网系统。广州地铁、上海地铁、深圳地铁和南京地铁等线路的中压网络均采用 35 kV 电压等级。

② 33 kV 中压网络,国际标准电压等级。输电容量较大,输电距离较长,特点基本与 35 kV 中压网络一致。设备来源于国外,不利于国产化,国外开关设备体积较小、价格较高。广州地铁和上海地铁部分早期建设线路采用 33 kV 电压等级。

③ 20 kV 中压网络,国际标准电压等级。输电容量和输电距离适中,输电容量比 10 kV 系统大。引进国外技术的开关设备体积较小,占用变电所面积远小于国产 35 kV 设备,有利于减小车站体量,节省土建投资。设备价格适中,有环

电子课件
中压网络电压
等级

微课
中压网络电缆
的敷设与运
行——电压等
级与构成

网开关,能构成接线与保护简单、操作灵活的环网系统。另外,20 kV 电压等级设备可完全实现国产化,但国内城市轨道交通尚没有采用,国外城市轨道交通普遍采用 20 kV 电压等级。

④ 10 kV 中压网络,国家标准电压等级。输电容量较小,输电距离较短,设备体积较小,设备价格较低,环网开关技术成熟,运营经验丰富,可用其构成保护简单、操作灵活的环网系统。设备主要来源于国内。国内和国外城市轨道交通中压网络采用 10 kV 电压等级较为普遍。

不同电压等级中压网络性能特点比较如表 5-1 所示。

表 5-1　不同电压等级中压网络性能特点比较

电压等级/kV	35	33	20	10
适用标准	国家标准	国际标准	国际标准	国家标准
对外部电压等级的要求	不要求城市电网有 35 kV	不要求城市电网有 33 kV	不要求城市电网有 20 kV	一般城市电网均有 10 kV
设备国产化	国内	国外	国内	国内
环网柜情况	无环网柜	有环网柜	有环网柜	有环网柜
设备体积及占地面积	较大,不利于减小车站体量	较小,利于减小车站体量	较小,利于减小车站体量	较小,利于减小车站体量
设备价格	适中	较高	适中,低于 35 kV	较低
输电容量	较大	较大	适中,大于 10 kV	较小
输电距离	较长	较长	适中,长于 10 kV	较短
城轨应用情况	国内有采用	国内外有采用	国外有采用	国内外有采用

5.2.2　中压网络不同电压等级供电能力分析

1. 电压等级与功率输送能力的关系

线路传输功率按如下公式计算:

$$P = \sqrt{3}\,UI\cos\varphi \tag{5-1}$$

式中,P 为线路传输功率(kW);U 为系统标称电压(kV);I 为线路计算电流(A);$\cos\varphi$ 为负荷功率因数。

由式(5-1)可知,如果计算电流不变,电压等级越高,则线路的功率输送能力越强,即线路传输功率越大。35 kV、20 kV、10 kV 供电线路的功率输送能力(线路传输功率)之比为 3.5∶2∶1。供电线路的功率输送能力与电压成正比。

2. 电压等级与电压损失和供电线路长度的关系

线路电压损失按如下公式计算:

$$\Delta u\% = \frac{1}{10U^2}(R' + X'\tan\varphi)Pl \tag{5-2}$$

式中，$\Delta u\%$ 为线路电压损失百分数（%）；R' 为三相线路单位长度的电阻（Ω/km）；X' 为三相线路单位长度的感抗（Ω/km）；P 为有功负荷（kW）；l 为线路长度（km）；$\tan\varphi$ 为功率因数角相对应的正切值。

由式（5-2）可以得出，电压等级越高，则供电线路越长。对于同一条三相平衡负荷线路，电压损失、负荷有功功率、负荷无功功率、导线规格不变，在忽略由于电压等级变化带来的导线阻抗变化的条件下，35 kV、20 kV、10 kV 供电线路的长度之比为 12.25∶4∶1。供电线路的长度与电压的二次方成正比。

如导线长度、传输功率、导线规格不变，在忽略由于电压等级变化带来的导线阻抗变化的条件下，35 kV、20 kV、10 kV 供电线路的电压损失之比约为 1∶3.06∶12.25。电压损失与电压的二次方成反比。

3. 电压等级与功率损耗的关系

线路传输功率损耗按如下公式计算：

有功功率损耗为

$$\Delta P_1 = 3I^2 R \times 10^{-3} \tag{5-3}$$

无功功率损耗为

$$\Delta Q_1 = 3I^2 X \times 10^{-3} \tag{5-4}$$

计算负荷与计算电流的关系为

$$P = \sqrt{3}\,UI\cos\varphi \tag{5-5}$$

式中，P 为线路传输功率（kW）；U 为系统标称电压（kV）；I 为线路计算电流（A）；$\cos\varphi$ 为负荷功率因数；R 为单相线路总电阻（Ω/km）；X 为单相线路总感抗（Ω/km）。

由以上计算公式可以得出，在负荷大小、功率因数、线路参数不变的情况下，电压等级越高，则计算电流越小，功率损耗越小。

对于城市轨道交通供电系统来说，在考虑可实施性的前提下，电压等级越高，系统的功率输送能力越强，供电线路越长，功率损耗越小。

5.3　中压网络构成

我国城市轨道交通供变电系统采用的中压网络构成形式主要有牵引动力照明混合网络与牵引动力照明独立网络。

① 牵引动力照明混合网络采用同一电压等级，并通过公用电源电缆同时向牵引变电所和降压变电所提供中压电能，供电系统的整体性比较好。

② 牵引动力照明独立网络既可以采用不同的电压等级，也可以采用相同的电压等级，牵引网络与动力照明网络相对独立，彼此相互影响较小。

中压网络构成形式涉及中压网络供电安全准则及其运行方式。对于集中式供电系统，牵引网络和动力照明网络可以采用牵引动力照明独立网络，也可以采用牵引动力照明混合网络。对于分散式供电系统，宜采用牵引动力照明混合网络。

电子课件
中压网络构成

5.3.1　中压网络构成原则

中压网络的构成涉及多种因素,在电压等级确定的情况下,应遵循以下原则:

① 具有良好的经济指标;

② 系统接线方式尽量简单;

③ 满足负荷分配平衡的要求;

④ 满足安全可靠的供电要求;

⑤ 设备容量及电压降满足要求;

⑥ 满足运行管理和倒闸操作的要求;

⑦ 满足设备选型和继电保护的要求;

⑧ 每一个变电所均有两个独立电源进线;

⑨ 供电分区就近引入电源,尽量避免反送电;

⑩ 全线牵引变电所和降压变电所的主接线尽量一致。

5.3.2　中压网络构成形式

因为外部电源的供电方式不同,所以中压网络的构成形式也不同。下面分别介绍集中式和分散式外部供电方式下的中压网络构成形式。

1. 集中式外部供电方式下的中压网络构成形式

（1）独立牵引网络的接线方式

当中压网络中的牵引网络和动力照明网络相互独立时,牵引网络的常用接线方式有如下所述的 A、B、C、D 四种类型。

① A 型接线方式:如图 5-1 所示,牵引变电所的主接线为单母线,两个独立电源来自同一个主变电所的不同母线,牵引变电所的进线和出线开关均使用断路器。该类型接线方式适用于线路始末端及紧邻主变电所的牵引变电所。

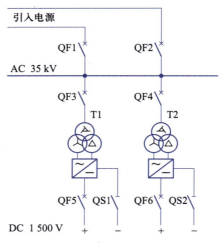

图 5-1　A 型接线方式

② B 型接线方式:如图 5-2 所示,牵引变电所主接线为单母线,两个独立电源来自左右两侧不同的主变电所,牵引变电所的进线和出线开关均使用断路器。该类型接线方式适用于位于两个主变电所之间的牵引变电所。

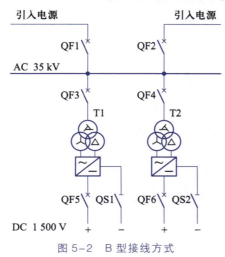

图 5-2 B 型接线方式

③ C 型接线方式:如图 5-3 所示,两个牵引变电所为一组,牵引变电所主接线均为单母线。这一组牵引变电所的两个独立电源来自同一个主变电所的不同母线,每个牵引变电所均从主变电所接入一路主电源,两个牵引变电所通过联络电缆实现电源互为备用。牵引变电所的进线和出线开关均使用断路器。该类型接线方式适用于线路始末端的牵引变电所。

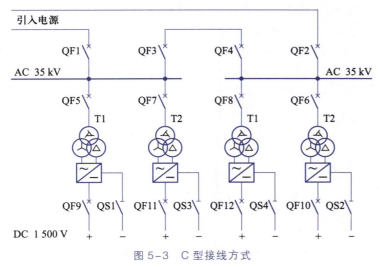

图 5-3 C 型接线方式

④ D 型接线方式:如图 5-4 所示,两个牵引变电所为一组,牵引变电所主接线均为单母线。这一组牵引变电所的两个独立电源来自不同主变电所,左侧牵引变电所从左侧主变电所接入一路主电源,右侧牵引变电所从右侧主变电所接

入一路主电源,两个牵引变电所通过联络电缆实现电源互为备用。牵引变电所的进线和出线开关均使用断路器。该类型接线方式适用于位于两个主变电所之间的牵引变电所。

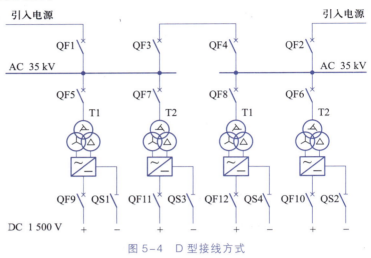

图 5-4　D 型接线方式

以 D 型接线方式为例,通过断路器 QF1、QF2 引入的两路电源分别为来自两个不同主变电所的独立电源,这两路电源作为两个牵引变电所主电源。通过断路器 QF3、QF4 实现两个牵引变电所的主电源互为备用。为避免变电所合环运行,QF1、QF2、QF3、QF4 开关不得同时处于合闸状态。假设 QF1、QF2、QF3 同时处于合闸状态,当 QF1 因进线电源失压跳闸后,QF4 开关合闸,以保障该牵引变电所正常运行,因此两个牵引变电所之间需要建立联锁关系。

(2)独立动力照明网络的接线方式

独立动力照明网络的基本接线方式如图 5-5 所示。这种接线方式将全线的降压变电所分成若干供电分区,每一个供电分区均从主变电所就近引入两个独立电源。根据负荷力矩、电压等级及节能的需要,确定每个供电分区内的降压变电所

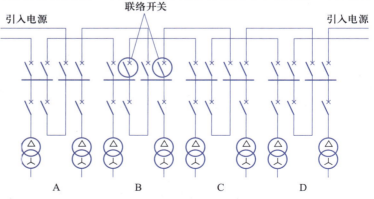

A、B为同一供电分区，C、D为同一供电分区

图 5-5　独立动力照明网络的基本接线方式

数量。中压网络采用双环网接线方式,两个主变电所各自负责的供电分区间(彼此相邻的两个供电分区)可以通过环网电缆和联络开关建立互为备用的电源关系。降压变电所主接线一般采用单母线分段形式,进出线开关采用断路器。

(3)牵引动力照明混合网络的接线方式

当牵引网络与动力照明网络采用同一个电压等级时,就可以采用牵引动力照明混合网络,其基本接线方式如图 5-6 所示。

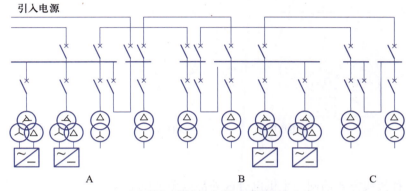

A、B为牵引降压混合变电所, C为降压变电所

图 5-6　牵引动力照明混合网络的基本接线方式

这种接线方式将全线的牵引变电所及降压变电所分成若干供电分区,根据负荷力矩、电压等级及节能的需要,确定每个供电分区内的牵引变电所和降压变电所的数量。每一个供电分区均从同一主变电所的不同母线就近引入两个中压电源,中压网络采用双线双环网接线方式。

牵引降压混合变电所和牵引变电所的主接线采用单母线分段加母线分段开关形式;降压变电所的主接线可以采用单母线分段加母线分段开关形式,也可以取消母线分段开关,对于同一城市轨道交通线路的降压变电所,其主接线应尽量一致。

35 kV 牵引动力照明混合网络因其输电容量大、距离长,主要应用于地下和运输能力大的线路;10 kV 牵引动力照明混合网络因其输电容量小、距离短,主要应用于地面线路。

同一个主变电所供电范围内的供电分区间可以不设联络电缆,特别是当这些供电分区分别只有一个牵引变电所时。

2. 分散式外部供电方式下的中压网络构成形式

对于分散式供电系统,中压网络采用牵引动力照明混合网络,基本接线方式分为 A、B、C 三种类型。

① A 型接线方式:如图 5-7 所示,全线的牵引变电所、降压变电所被分成若干供电分区,中压网络采用双环网接线方式,两个相邻供电分区间通过两路环网电缆和联络开关进行联络。每一个供电分区均从城市电网就近引入两个独立电

源,牵引变电所、降压变电所的主接线均采用单母线分段加母线分段开关形式。牵引变电所、降压变电所的环网进出线开关均采用断路器。

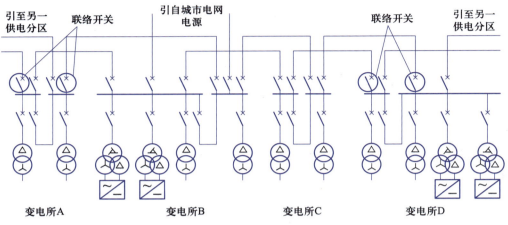

图 5-7 A 型接线方式

这种接线方式的同一个供电分区外部电源可以来自不同地区的城市电网变电所,也可以来自同一地区城市电网变电所的不同母线。该方式要求城市电网有比较多的中压电源点,且不存在供电能力不足问题。

② B 型接线方式:如图 5-8 所示,全线的牵引降压混合变电所(或牵引变电所)每两个分成一组。每一组均从城市电网引入两个独立电源,分别作为两个牵引降压混合变电所的主电源,同一组的两个牵引降压混合变电所间设双路联络电缆和联络开关,实现电源互为备用。相邻两组牵引降压混合变电所之间设单路联络电缆,增加系统的供电可靠性。

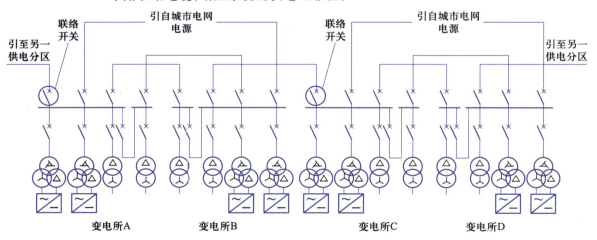

图 5-8 B 型接线方式

牵引降压混合变电所、牵引变电所的主接线均采用单母线分段加母线分段开关形式。没有牵引变电所的地面车站,其降压变电所可按跟随式降压变电所考虑。没有牵引变电所的地下车站,其降压变电所的中压电源可以由相邻两组间的单路联络电缆提供,该降压变电所应采用分段单母线主接线。

　　这种接线方式对城市电网中压电源点的数量要求不多,但要求每组从城市电网引来的两个独立电源应来自不同地区的城市电网变电所,以增加供电的可靠性。该接线方式适合于地面线路。

　　③ C 型接线方式:如图 5-9 所示,全线的牵引降压混合变电所(或牵引变电所)均从城市电网引入一个独立电源,最末端一个牵引降压混合变电所从城市电网直接引入两个中压电源,这路电源既是本变电所的主电源,又是下一个变电所的备用电源。当前变电所的主电源直接来自城市电网,备用电源则来自上一个变电所,依此满足所有变电所均有两个独立的进线电源。

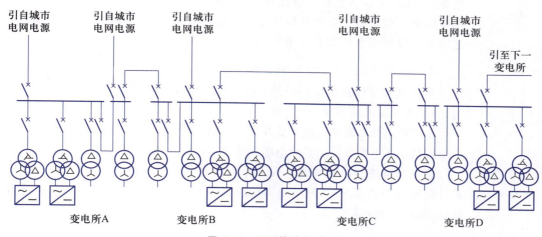

图 5-9　C 型接线方式

　　牵引降压混合变电所、牵引变电所的主接线均采用单母线分段加母线分段开关形式。没有牵引变电所的车站,其降压变电所可按跟随式降压变电所考虑。

　　这种接线方式最为简洁,N 个变电所需要 $N+1$ 路 10 kV 电源,相邻变电所间只有一路联络电源。该方式对城市电网中压电源点的数量要求不多,但要求这些城市电网引来的中压电源应来自不同地区的城市电网变电所,以增加供电的可靠性。该接线方式适合于运输能力较小的地面线路。

5.3.3　中压网络的几个关系

　　城市轨道交通供变电系统的中压网络构成形式涉及主变电所运行方式、供电分区、线路继电保护以及电力调度等多个方面,所以应处理好中压网络与这几个方面的关系。

1. 中压网络与主变电所运行方式的关系

　　中压网络构成形式及其运行方式依托于主变电所(电源开闭所)之间的电源关系,即供电系统的正常运行方式和故障运行方式。两个主变电所之间的电源关系有如下两种形式：

① 两个主变电所之间相邻的供电分区间通过环网电缆和联络开关进行联络，建立互为备用电源的关系。该形式区间电缆较少，属于常用的一种形式。

② 两个主变电所中压母线间设联络电源，两个主变电所之间的供电分区间不必再设联络电缆和联络开关。由于该形式需要单独设置中压电缆，造价较高，因此一般很少采用。

2. 中压网络与供电分区的关系

根据负荷用电量、线路长度以及中压电缆电压损失允许值，确定中压电缆的规格和实际长度，由此初步确定供电分区内变电所数量。根据线路能耗与中压电缆、中压开关设备造价综合比较，最后确定供电分区内变电所的合理数量。供电分区内变电所的数量主要取决于线路的负荷力矩和经济指标。相邻供电分区之间是否设联络电源主要取决于主变电所运行方式。

3. 中压网络与线路继电保护的关系

中压网络与线路继电保护的关系主要体现在变电所进线与联络馈线开关形式、中压网络运行方式上。

变电所进线与联络馈线开关均采用断路器时，由于断路器具备继电保护功能，中压网络电源电缆故障由故障电缆两端的开关切除，有利于控制故障范围。

变电所进线与联络馈线开关采用隔离开关或负荷开关时，由于隔离开关不具备继电保护功能，中压网络电源电缆故障由主变电所或电源开闭所馈出开关切除，故障范围容易扩大。

4. 中压网络与电力调度的关系

如果变电所进线与联络馈线开关都采用断路器，断路器可带负荷操作且有继电保护功能。此接线形式可靠性高，造价成本也高，可以实现遥信、遥测和遥控功能。

如果变电所进线与联络馈线开关都采用负荷开关，负荷开关可带负荷操作。此接线形式经济且较为合理，简单实用，能实现遥信、遥测和遥控功能。

如果变电所进线与联络馈线开关都采用隔离开关，隔离开关不可带负荷操作。此接线形式简单实用，经济合理。对于电力管理和调度来讲，只能实现遥信和遥测功能，不能遥控。

5.4　中压网络运行方式

中压网络运行方式主要有单回路放射式运行方式、双回路放射式运行方式、单环网中压网络运行方式、双环网中压网络运行方式。其中，双回路放射式运行方式又有单母线接线方式和单母线分段接线方式的区别。

电子课件
中压网络运行方式

微课
中压网络电缆的敷设与运行——运行方式

5.4.1　单回路放射式运行方式

单回路放射式单母线中压网络如图 5-10 所示。

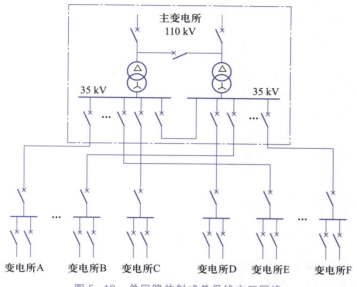

图 5-10　单回路放射式单母线中压网络

（1）正常运行方式

在正常运行情况下,主变电所(电源开闭所)分别馈出一路中压电源为城市轨道交通各变电所直接供电,主变电所(电源开闭所)的中压母线分段开关处于分闸状态,变电所进线开关处于合闸状态。

（2）进线电源退出运行方式

变电所进线电源故障时,主变电所(电源开闭所)相应的馈出开关跳闸,由于该变电所仅有一路进线电源,因此该变电所退出运行。

（3）变电所母线退出运行方式

当变电所的母线故障退出时,其进线开关或者主变电所(电源开闭所)相应的馈出开关跳闸,该变电所退出运行。

5.4.2　双回路放射式运行方式

双回路放射式中压网络包括单母线接线方式和单母线分段接线方式。

1. 单母线接线方式

双回路放射式单母线中压网络如图 5-11 所示。

（1）正常运行方式

在正常运行情况下,主变电所(电源开闭所)分别馈出两路中压电源为城市轨道交通各变电所直接供电,此时两个进线电源均接于变电所同一段母线。正常情况下只有一路进线电源投入运行,为变电所提供电源,另一路进线电源备用。

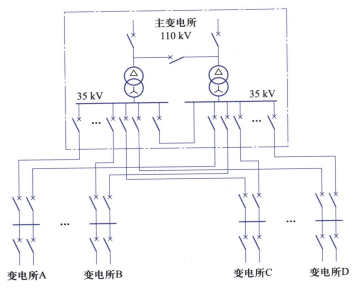

图 5-11　双回路放射式单母线中压网络

（2）一路进线电源退出运行方式

当变电所正常工作的一路进线电源退出运行时，另一路备用的进线电源将投入运行。

（3）两路进线电源退出运行方式

当变电所的两路进线电源均退出运行时，主变电所（电源开闭所）相应的馈出开关跳闸，该变电所退出运行。

（4）变电所中压母线故障运行方式

由于变电所中压侧为单母线接线形式，当中压母线故障时，正常工作的进线开关跳闸，备用进线开关被闭锁，该变电所退出运行。

2. 单母线分段接线方式

双回路放射式单母线分段接线中压网络如图 5-12 所示。

（1）正常运行方式

在正常运行情况下，主变电所（电源开闭所）分别馈出两路中压电源为城市轨道交通各变电所直接供电，此时两路进线电源分别接于变电所两段不同的母线。正常情况下，母线分段开关处于分闸状态，两路电源均正常分列工作，共同承担该变电所范围内的全部负荷。

（2）一路进线电源退出运行方式

一路进线电源退出运行时，该变电所进线开关跳闸，启动备自投，母线分段开关合闸，由另一路进线电源承担该变电所范围内的全部一、二级用电负荷。

（3）两路进线电源退出运行方式

变电所的两路进线电源均退出运行时，主变电所（电源开闭所）相应的馈出开关跳闸，该变电所退出运行。

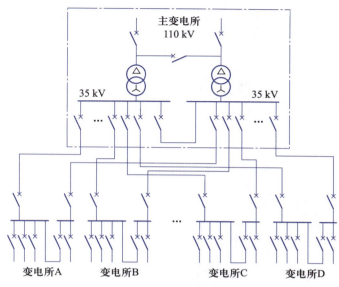

图 5-12　双回路放射式单母线分段接线中压网络

（4）变电所中压母线故障运行方式

变电所一段中压母线故障退出运行时，本段母线上的进线开关跳闸，母线分段开关被闭锁不合闸，由另一路进线电源承担该变电所范围内动力照明系统的一、二级负荷。若牵引整流机组所挂母线故障，则该牵引整流机组将退出运行。

放射式中压网络不存在中压电缆故障后的负荷转移，可以不考虑线路的备用容量，每条线路可满载运行，即正常最大供电负荷不超过该线路安全载流量。

放射式中压网络供电方式下各变电所之间没有直接的电气联系，变电所电源可靠性较差，且投资较高。但任意一路中压电缆故障不会影响其他回路供电，且操作灵活方便，易于实现保护和自动化。这种网络运行方式在大、中运量的城市轨道交通供变电系统中不被采用，在小运量的新交通制式中有类似单回路放射式运行方式。

5.4.3　单环网中压网络运行方式

单环网中压网络的接线方式如图 5-13 所示，其在大、中运量的城市轨道交通供变电系统中一般不被采用，由于历史原因，上海轨道交通 1 号线 33 kV 牵引网络采用了此类接线方式。

（1）正常运行方式

正常情况下，1#主变电所的一段母线和 2#主变电所的一段母线分别向就近的变电所提供单一电源，相邻的变电所之间通过单回路电缆连接。此时，电源联络开关 QF7 处于分闸状态。

（2）一路进线电源退出运行方式

当变电所 A 向变电所 B 提供的一路进线电源（QF3）退出运行时，调度中心

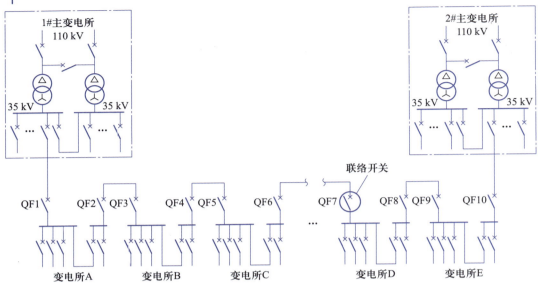

图 5-13　单环网中压网络的接线方式

应遥控分断位于该进线电源两端的两个开关 QF2 和 QF3，将该段电源电缆进行电气隔离。同时，调度中心遥控闭合变电所 D 的电源联络开关 QF7，由 2#主变电所为变电所 B 越区供电。

（3）中压母线故障运行方式

当变电所 B 的母线发生故障时，该变电所的进线开关 QF3 自动跳闸，调度中心应遥控分断该变电所进线电源始端开关 QF2 及该变电所与下级变电所 C 联络电缆两端的开关 QF4 和 QF5，以将变电所 B 故障母线电气隔离；同时，调度中心应遥控闭合变电所 D 处的电源联络开关 QF7，由 2#主变电所向变电所 C 越区供电，变电所 A 依旧由 1#主变电所单线供电，变电所 B 退出运行，其余各变电所均为单电源运行。

5.4.4　双环网中压网络运行方式

双环网中压网络的接线方式如图 5-14 所示，在两个供电分区之间设置联络电缆，为各供电分区提供双电源供电，这是目前大、中运量的城市轨道交通供变电系统中常用的接线方式。

（1）正常运行方式

主变电所为下级各变电所提供两路分列运行的独立电源，此时主变电所及下级各变电所的母线分段开关、变电所 C 处的联络开关均处于断开状态。

（2）一路进线电源退出运行方式

以变电所 A 为例，当其 Ⅰ 段母线侧的进线电源 1 退出运行时，该中压电缆两端的开关 QF1 和 QF2 将自行分断，变电所 A 的母线分段开关 QF3 合闸，由 Ⅱ 段母线侧的进线电源 2 承担该变电所的全部一、二级负荷。

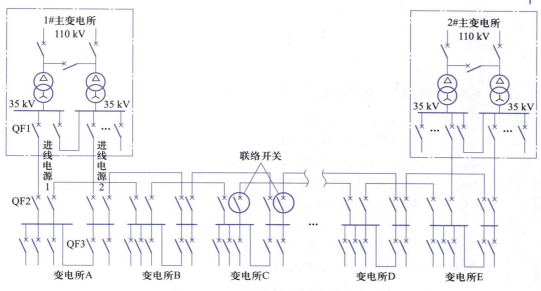

图 5-14　双环网中压网络的接线方式

受此影响,环网中各下级变电所常见的运行方式主要有以下两种:

① 备自投不启动运行。由上级变电所 I 段母线向下级变电所 I 段母线提供进线电源,此时下级各变电所母线分段开关分闸,各变电所的两段母线均保持分列运行。

② 备自投延时启动运行(延时时间比上一级略长)。受影响的 I 段母线侧进线电源开关分闸,退出运行,各下级变电所的母线分段开关合闸,由 II 段母线承担各变电所的全部一、二级负荷。

(3) 变电所一段中压母线退出运行方式

当变电所的一段中压母线退出运行时,该变电所的母线分段开关被闭锁而不合闸,由另一段母线侧的进线电源承担本变电所范围内的全部一、二级负荷。如果牵引整流机组所接的母线发生故障,则牵引整流机组退出运行。受影响的下级各变电所的运行方式一般为:备自投延时启动,母线分段开关合闸,两段中压母线保持并列运行。

(4) 变电所两段中压母线退出运行方式

当变电所的两段中压母线同时退出运行时,该变电所退出运行。若该变电所介于两个供电分区之间,可通过调整两个供电分区的分界点来重新划分供电负荷,以恢复受影响的各变电所正常运行。若该变电所不属于供电分区末端变电所,且该供电分区未设置联络电源,则将导致下级各变电所也退出运行,对线路运行造成严重影响,甚至使供电线路的运行中断。因此,为保证供电可靠性,通常会在各供电分区之间设置联络电源备用。

5.5 潮 流 分 析

5.5.1 潮流分布计算法

在对电力网进行规划、设计和运行时,都必须计算电力系统在各种运行方式下各节点的电压和通过网络各元件的功率。这种计算在工程上称为电力系统的潮流分布计算。城市轨道交通供变电系统可以等效视为规模较小的电力网,正常运行时基本上是三相对称的,因而在潮流分布计算中一般只需要建立网络元件的正序等值电路。根据开式电力网的定义(负荷只能从一个方向获得电能的电力网称为开式电力网),城市轨道交通供变电系统可根据自身的网络组成,等效成若干开式电力网支路,然后通过反复迭代计算,就可以得到整个网络中各元件的功率和网络中各节点的电压。

5.5.2 潮流分析思路

由于城市轨道交通供变电系统中压网络组网形式相对简单,基本上都可以简化为开式电力网,且在整理基础计算数据时,均为已知电源点电压、负荷点注入功率,因此,在进行潮流分布计算时,可以认为该计算是一个"反算功率,正算电压"的过程。所谓反算是指计算方向由负荷点到电源点,即潮流的逆向;正算则是指计算方向由电源点到负荷点,即潮流的顺向。城市轨道交通供变电系统的潮流分析流程如图 5-15 所示。

5.5.3 潮流分析目标

1. 各节点运算负荷功率的统计整理

由于城市轨道交通供变电系统中压网络多为电缆线路,电缆自身存在较大电容,因此由电容引起的无功充电功率应考虑在运算负荷功率中,即对于电缆线路,可以用一个 π 形等值电路表示,把处于某一节点的所有功率(含线路电容支路的充电功率)合成一个负荷功率,并称为运算负荷。

2. 潮流分布计算路径的选择

按与叶节点连接的支路排序,并将已排序的支路拆除,在此过程中将不断出现新的叶节点,而与其连接的支路又加入排序行列。这样就可以全部排列好从叶节点向电源点计算功率损耗的支路顺序,其逆序就是进行电压计算的支路顺序。可以这样认为,潮流分布计算路径的选择过程就是一个逐一拆分化简支路的过程。

3. 电源电压的选择

根据以上分析,城市轨道交通供变电系统中压网络可以化简为两级电压方

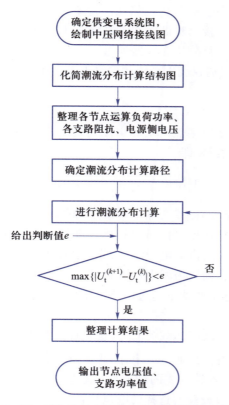

图 5-15　城市轨道交通供变电系统潮流分析流程

式的开式电力网(如 110/35 kV)。一般主变电所的主变压器均为有载调压变压器,在进行第一遍潮流分布计算时选择变压器主接头电压,如有载调压主变压器为 115 kV±8×1.25%/37 kV,即选择电源电压为 115 kV。当潮流网络结构比较复杂或比较庞大时,例如在相邻主变电所解列时,由于负荷众多,供电范围增大,可能在计算完毕后会出现网络节点的压偏(电压偏移)不能满足系统要求的情况,此时可以在不改变网络结构或不增加调压设施的情况下,通过改变主变压器调压分接头挡位进行网络电压调整。

4. 潮流分析的主要目标

潮流分布计算主要考查的是网络中的各个节点电压和支路功率,对城市轨道交通供变电系统而言,对这些数据进行计算整理,最终主要考查的是如下几个指标:

(1) 电压损耗

电压损耗是指网络元件首末端电压的数值差(U_1-U_2)。在近似计算中,电压损耗可以用电压降落纵分量的幅值表示。电压损耗有时也以百分比表示,即

$$\text{电压损耗} = \frac{U_1 - U_2}{U_N} \times 100\% \tag{5-6}$$

式中，U_N为网络的额定电压；U_1为网络元件首端电压；U_2为网络元件末端电压。

电压损耗百分比直接反映供电电压的质量，根据电力网电压质量的要求，一条输电线路的电压损耗百分比在线路通过大负荷时，一般不应超过其额定电压U_N的 10%，城市轨道交通供变电系统的网络末端电压损耗不宜超过 5%。

（2）电压偏移

电压偏移是指网络中某点的实际电压与网络额定电压的数值差（$U-U_N$）。电压偏移常以百分比表示，即

$$电压偏移 = \frac{U-U_N}{U_N} \times 100\% \qquad (5-7)$$

式中，U_N为网络的额定电压；U为网络中某点的实际电压。

电压偏移是衡量电压质量的重要指标。进行电压计算的目的，在于确定电力网的电压损耗与各负荷点的电压偏移，分析其原因并采取调压措施，使之在允许的变化范围内。就目前国内城市轨道交通工程中的牵引变压器和动力变压器来说，通常要求进线电压波动不超过网络额定电压（通常为 35 kV 或 10 kV）的±5%。

（3）各个支路电缆线路的载流能力（优化环网电缆的选择）

由于可以计算出各支路通过功率，因此可以根据 $P=\sqrt{3}\,UI\cos\varphi$，推算出支路电流，这样就可以与各类电缆的载流值（这些数据可以在电缆样本中直接查到）进行比较，从而可以校验所选择的电缆是否满足自身网络的要求。

（4）电源汇集点处的输出功率（优化系统容量，即主变压器容量的选择）

电源汇集点处的功率是选择系统容量（或各个主变电所变压器容量）的重要依据。系统容量的确定，实际上是结合各种运行方式，绘制不同的潮流分布计算结构图，分别进行潮流分布计算，选择计算结果中的最大值。

复习与思考

1. 我国城市轨道交通供变电系统中压网络的构成形式主要有哪些？
2. 城市轨道交通供变电系统中压网络的构成应遵循哪些原则？
3. 简述集中式外部供电方式下各种中压网络接线方式的特点。
4. 简述双回路放射式单母线分段接线中压网络的运行方式。
5. 简述单环网中压网络的运行方式。
6. 简述双环网中压网络的运行方式。
7. 简述潮流分析的主要目标。

第 6 章
牵引供变电系统

6.1 牵引供变电系统概述

电子课件
牵引供变电系统与牵引变电所的设置

城市轨道交通牵引供变电系统从主变电所(电源开闭所)的中压网络获得 35 kV(10 kV)交流电能,通过由两套整流变压器和整流器构成的等效 24 脉波整流机组获得直流电能,经直流快速断路器分别向上下行接触网供电,以保证列车安全可靠地运行。

城市轨道交通线路上牵引变电所的数量与直流牵引电压等级、牵引网最大电压损失允许值等多个因素有关。牵引网最大电压损失允许值一般发生在双边供电分区中部或单边供电分区末端,该值应能保证列车的正常启动。牵引供变电系统的容量应满足远期高峰小时的用电负荷要求,在正常运行方式下,牵引供变电系统的电能损耗应最小,效率不得低于 96%。

通常,牵引变电所与车站降压变电所合建,形成牵引降压混合变电所。正线牵引变电所一般与车站合建,车辆段(停车场)牵引变电所一般紧邻咽喉区布置,当区间线路较长时,也会在区间单建牵引变电所。

6.2 牵引变电所的设置

微课
牵引变电所设备的布置

牵引变电所的设置除了要考虑牵引网电压等级和牵引网电压损失外,还应综合考虑线路能耗、电缆敷设、杂散电流腐蚀防护、土建造价及运营管理等因素。牵引变电所的分布应尽量均匀,不但要便于牵引整流机组规格统一,还要便于设备的维护与管理以及维护成本的降低。

6.2.1 牵引变电所设计原则

在设计牵引变电所时应尽量遵循以下设计原则:

① 变电所主接线应力求简单可靠,运行方式灵活;

② 综合考虑牵引变电所分布对杂散电流腐蚀防护的影响;

③ 牵引变电所内的控制和保护设备采用变电所综合自动化系统;

④ 变电所布置方式因地制宜,结合各所址周边地形、建筑物、土建条件等综合比选后确定;

⑤ 房屋的布置应便于设备运输,兼顾运行巡视安全,设备安装位置应方便

设备接线及电缆敷设;

⑥ 正线牵引变电所可按无人值班设计,车辆段牵引变电所可按近期有人值班、远期无人值班设计;

⑦ 在大长区间地面段,牵引变电所设在线路一侧,在大长区间高架段,牵引变电所尽可能设在高架桥下,以减少土地征用;

⑧ 牵引变电所应满足牵引负荷要求,在远期高峰负荷时,当一相邻牵引变电所解列时,接触网最低电压不小于 1 000 V,钢轨最高电位不高于 120 V;

⑨ 同一车站的牵引变电所和降压变电所应尽可能合建为牵引降压混合变电所,以减少投资和便于运营管理,变电所位置选择应与车站建筑设计密切配合,尽量减少土建工程量。

6.2.2　牵引变电所布点

牵引变电所的布点包括以线路中间车站设牵引变电所为布点基准点、以线路末端车站设牵引变电所为布点基准点和区间牵引变电所的设置。

1. 以线路中间车站设牵引变电所为布点基准点

以线路中间车站设牵引变电所为布点基准点的方式首先考虑牵引变电所与车站相结合,然后研究线路中站间距最大的两个相邻车站,若站间距足够长,可将这两个车站暂定为牵引变电所,计算牵引网双边供电最大电压损失,若最大电压损失值在允许范围内,则确定在这两个车站设置牵引变电所,最后以这两个牵引变电所为布点基准点,向线路两端扩展,如图 6-1 所示。此方法适用于各车站的站间距相差较大的线路。

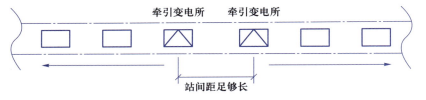

图 6-1　以线路中间车站设牵引变电所为布点基准点

2. 以线路末端车站设牵引变电所为布点基准点

以线路末端车站设牵引变电所为布点基准点的方式首先考虑线路末端牵引变电所与车站相结合,然后根据牵引网最大电压损失允许值确定线路末端牵引变电所及相邻牵引变电所的位置,以此向线路中央靠拢,如图 6-2 所示。此方法适用于各车站的站间距相差较小的线路。

当线路末端牵引变电所退出时,由相邻牵引变电所实施单边供电,此时牵引网电压损失比较大;或将线路末端牵引网上下行并联运行,以减少牵引网回路电阻,改善牵引网电压质量。

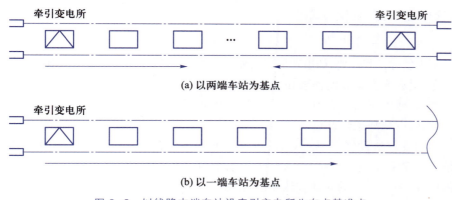

(a) 以两端车站为基点

(b) 以一端车站为基点

图 6-2　以线路末端车站设牵引变电所为布点基准点

3. 区间牵引变电所的设置

对于地面线路,当因牵引变电所与车站结合造成牵引变电所退出时牵引网电压损失超标,可适当考虑设置区间牵引变电所。

对于地下线路,牵引变电所应与车站合建,不宜考虑设置地下区间牵引变电所,因为地下区间牵引变电所土建造价高,且运营不方便。当地面条件具备时,可适当考虑设置地面区间牵引变电所。

6.3　牵引变电所的选址与建设形式

6.3.1　牵引变电所选址要求

建设牵引变电所时的选址应尽量遵循以下要求:

① 方便电源的引入;

② 方便设备的运输;

③ 与城市规划相协调;

④ 尽可能与降压变电所合建;

⑤ 尽可能靠近城市轨道交通线路;

⑥ 建设土石方工程量较少,避免将牵引变电所的位置设在坍塌或高填方地区;

⑦ 维护管理和生活条件方便,尽量避免设在空气污秽及土壤电阻率过高和有剧烈振动的地区。

6.3.2　牵引变电所建设形式

城市轨道交通地上车站、地下车站以及区间等处均可以设置牵引变电所。城市轨道交通属于复杂的市政工程,包含众多设备系统,受到车站建筑规模和地面规划的制约。牵引变电所的选址应结合具体的工程条件和牵引供变电系统需

电子课件
牵引变电所的
选址与建设形
式

求,选择最合适的建设形式。

1. 地上牵引变电所

根据实际工程需要,如出现下列三种情况之一,可以考虑设置地上牵引变电所:

① 地面或高架线路需要设置牵引变电所;

② 因地下车站没有空间安排牵引变电所,而不得不移至地面;

③ 城市规划条件许可。

牵引变电所设置在地上时,具有许多便利条件,形式多种多样,可分为与车站结合的牵引变电所、独立于车站的牵引变电所和车辆段(停车场)牵引变电所三种形式,各种形式的对比如表 6-1 所示。

表 6-1　地上牵引变电所各种形式对比

建设形式	设置特点	优点	缺点
与车站结合的牵引变电所	① 牵引变电所设置在车站端部; ② 一般设置两层,除换乘外,兼顾过街天桥功能	紧邻站务,有利于运营管理	供电分区长度受限于站间距
独立于车站的牵引变电所	① 为方便上下班、抢修,靠近市政道路; ② 需预留值班人员生活用房; ③ 需考虑排水措施; ④ 可按直流牵引计算,选择合理的供电分区长度,将牵引变电所设在合适位置	① 直流馈出线短; ② 供电分区长度合理(电压质量好、杂散电流少)	① 远离站务,不利于运营管理; ② 涉及用地规划落实问题,存在不定因素
车辆段(停车场)牵引变电所	一般设置一座牵引变电所即可满足列车牵引用电需要	一般靠近咽喉区设置	车辆段馈出电缆较多

地上牵引变电所的间距容易做到较为均匀,牵引网的电压质量将大大改善;通风空调系统可以通过风机和分体式空调实现设备机房通风、降温要求,或者采用自然通风。地上牵引变电所不再需要设置气体自动灭火系统,且利于设备抢修。虽然中压电缆、直流电缆以及控制电缆数量有所增加,但与土建的投资相比,仍具有明显的经济效益。

2. 地下牵引变电所

地下牵引变电所应考虑左右供电分区的长度,将牵引变电所设置在邻近供电分区较长的车站一端,尽量缩短左右供电分区长度的差异,改善牵引网的电压质量。

另外,考虑潮湿环境对电气设备的影响、不利于杂散电流腐蚀防护等因素,牵引变电所应尽量和车站主排水站分别设于车站两端。

牵引变电所设置在地下时应与地下车站结合,有多种设置形式,如可将牵引变电所设置在站台端部、傍建于车站通风道或设置在线路外侧。各种形式的对比如表 6-2 所示。

表 6-2　地下牵引变电所各种形式对比

建设形式	建设条件	优点	缺点
设置在站台端部	一般情况	① 设备运输方便; ② 便于外部规划协调; ③ 直流馈出电缆相对较短; ④ 电压质量和投资具优势; ⑤ 紧邻站务,有利于运营管理	增加车站规模
傍建于车站通风道	条件允许	避免结构柱梁后面土建无法利用情形,提高牵引变电所空间利用率	① 直流电缆增加; ② 风道运输不便; ③ 远离站务,不利于运营管理
设置在线路外侧	条件允许	① 设备运输方便; ② 直流馈出电缆相对较短; ③ 电压质量和投资具优势; ④ 牵引变电所空间利用率相对提高	① 需通过内部楼梯将牵引变电所与车站站厅联系起来; ② 需通过站厅设计牵引变电所对外安全通道

3. 箱式牵引变电所

箱式牵引变电所主要由箱体、温度调节装置、微增压装置及内部供电设备等构成。内部供电设备主要包括牵引变压器、整流器、中压交流开关柜、直流开关柜、负极柜、排流柜、交流屏、直流屏、综控屏及所用变压器等。

箱式牵引变电所体积小,占地面积小,可以节省土建投资,选址灵活,对环境适应性强。同容量箱式牵引变电所的占地面积仅为传统牵引变电所占地面积的 $1/10 \sim 1/5$,可以大大减少工程设计量和施工量。

线路试运营至运营初期,直流牵引供变电系统需要一个稳定周期,需要配置值班人员就地监视、维护甚至抢修。但箱式牵引变电所不具备值班人员的工作生活条件,不利于运营管理。另外,箱式牵引变电所内部空间有限,多个设备处于同一个狭窄的密闭空间内,不利于散热。由于箱式牵引变电所安装在地面土建基础上,因此其土建基础应充分考虑排水问题。

4. 地下区间牵引变电所

地下区间牵引变电所可以傍建在区间通风道外侧,有条件时可以利用盾构竖井。上述条件都不具备时,应优先考虑将牵引变电所移至地面,但又会涉及用地规划落实问题。一般不会专门修建地下区间牵引变电所。

电子课件
牵引变电所电气主接线

微课
牵引变电所主接线——基本要求、设计原则和注意事项

微课
牵引变电所主接线——主接线形式及运行方式

6.4 🚆 牵引变电所电气主接线

牵引变电所的电气主接线包括交流中压主接线和直流主接线,主接线上的设备主要由交流中压开关设备、牵引整流机组和直流开关设备组成。主接线应满足可靠性、灵活性和经济性等基本要求。

6.4.1 牵引变电所交流中压主接线

牵引变电所交流中压主接线形式主要包括单母线接线、单母线分段接线和三段母线接线,其中,单母线分段接线又包括两套牵引整流机组分别接至两段母线和两套牵引整流机组同接一段母线两种形式。

1. 单母线接线

单母线接线如图 6-3 所示。母线引入两路电源 QF1 和 QF2,并根据实际条件和需要组建中压网络结构方案。

正常运行时一路进线电源 QF1（QF2）投入运行,为变电所提供电源,另一路进线电源 QF2（QF1）备用。当正常工作时的进线电源 QF1（QF2）失电退出运行时,另一路备用电源 QF2（QF1）将投入运行。当母线出现故障时,正常工作的进线开关 QF1（QF2）跳闸,备用进行开关 QF2（QF1）被闭锁,该牵引变电所退出运行,通过倒闸操作由相邻牵引变电所实施大双边供电方式。该接线形式简单,造价低,但可靠性较差。

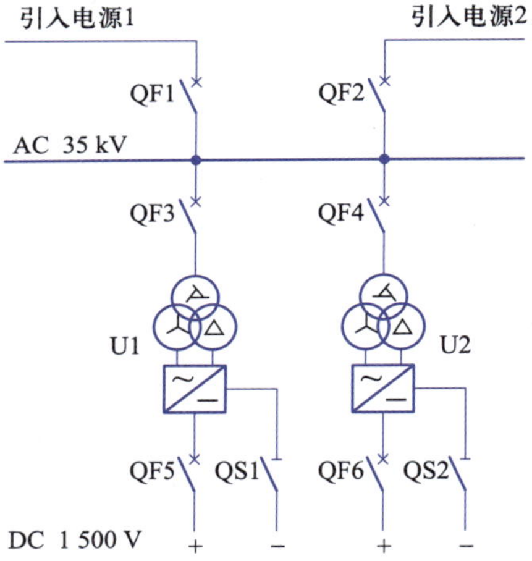

图 6-3 单母线接线

2. 单母线分段接线

单母线分段接线包括两套牵引整流机组分别接至两段母线和两套牵引整流机组同接一段母线两种形式。

（1）两套牵引整流机组分别接至两段母线

牵引变电所中压侧采用单母线分段方式,设母线分段开关为 QF0。两段母线分别引入（QF1、QF2）和引出（QF3、QF4）一路电源,在牵引变电所两段母线电压平衡或差别很小的情况下,两套牵引整流机组（U1、U2）可分别接至两段母线,单套整流机组为 12 脉波整流,如图 6-4 所示。

当牵引变电所的两段母线电压不平衡时,将引起两套整流机组的输出负荷不均衡;输出负荷差别较大时,还会造成一套整流机组重载,另一套轻载。此时需要在两套整流机组输出端设置平衡电抗器,使两套整流机组输出负荷一致。实践证明,这种接线形式效果并不理想,电源电压误差将导致牵引整流机组选择困难。

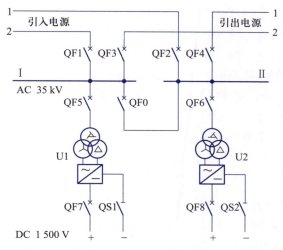

图 6-4　两套牵引整流机组分别接至两段母线

（2）两套牵引整流机组同接一段母线

牵引变电所中压侧采用单母线分段方式,设母线分段开关为 QF0。两段母线分别引入（QF1、QF2）和引出（QF3、QF4）一路电源,将两套牵引整流机组（U1、U2）接在同一段中压母线上,构成等效 24 脉波整流,同时也便于谐波的治理,如图 6-5 所示。

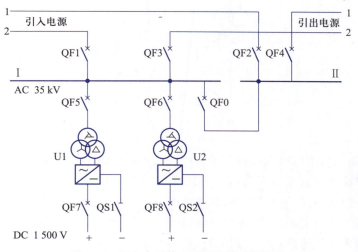

图 6-5　两套牵引整流机组同接一段母线

正常运行时,母线分段开关 QF0 处于分闸位置,两个独立进线电源 QF1、QF2 同时供电,两段母线分列运行。

当一套牵引整流机组故障退出运行时,另一套牵引整流机组在过负荷允许的情况下,可以继续运行。

当一路进线电源 QF1（QF2）失电退出运行时,母线分段开关 QF0 自动投入,由另一路进线电源 QF2(QF1)向本牵引变电所的两段母线供电。

当两路进线电源 QF1、QF2 均失电退出运行时,通过调度进行倒闸操作,由相邻变电所反向提供中压电源 QF3 或 QF4。

当某一段母线故障退出运行时,闭锁母线分段开关自投功能,母线分段开关不投入运行,另一段母线继续运行。此时,若牵引整流机组在故障母线上,则整流机组退出运行。

当两段母线均出现故障都退出运行后,该牵引变电所退出运行,通过倒闸操作由相邻牵引变电所实施大双边供电。该接线形式较复杂,造价也较高,但可靠性得到很大提高。

3. 三段母线接线

三段母线接线如图 6-6 所示,该接线形式分别设两段进出线电源母线和一段牵引整流机组工作母线。

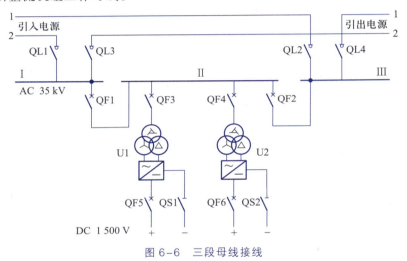

图 6-6 三段母线接线

两路进出线电源可用负荷开关 QL1、QL2、QL3、QL4 分别接至 I 段母线和 III 段母线,整流机组接至 II 段母线。II 段母线与 I 段母线和 III 段母线分别用断路器 QF1 和 QF2 分段,通过分段断路器对两路进出线电源进行自动切换。

正常运行时一台分段断路器 QF1(QF2)合闸,另一台分段断路器 QF2(QF1)分闸,两路中压进出线电源分列运行,两套牵引整流机组并列运行。

当一路进线电源 QL1(QL2)失电时,失电电源母线分段开关 QF1(QF2)退出运行,另一母线分段开关 QF2(QF1)自动投入,维持两套整流机组并列运行。如两路进线电源 QL1、QL2 均失电,通过调度进行倒闸操作,由相邻变电所反向提供中压电源 QL3 或 QL4。

I 段母线或 III 段母线中只有一个故障时,并不影响整流机组的运行;II 段母线故障时,两个母线分段开关 QF1、QF2 均跳闸,整流机组退出运行;I 段母线和 III 段母线均故障时,该牵引变电所将退出运行,通过倒闸操作由相邻牵引变电所实施大双边供电。该接线形式造价较高,但可靠性也很高。

6.4.2　牵引变电所直流主接线

牵引变电所直流主接线按照母线形式不同可分为单母线系统和双母线系统两种形式。根据设备配置和运行方式不同,可演变出多种接线形式,但常用形式可归纳为 A、B、C、D 四种,如表 6-3 所示。

表 6-3　直流主接线形式

母线	型号	进线开关	纵向隔离开关
单母线系统	A 型	进线为直流断路器	设置纵向电动隔离开关
	B 型	进线为电动隔离开关	设置纵向电动隔离开关
双母线系统	C 型	进线为直流断路器	不设置纵向电动隔离开关
	D 型	进线为直流断路器	设置纵向电动隔离开关

1. A 型单母线系统

A 型单母线主接线如图 6-7 所示,两路直流母线进线开关采用直流断路器 QF3 和 QF4,设置四路直流馈出线,馈线开关采用直流断路器 QF5、QF6、QF7 和

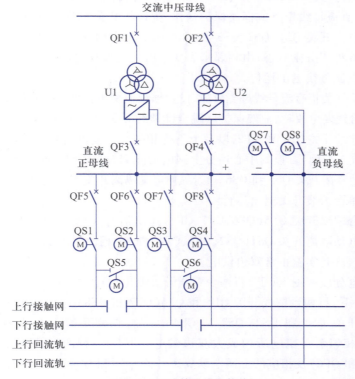

图 6-7　A 型单母线主接线

QF8。上网隔离开关采用电动隔离开关 QS1、QS2、QS3 和 QS4。同一馈电区分段处上下行都设纵向电动隔离开关 QS5 和 QS6。牵引整流机组负极采用电动隔离开关 QS7 和 QS8。

A 型单母线系统的运行方式如下：

（1）正常运行

两套整流机组并列运行等效 24 脉波整流。直流母线进线开关 QF3 和 QF4，馈线开关 QF5、QF6、QF7 和 QF8，上网电动隔离开关 QS1、QS2、QS3 和 QS4 均闭合，纵向电动隔离开关 QS5 和 QS6 断开。该牵引变电所与相邻牵引变电所为同一供电分区实施正常双边供电。

（2）单套整流机组退出运行

如单套整流机组 U1（U2）故障退出运行，整流机组进线开关 QF1（QF2）跳闸，直流母线进线开关 QF3（QF4）联动跳闸。馈线开关 QF5、QF6、QF7 和 QF8 及上网电动隔离开关 QS1、QS2、QS3 和 QS4 均闭合，纵向电动隔离开关 QS5 和 QS6 处于分闸状态。此时由单套整流机组进行 12 脉波整流，与相邻牵引变电所为同一供电分区实施正常双边供电。

（3）两套整流机组退出运行

如两套整流机组 U1、U2 均故障退出运行，整流机组进线开关 QF1 和 QF2 跳闸，直流母线进线开关 QF3 和 QF4 联动跳闸。控制中心对上传的保护信息进行判别，若非直流母线短路或框架保护动作，则馈线开关 QF5、QF6、QF7 和 QF8 及上网电动隔离开关 QS1、QS2、QS3 和 QS4 均处于合闸状态，纵向电动隔离开关 QS5 和 QS6 处于分闸状态，由相邻牵引变电所实施大双边供电。

（4）直流母线退出运行

为切除开关柜直流母线碰壳故障，设置框架泄漏电流保护（框架保护）。如开关柜直流母线发生故障，框架保护联跳全部馈线开关 QF5、QF6、QF7 和 QF8，两套整流机组进线开关 QF1 和 QF2，以及上下行相邻牵引变电所相应馈出开关（相邻所开关可人工合闸）。控制中心遥分上网电动隔离开关 QS1、QS2、QS3 和 QS4，遥合纵向电动隔离开关 QS5 和 QS6，通过纵向电动隔离开关实施大双边供电。

（5）单台馈线开关退出运行

如单台馈线开关 QF5（QF6、QF7、QF8）退出运行，QF5（QF6、QF7、QF8）及其对应上网电动隔离开关 QS1（QS2、QS3、QS4）断开，相关联的纵向电动隔离开关 QS5（QS6）合闸，实施正常双边供电。

（6）电分段两侧上（下）行两台馈线开关退出运行

如上（下）行两台馈线开关 QF5 和 QF6（QF7 和 QF8）退出运行，相应的上网电动隔离开关 QS1 和 QS2（QS3 和 QS4）分闸，在满足合闸条件时遥合 QS5（QS6），由相邻牵引变电所构成大双边供电。下（上）行两台馈线开关 QF7 和 QF8（QF5 和 QF6）及相应的上网电动隔离开关 QS3 和 QS4（QS1 和 QS2）处于合闸状态，QS6（QS5）处于分闸状态，保持正常双边供电。

2. B 型单母线系统

B 型单母线主接线如图 6-8 所示,该接线形式是在 A 型单母线系统基础上,将两路直流母线进线开关由直流断路器 QF3 和 QF4 分别改为电动隔离开关 QS9 和 QS10。

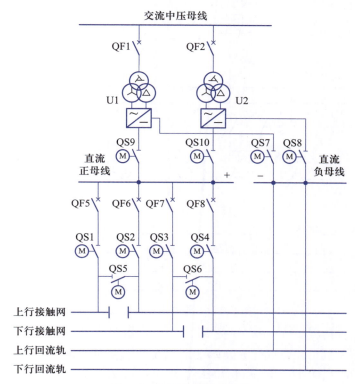

图 6-8　B 型单母线主接线

此接线形式的设备造价降低,由于直流母线进线开关采用电动隔离开关,使得联锁关系变复杂。当母线发生故障时,中压开关跳闸时间较长,一般为 65 ms,不利于母线故障的迅速切除。B 型单母线系统的运行方式与 A 型单母线系统的运行方式相似。

3. C 型双母线系统

C 型双母线主接线如图 6-9 所示,该双母线系统设有工作母线、备用母线和旁路电动隔离开关 QS11、QS22、QS33 和 QS44。两路直流母线进线开关采用直流断路器 QF3 和 QF4,设置四路直流馈出线,馈线开关采用直流断路器 QF11、QF22、QF33 和 QF44。上网隔离开关采用电动隔离开关 QS1、QS2、QS3 和 QS4。工作母线和备用母线之间设有备用母线直流断路器 QF5。牵引整流机组负极采用电动隔离开关 QS5 和 QS6。

C 型双母线系统的运行方式如下:

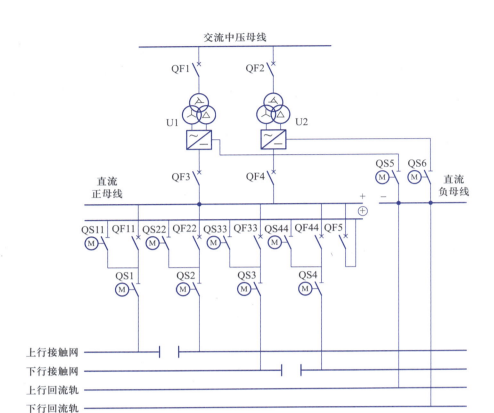

图6-9　C型双母线主接线

（1）正常运行

两套整流机组并列运行等效24脉波整流。直流母线进线开关QF3和QF4，馈线开关QF11、QF22、QF33和QF44，上网电动隔离开关QS1、QS2、QS3和QS4均闭合，馈线开关柜内旁路电动隔离开关QS11、QS22、QS33和QS44及备用母线直流断路器QF5处于断开状态。该牵引变电所与相邻牵引变电所为同一供电分区实施正常双边供电。

（2）单套整流机组退出运行

如单套整流机组U1(U2)故障退出运行，整流机组进线开关QF1(QF2)跳闸，直流母线进线开关QF3(QF4)联动跳闸。馈线开关QF11、QF22、QF33和QF44及上网电动隔离开关QS1、QS2、QS3和QS4均闭合，馈线开关柜内旁路电动隔离开关QS11、QS22、QS33和QS44及备用母线直流断路器QF5处于断开状态。此时由单套整流机组进行12脉波整流，与相邻牵引变电所为同一供电分区实施正常双边供电。

（3）两套整流机组退出运行

如两套整流机组U1、U2均故障退出运行，整流机组进线开关QF1和QF2跳闸，直流母线进线开关QF3和QF4联动跳闸。馈线开关柜内旁路电动隔离开关QS11、QS22、QS33和QS44及备用母线直流断路器QF5处于断开状态。控制中心对上传的保护信息进行判别，若非直流母线短路或框架保护动作，则馈线开关

QF11、QF22、QF33 和 QF44 及上网电动隔离开关 QS1、QS2、QS3 和 QS4 处于合闸状态,由相邻牵引变电所实施大双边供电。

（4）直流工作母线退出运行

如直流工作母线发生故障,框架保护联跳全部馈线开关 QF11、QF22、QF33 和 QF44 及两套整流机组进线开关 QF1 和 QF2。在 QF11、QF22、QF33 和 QF44 分闸前提下,控制中心遥分上下行相邻牵引变电所同一馈电分区的馈线开关。然后再按顺序遥合本牵引变电所馈线开关柜内旁路电动隔离开关 QS11、QS22、QS33 和 QS44,以及上下行相邻牵引变电所同一馈电分区的馈线开关,通过本牵引变电所旁路电动隔离开关和备用母线构成大双边供电。

（5）单台馈线开关退出运行

如单台馈线开关 QF11（QF22、QF33、QF44）退出运行,将备用母线直流断路器 QF5 和馈线开关柜内旁路电动隔离开关 QS11（QS22、QS33、QS44）合闸,代替退出运行的馈线开关 QF11（QF22、QF33、QF44）继续运行,与相邻牵引变电所为同一供电分区实施正常双边供电。

（6）电分段两侧上（下）行两台馈线开关退出运行

如上（下）行两台馈线开关 QF11 和 QF22（QF33 和 QF44）退出运行,将备用母线直流断路器 QF5 和馈线开关柜内旁路电动隔离开关 QS11 和 QS22（QS33 和 QS44）合闸,代替退出运行的馈线开关 QF11 和 QF22（QF33 和 QF44）继续运行,与相邻牵引变电所为同一供电分区实施正常双边供电。

（7）馈线开关与备用母线直流断路器同时退出运行

如一台馈线开关 QF11 和备用母线直流断路器 QF5 先后退出运行,对应的馈电分区可以通过将馈线开关柜内旁路电动隔离开关 QS11 和 QS22 合闸与备用母线一起构成双边供电,也可以由相邻牵引变电所实施单边供电。其余的馈线开关 QF22、QF33 和 QF44 保持正常双边供电。

4. D 型双母线系统

D 型双母线主接线如图 6-10 所示,该双母线系统是在 C 型双母线系统基础上,在同一馈电区电分段处上下行增加纵向电动隔离开关 QS7 和 QS8,当牵引变电所整体退出运行时,以此构成大双边供电。D 型双母线系统在牵引整流机组、直流进线、直流母线、直流馈线开关故障或检修退出时,均能实现不影响直流牵引供变电系统运行的要求,系统运行可靠性高,但造价也高,联锁复杂。

D 型双母线系统的运行方式如下:

（1）正常运行

正常运行方式与 C 型双母线系统相同,纵向电动隔离开关处于断开状态。

（2）单套整流机组退出运行

单套整流机组退出运行方式与 C 型双母线系统相同。

（3）两套整流机组退出运行

两套整流机组退出运行方式有两种。一种运行方式与 A 型单母线系统相同,

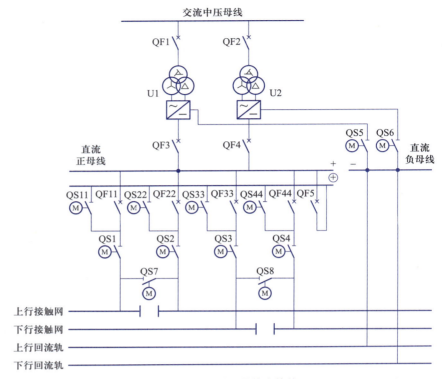

图 6-10   D 型双母线主接线

对列车正常运行不构成影响;另一种运行方式可通过本牵引变电所纵向电动隔离开关 QS7 和 QS8 构成大双边供电,倒闸期间对列车正常运行有短时间影响。

（4）直流工作母线退出运行

直流工作母线退出运行方式有两种。一种运行方式与 C 型双母线系统相同;另一种运行方式可通过本牵引变电所纵向电动隔离开关 QS1 和 QS2 构成大双边供电,倒闸期间对列车正常运行有短时间影响。

（5）单台馈线开关退出运行

单台馈线开关退出运行方式与 C 型双母线系统相同。

（6）电分段两侧上（下）行两台馈线开关退出运行

电分段两侧上（下）行两台馈线开关退出运行方式与 C 型双母线系统相同。

（7）馈线开关与备用母线直流断路器同时退出运行

馈线开关与备用母线直流断路器同时退出运行方式与 C 型双母线系统相同。

6.4.3   典型牵引变电所电气主接线

典型牵引变电所电气主接线如图 6-11 所示,交流中压侧采用单母线分段形式,并设置母线分段断路器,两段母线分别引入和引出一路电源。正常情况下,母线分段断路器断开,两段母线分列运行。直流主接线采用 A 型单母线系统接线方式,在同一馈电区分段处上下行都设置了纵向电动隔离开关,运行方式参照 6.4.2 节内容。

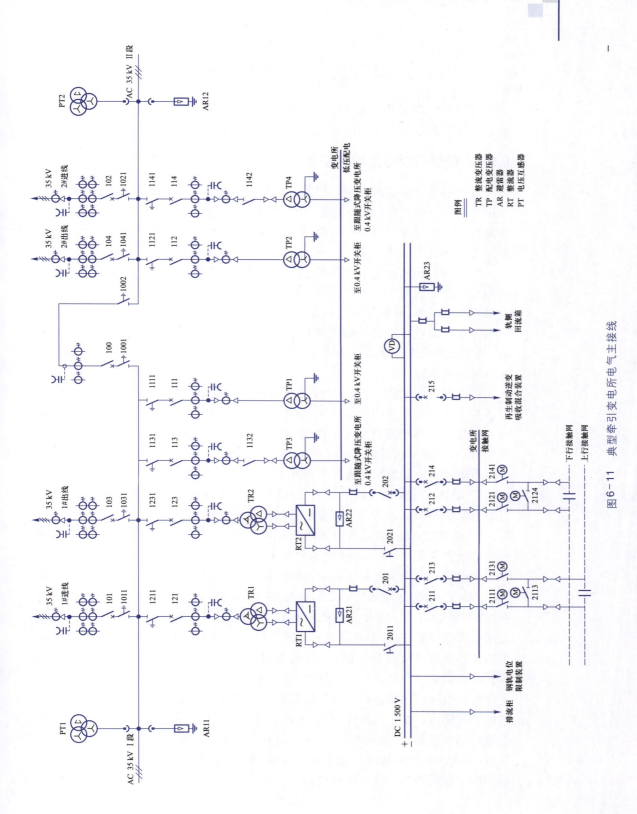

图6-11　典型牵引变电所电气主接线

6.5　　牵引供变电系统保护

直流牵引供变电系统保护主要包括牵引整流机组保护和直流馈出保护两部分。系统的多电源和保护的多死区是牵引供变电系统保护的两大特点。

6.5.1　牵引供变电系统保护特点

系统的多电源是指当牵引网某一点发生短路时,不仅双边供电两侧的牵引变电所会向短路点供电,全线的牵引变电所也会通过牵引网向短路点供电。距短路点近的牵引变电所供出的短路电流较大,距短路点远的牵引变电所供出的短路电流则会小一些。

保护的多死区是指由于牵引供变电系统的自身特点和保护对象的特殊性而会形成保护上的死区。当发生短路故障时,迅速切断电源是对所有保护的首要和最基本的要求,而消除死区也是所有保护必须要做到的。与交流短路产生电弧可以在电压过零时自动熄灭不同,直流短路一旦形成直流电弧,如不切断电源,其会长时间维持燃烧而不熄灭。所以在发生短路故障时,迅速切断电源对直流系统至关重要。

针对以上两大特点,牵引供变电系统除了采用交流系统常用的保护措施外,还会采用牵引变电所的内部联跳、牵引网双边联跳、电流上升率($\mathrm{d}i/\mathrm{d}t$)保护和电流增量(ΔI)保护等特殊保护措施,用来满足牵引供变电系统发生故障时及时切断电源、消除死区的要求。

牵引供变电系统形成保护上的死区,主要有如下两个因素:

① 城轨列车都是多辆电动列车编组,启动电流大于牵引网最小短路电流,只靠直流快速断路器的大电流整定很难满足保护要求;

② 电动列车运营时,其位置时刻在移动变化,牵引变电所的保护作为电动列车的远后备保护,应延伸至电动列车主回路末端。

牵引供变电系统保护更应满足国家标准《继电保护和安全自动装置技术规程》(GB/T 14285—2006)的要求:继电保护应符合"可靠性、速动性、灵敏性和选择性"的要求。对任何供电系统的继电保护而言,可靠性总是第一位的,而对直流牵引供变电系统,速动性可被看成是和可靠性同等重要的,所以直流侧保护皆采用毫秒级的电气设备。例如,直流快速熔断器、直流快速断路器、$\mathrm{d}i/\mathrm{d}t$ 和 ΔI 保护等都以毫秒为计量单位,目的就是在直流短路电流上升过程中将其遮断,不允许短路电流到达稳态值。灵敏性是指对保护范围内发生故障或非正常运行状态的反应能力。至于选择性,在直流牵引供变电系统中则处于次要位置,其保护设置原则应当是"宁可误动作,不可不动作"。直流馈线开关设置了自动重合闸装置,具有消除瞬时故障和校正开关误动作的功能,所以直流牵引供变电系统的误动作可以用自动重合闸进行校正。

6.5.2　牵引变电所联跳

当牵引变电所两台整流机组的直流(或交流)进线开关故障跳闸时,同时联跳四路直流馈出开关,称为牵引变电所联跳。

牵引变电所联跳保护适用于以下两种情况:

① 牵引变电所的两套整流机组开关同时因故障跳闸;

② 牵引变电所任何一路直流馈出开关失灵拒动。

牵引变电所联跳是解决牵引供变电系统无远后备保护问题的唯一可靠的方法。所谓远后备保护,即保护开关上一级开关的保护,而近后备保护则指保护开关本身所设置的后备保护。

城市轨道牵引供变电系统短路的特点是多电源、多回路、多参数,牵引变电所的直流断路器失灵拒动时,没有远后备保护。如果牵引变电所六台直流开关中任一台失灵拒动,只跳其上级断路器是不能切断电源的,还有五路开关向短路点供电,因此,解决牵引变电所直流断路器的远后备保护问题,只有实现牵引变电所联跳。

1. 牵引网短路牵引变电所联跳

当牵引网发生短路时,如图 6-12 中的短路点 K_q 所示,流向该短路点的短路电流共有六路,即两路整流机组和四路馈出回路的短路电流。

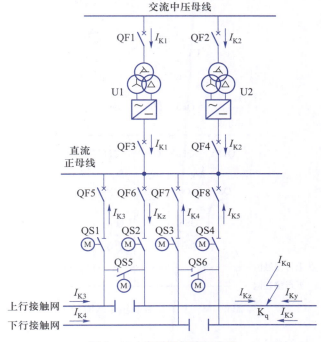

图 6-12　牵引网短路示意图

短路点 K_q 处的电流：

$$I_{Kq} = I_{Kz} + I_{Ky} \tag{6-1}$$

$$I_{Kz} = I_{K1} + I_{K2} + I_{K3} + I_{K4} + I_{K5} \tag{6-2}$$

$$I_{Kq} = I_{K1} + I_{K2} + I_{K3} + I_{K4} + I_{K5} + I_{Ky} \tag{6-3}$$

式中，I_{Kz} 为左侧牵引变电所流向短路点 K_q 的电流；I_{Ky} 为右侧牵引变电所流向短路点 K_q 的电流；I_{K1} 为 1 号整流机组流向短路点的电流；I_{K2} 为 2 号整流机组流向短路点的电流；I_{K3} 为上行牵引网流向短路点的电流；I_{K4} 为下行牵引网流向短路点的电流；I_{K5} 为右侧下行牵引网流向短路点的电流。

由计算公式可以看出，流经馈出开关的短路电流 I_{Kz} 是由 $I_{K1} \sim I_{K5}$ 这五个短路电流组成的。如果馈线开关 QF6 失灵拒动，要切断本牵引变电所流向短路点的电源，只跳闸直流进线 QF1、QF2 是不够的，还要跳闸 QF5、QF7、QF8 这三路开关，即必须跳闸牵引变电所直流母线上的所有开关，才能保证切断电源，即牵引网短路牵引变电所联跳。

2. 直流母线短路牵引变电所联跳

当直流母线短路时，如图 6-13 中的短路点 K_m 所示，流向该短路点的短路电流也为六路，即两路整流机组和四路馈出回路的短路电流。

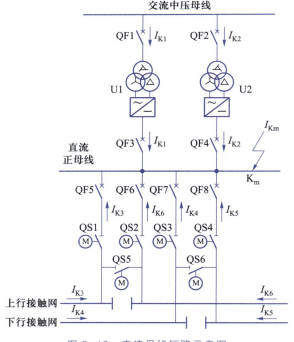

图 6-13　直流母线短路示意图

短路点 K_m 处的电流：

$$I_{Km} = I_{K1} + I_{K2} + I_{K3} + I_{K4} + I_{K5} + I_{K6} \tag{6-4}$$

式中，I_{K1} 为 1 号整流机组流向短路点的电流；I_{K2} 为 2 号整流机组流向短路点的电流；I_{K3}为上行牵引网流向短路点的电流；I_{K4}为下行牵引网流向短路点的电流；I_{K5}为右侧下行牵引网流向短路点的电流；I_{K6}为右侧上行牵引网流向短路点的电流。

当 K_m 点发生短路时，只关断交流侧断路器 QF1、QF2 不能切断短路电流，还有 I_{K3}、I_{K4}、I_{K5}、I_{K6} 四路短路电流向短路点继续供电。要迅速切断电源，必须同时使四路馈出开关 QF5、QF6、QF7、QF8 跳闸，即直流母线短路牵引变电所联跳。

3. 直流进线短路牵引变电所联跳

当直流进线开关上口至整流器出口处短路时，如图 6-14 中的短路点 K_r 所示，流向该短路点的短路电流共有六路，即两路整流机组和四路馈出回路的短路电流。

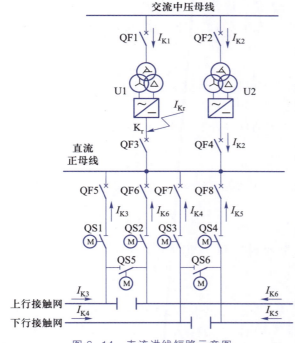

图 6-14　直流进线短路示意图

短路点 K_r 处的电流：

$$I_{Kr} = I_{K1} + I_{K2} + I_{K3} + I_{K4} + I_{K5} + I_{K6} \tag{6-5}$$

当 K_r 点发生短路时，如果直流开关 QF3 失灵拒动，即便短路电流使直流开关 QF4 跳闸，并使交流开关 QF1、QF2 也同时跳闸，也不能切断该短路点的电源，还有 I_{K3}、I_{K4}、I_{K5}、I_{K6} 四路短路电流通过牵引网向短路点 K_r 继续供电，要迅速切断电源，必须同时使四路馈出开关 QF5、QF6、QF7、QF8 跳闸，即直流进线短路牵引变电所联跳。

由以上的分析可以看出，无论牵引供变电系统何处发生短路，直流开关都没有远后备保护，因为它的上一级有多路电源、多路开关。尽管馈出开关设置了多种保护,但这些保护均属近后备保护,当开关失灵拒动时,只有实现牵引变电所联跳才能及时且迅速切断电源,保证列车运行安全。

6.5.3　牵引整流机组保护

牵引整流机组由牵引变压器和硅整流器组成。

1. 牵引变压器保护

牵引变压器保护的设置和整定原则是,根据牵引负荷的特点,保证牵引整流机组过负荷能力的充分利用,以提高牵引变电所的效率,其交流中压侧设电流速断、过电流保护、过负荷与温度信号。

（1）电流速断

变压器整定电流值应躲开变压器的过负荷 $300\%I_N$ 和变压器励磁涌流,因变压器容量较小,故励磁涌流的倍数不超过 $5I_N$,在满足灵敏系数 $k_L \geqslant 2$ 的条件下,可按下式整定：

$$I_{zd} > 3.5I_N \tag{6-6}$$

式中,I_{zd} 为变压器整定电流；I_N 为变压器额定电流。

（2）过电流保护

变压器整定电流值应躲开变压器的过负荷 $300\%I_N$,可按下式整定：

$$I_{zd} > 3I_N \tag{6-7}$$

$$S_{zd} = 0.5 \text{ s} \tag{6-8}$$

式中,I_{zd} 为变压器整定电流；I_N 为变压器额定电流；S_{zd} 为发出过负荷信号的延迟时间。

（3）过负荷与温度信号

变压器整定电流值应充分利用变压器 $150\%I_N$ 的过负荷能力,可按下式整定：

$$I_{zd} = 1.4 \sim 1.5I_N \tag{6-9}$$

$$S_{zd} = 20 \text{ s} \tag{6-10}$$

式中,I_{zd} 为变压器整定电流；I_N 为变压器额定电流；S_{zd} 为发出过负荷信号的延迟时间。

牵引变压器的保护设置应既能很好地保护设备,又能使其过负荷能力得到充分发挥。变压器温度超过允许值时,应发出超温报警信号。

2. 整流器保护

硅整流器除本身对硅元件的保护外,在直流侧,从保护和实现自动化上还应设置直流快速断路器。断路器大电流瞬动整定值应躲开硅整流器过载能力 $300\%I_N$,可按下式整定：

$$I_{zd} > 3I_N \tag{6-11}$$

式中,I_{zd} 为整流器整定电流；I_N 为整流器额定电流。

6.5.4　直流框架保护

由于直流开关带电设备对直流柜柜体发生电能泄漏或绝缘损坏闪络时,原有的直流保护起不到应有的作用,因此,为保护直流设备的安全,及时切除直流设备内的各种短路故障,直流系统设置了直流框架保护。一旦直流开关带电设备对直流柜柜体发生电能泄漏或绝缘损坏闪络,直流框架保护动作,使相关直流开关跳闸断电,有效切断故障,从而保护设备安全。

1. 直流框架保护分类

直流框架保护根据动作类型可分为电流型、电压型两种。

① 电流型直流框架保护主要检测设备外壳对地的电流。

② 电压型直流框架保护检测的是设备外壳对直流设备负极的电压。由于小电阻可以忽略不计,设备外壳可被认为直接接地,钢轨与直流设备负母排相连,所以电压型直流框架保护检测的电压相当于钢轨和地之间的电压。

2. 直流框架保护动作特性

直流框架保护动作具有如下几种特性:

① 直流系统正常运行情况下,设备绝缘良好,电流型直流框架保护电流回路的电流为零,装置不动作。

② 当直流设备绝缘发生变化,设备对柜体外壳放电或短路时,电流回路的电流达到整定值(如 35 A),电流型直流框架保护动作,向交直流开关发出跳闸命令,本所四个直流柜馈线开关和两个整流变压器交流进线开关同时跳闸,并联跳相邻两个牵引变电所各两个向本区段双边供电的上下线直流高速断路器,共十个开关。

③ 在城市轨道交通直流牵引供变电系统中,直流设备和钢轨都采用绝缘法安装,其作用是减少杂散电流的泄漏途径,减少杂散电流对钢轨、钢筋等金属体的电化学腐蚀。由于钢轨对地的绝缘电阻是随着绝缘材料的性能变化的,所以电流型直流框架保护电流回路的电阻是不确定的,当电阻很大时,可能会造成电流回路检测值达不到整定值的要求,从而出现设备绝缘下降而电流型直流框架保护没动作的情况。电压型直流框架保护即可弥补此缺陷。当电压型直流框架保护装置检测到设备外壳对负极的电压超过整定值时,若大于 95 V,会发出报警信号;若大于 150 V,则会向交直流开关发出跳闸命令,联跳本所和相邻两个牵引变电所共十个开关。

微课
电气安全防护——防雷保护、框架泄漏保护

🚄 复习与思考

1. 城市轨道交通牵引变电所在设计时应遵循哪些原则?

2. 城市轨道交通牵引变电所的布点方式有哪些?

3. 城市轨道交通牵引变电所的位置选择应遵循哪些要求?

4. 简述城市轨道交通牵引变电所不同建设形式的优缺点。

5. 简述城市轨道交通牵引变电所交流中压主接线形式及其特点。

6. 简述城市轨道交通牵引变电所直流主接线形式及其特点。

7. 什么是牵引变电所联跳？适用于什么情况？

第 7 章
牵引网系统

7.1  牵 引 网

电子课件
牵引网

在城市轨道交通牵引供变电系统中,电能从牵引变电所经馈电线、接触网输送给电动列车,再从电动列车经钢轨、回流线,回到牵引变电所负极柜,这一闭合回路即为牵引供电回路,如图 7-1 所示。牵引供电回路中包含牵引变电所和牵引网。牵引网又包括接触网、馈电线、钢轨和回流网等,其中接触网在牵引网中占据重要地位,直接影响城市轨道交通的运行可靠性。

图 7-1 牵引供电回路

7.1.1 接触网与馈电线

接触网是电气化轨道交通所特有的一种悬挂在轨道上方、沿路轨架设的、为电力机车或电动车组提供电能的特殊输电线路,由接触悬挂、支持装置、定位装置、支柱与基础等几部分组成。

根据城市轨道交通形式不同,接触网的结构也不同,可分为架空式接触网和接触轨式接触网。

当牵引网电压等级较高时,为了安全和保证一定的绝缘距离,宜采用架空式接触网。架空式接触网常用于城市地面或地下、铁路干线、工矿等电力牵引线路。根据接触线在受电弓通过时是否产生形变,架空式接触网又可分为柔性悬挂接触网和刚性悬挂接触网。

在净空受限的线路和电压等级较低时,多采用接触轨式接触网。接触轨是沿轨道线路敷设并与轨道平行的附加轨,又称为第三轨。

馈电线是连接牵引变电所和接触网的导线,它把经牵引变电所变换成的符合牵引制式的电能馈送给接触网。

7.1.2　钢轨与回流网

钢轨在非电力牵引情形下只作为列车的导轨。在电力牵引时,钢轨除仍具有导轨功能外,还需要完成导通回流的任务,因此电力牵引的钢轨需要有畅通导电的性能。

回流网可通过走行轨(钢轨)回流或专设回流轨回流。利用走行轨回流的工程投资较少,但钢轨对地绝缘较差,泄入大地的杂散电流较多,直流供电对邻近线路的金属管线和建筑物内的钢筋有一定的腐蚀性;专设回流轨,也叫第四轨,可以大大减少泄入大地的杂散电流,但工程投资较高,车辆较特殊,线路维护不便。目前多采用走行轨回流。

7.2　　接触网工作特点与要求

7.2.1　接触网工作特点

接触网具有如下几个工作特点:

(1)没有备用

由于与电动车组在空间上的关系,接触网和钢轨一样无法采取备用措施。所以一旦接触网发生故障,整个供电区间就会全部停电,在该区间运行的电动车组将失去电能供应,致使列车停运。

(2)常处于动态运行状态

和一般的电力线路只在两点间固定传输电能的作用不同,接触网下沿线有许多电动车组高速运动取流,通过接触网的电流很大。电动车组受电弓(或受流器)对接触网以一定的压力和速度与接触网接触摩擦运行,运行中不可避免地会产生受电弓离线而引起电弧,在露天区段接触网还要承受风、雾、雨、雪及大气污染的作用,因此接触网一直处在振动、摩擦、电弧、污染和伸缩的动态运行状态中,会对接触网的各种线索和零件产生恶劣影响,使其发生故障的概率要比一般电力线路大得多。

(3)结构复杂,技术要求高

接触网的运行环境和运行特点决定了其结构与一般电力线路有很大的不同。为了保证电动车组安全、可靠、高效地从接触网取流,接触网的结构比较复杂,技术要求也较高。比如对接触网导线的高度、拉力值、定位器的坡度、接触网的套型及均匀度等都有定量的要求。

7.2.2　接触网基本要求

由于电动车组的振动和接触线高度变化等因素,往往造成受电弓滑板和接触线间的压力变化很大,有时甚至产生脱离现象,致使受电弓滑板和接触线之间的脱离处产生电弧。如果接触线本身不平直而出现小弯或悬挂零件不符合要求而超出接触面,则受电弓滑板滑到此处时将发生严重碰撞或电弧,这是很不利的工作状态,称为接触线有硬点。因为碰撞和电弧会造成接触网和受电弓的机械损伤和烧伤,严重者将造成断线事故,而且取流不良会对电动车组上的电机和电器产生不利的影响,所以应该避免。因此,为了尽量保证对电动车组良好的供电,对接触网有如下基本要求:

① 接触网应对地绝缘良好,保证安全可靠;

② 接触网的寿命应尽量长,具有足够的耐磨性和抗腐蚀性能;

③ 接触网的建设应注意节约有色金属及其他贵重材料,以降低成本;

④ 接触网悬挂应弹性均匀、高度一致,在高速行车和恶劣的气象条件下能保证正常取流;

⑤ 接触网结构应力求简单,并保证在施工和运营检修方面具有充分的可靠性和灵活性。

7.3　　接触网的电分段

电子课件
接触网的电分段

为了使接触网安全、可靠和灵活地供电,接触网应根据不同的需要进行分区,即设置电分段。无论是架空接触网还是接触轨,电分段都可以分为三种类型。

7.3.1　简单式电分段

简单式电分段在正常供电时两个馈电分区是相互隔离绝缘的,当有列车通过该电分段时两个馈电分区会有瞬时连通,这种电分段仅适用于正线。

由架空接触网授电的简单式电分段,列车受电弓在通过设有牵引变电所的车站时,两个馈电分区的接触导线有 40 m 以上的距离由受电弓同时接触而连通。

由接触轨授电的简单式电分段,有如下两种方式:

① 第一种是由端部弯头构成的断轨距离小于一节动车两受流器之间的距离,列车运行通过时由列车受流器把两个馈电分区连通,以减小拉弧现象。这种电分段的缺点是接触轨的端部弯头对运行车辆的受流器有撞击。

② 第二种是在电分段的断轨间嵌入高强度的绝缘节,几何形状与接触轨相同,使车辆受流器平滑过渡。绝缘节的长度不宜过长,略短于一个受流器的长度,便于安装和少受磨损,运行列车通过电分段时由列车受流器把两个馈电分区连通。这种电分段的优点是对受流器没有撞击,可以延长受流器的使用寿命。

7.3.2　断电式电分段(绝缘式电分段)

　　断电式电分段是指列车运行通过电分段时有一节动车断电不取流,同时不会使两个供电分区通过车辆的电气回路连通。

　　① 由绝缘节构成的架空接触网的电分段,在电分段处嵌入绝缘节,使受电弓通过时断电不取流,不使两个馈电分区连通。

　　② 由接触轨端部弯头构成的接触轨的电分段,其断轨距离大于一节动车两个受流器间的距离。列车通过电分段时断电不取流,不使两个馈电分区连通。这种电分段仅适用于列车编组皆为动车,且各动车的主回路互不连通的情况。

7.3.3　短轨式电分段

　　短轨式电分段是在电分段处敷设辅助短轨,使列车从一个馈电分区运行到另一个馈电分区时可以不间断取流,同时又不会造成两个馈电分区的电连接,在故障情况下不会使事故范围扩大,如图 7-2 所示。

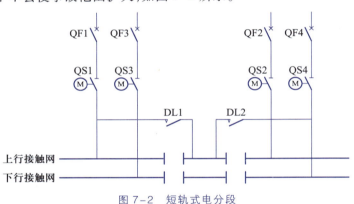

图 7-2　短轨式电分段

　　辅助短轨的长度主要取决于车辆受流器之间的距离和车辆编组情况。因车辆编组不同,短轨的长度及短轨与长轨之间的距离也不同,所以不同线路电分段的长度和短轨的长度各不相同。

　　目前我国城市轨道交通所用车辆编组有全为动车编组、动拖编组司机室在动车和动拖编组司机室在拖车三种形式。无论根据哪种编组方式设置短轨式电分段,都应依据如下原则:

　　① 列车运行通过电分段,不应将相邻馈电区通过车辆主回路进行电连接;

　　② 列车运行通过电分段,应保证车辆继续取流不断电。

　　为满足上述两个原则,辅助短轨必须和正线一样通过断路器单独回路供电,这样牵引变电所就得增加两个馈出回路。为了运行车辆通过电分段时不断电、不产生拉弧现象、不使带电区和无电区通过车辆有电连接、不使相邻两个馈电区在车辆通过时连通,必须在牵引变电所增加两个馈出回路,这在经济上并不合适。作为变通办法,可给短轨送电不设专用断路器回路,而是通过一路馈出线的断路器及直流接触器的开合与电分段的两路馈出断路器联锁,即相邻供电区的两路开关任何一路故障跳闸,均应使直流接触器跳开,只有两路开关均处于合闸状态时,直流接触器才允许闭合。这样解决了运行车辆通过电分段时不断电、不产生拉弧现象、不使带电区和无电区通过车辆有电连接的问题,而只在车辆运行通过时会使两个电分段有瞬时连通。通常的做法是在车站站台长度范围内敷设短轨,使车辆在一个供电区内停车。

7.3.4　电分段的设置

接触网可在下列地方设置电分段:
① 有牵引变电所的车站正线;
② 车辆段内不同供电分区间;
③ 车辆段出入段线与正线的连接处;
④ 正线间的渡线、折返线、区间存车线;
⑤ 车辆段停车列检库、静调库、月修库入口及洗车库两端;
⑥ 正线牵引变电所出口处(电分段采用绝缘锚段关节)。

随着列车编组形式的不断变化,地铁列车已由动车组变为动托编组且主回路相互连通。设置电分段最简单的办法就是在设置牵引变电所车站的列车进站端设置简单电分段,使两个供电区在列车进站时有瞬时连通。

7.4　　牵引网的供电方式与比较

电子课件
牵引网的供电
方式与比较

牵引变电所是沿轨道线路布置的,每一个牵引变电所有一定的供电范围。供电距离过长,会使末端电压过低及电能损耗过大;供电距离过短,又会使变电所数目太多而增加建设成本。

7.4.1　牵引网供电方式

城市轨道交通接触网(或接触轨)在每个牵引变电所附近由电分段进行电气隔离,分成两个供电分区,每个供电分区又称为一个供电臂。正常情况下,两个相邻供电臂之间的接触网在电气上是绝缘的。

1. 单边供电

正常情况下,每个供电分区只能从一端牵引变电所获得电能的供电方式称为单边供电,如图 7-3 所示。

单边供电时,相邻供电臂电气上独立,运行灵活;接触网上发生故障时,只影响本供电分区,故障范围小;牵引变电所馈线保护装置较简单。

在城市轨道交通的末端或者在后期工程没有投入运营的情况下,一些区段都会采用这种方式。通常会在车辆段内采用单边供电方式,在故障情况下,正线也会出现部分区段单边供电的现象。

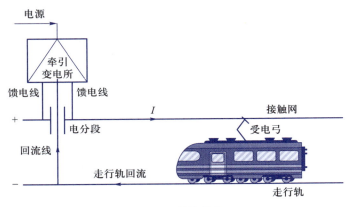

图 7-3　单边供电

2. 双边供电

正常情况下,每个供电分区可同时从两个牵引变电所获得电能的供电方式称为双边供电,如图 7-4 所示。

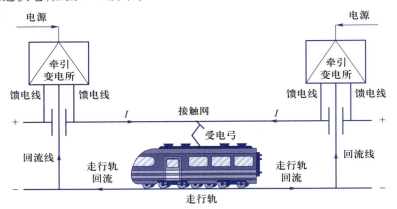

图 7-4　双边供电

双边供电可提高接触网电压水平,减少电能损耗。因此,目前城市轨道交通多采用这种方式,特别是正线一般采用双边供电方式。在采用双边供电时,若某一牵引变电所故障退出运行,则该段接触网就成了单边供电。

3. 越区供电

单边供电和双边供电都为正常的供电方式,还有一种非正常供电方式(也称事故供电方式)称为越区供电。

越区供电是指当某牵引变电所因故障不能正常供电时,故障变电所担负的供电臂经相应的开关设备与相邻供电臂接通,由相邻牵引变电所进行临时供电。

因越区供电增大了牵引变电所主变压器的负荷,对电气设备安全和供电质量影响较大,因此只能在较短时间内实行越区供电,它是避免中断运输的临时性措施。

7.4.2　牵引网供电方式比较

单边供电仅是运行中一种可能采用的临时供电方式,不是牵引供电计算的限制条件。双边供电是城市轨道交通最基本的供电方式,是设计遵循的前提,也是运营首选方案。

地铁牵引网无论是正常运行还是非正常运行,都应采用双边供电或大双边供电。在供电距离相同的情况下,双边供电在电压损失、功率损失、减少杂散电流等方面都有明显优势。

1. 牵引网平均电压损失

牵引网平均电压损失是指列车在区间运行时的平均电压损失。平均电压损失由两个分量组成,即由指定列车本身所取电流在其受流器上引起的电压损失和同行其他列车电流在其受流器上引起的电压损失之和。

（1）单边供电的牵引网平均电压损失

$$\Delta u_{\mathrm{d}} = \frac{I_{\mathrm{Ad}}Lr}{3}\left(1 + \frac{1}{2m}\right) \tag{7-1}$$

式中,I_{Ad} 为单边供电时的馈线电流,$I_{\mathrm{Ad}} = mI$,m 为区间平均列车数,I 为列车平均电流;L 为区间长度;r 为牵引网单位长度电阻。

（2）双边供电的牵引网平均电压损失

$$\Delta u_{\mathrm{s}} = \frac{I_{\mathrm{As}}Lr}{6}\left(1 + \frac{1}{m}\right) \tag{7-2}$$

式中,I_{As} 为双边供电时的馈线电流,$I_{\mathrm{As}} = \frac{mI}{2}$。

（3）单边供电与双边供电的牵引网平均电压损失比

$$\frac{\Delta u_{\mathrm{d}}}{\Delta u_{\mathrm{s}}} = \frac{\dfrac{I_{\mathrm{Ad}}Lr}{3}\left(1 + \dfrac{1}{2m}\right)}{\dfrac{I_{\mathrm{As}}Lr}{6}\left(1 + \dfrac{1}{m}\right)} = \frac{\dfrac{1}{3}mILr\left(1 + \dfrac{1}{2m}\right)}{\dfrac{1}{12}mILr\left(1 + \dfrac{1}{m}\right)} = 4 \times \frac{1 + \dfrac{1}{2m}}{1 + \dfrac{1}{m}} \tag{7-3}$$

从式（7-3）中可以看出,单边供电与双边供电的牵引网平均电压损失比与区间平均列车数 m 有关。

当区间平均列车数 $m = 1$ 时,有

$$\frac{\Delta u_{\mathrm{d}}}{\Delta u_{\mathrm{s}}} = 3 \tag{7-4}$$

当区间平均列车数 $m = 2$ 时,有

$$\frac{\Delta u_{\mathrm{d}}}{\Delta u_{\mathrm{s}}} \approx 3.33 \tag{7-5}$$

当区间平均列车数 $m = 3$ 时,有

$$\frac{\Delta u_\text{d}}{\Delta u_\text{s}} = 3.5 \tag{7-6}$$

当区间平均列车数 $m = 4$ 时,有

$$\frac{\Delta u_\text{d}}{\Delta u_\text{s}} = 3.6 \tag{7-7}$$

随着区间平均列车数的增加,两者之比也在增加。从数学意义上讲,当 $m \rightarrow \infty$ 时,有

$$\frac{\Delta u_\text{d}}{\Delta u_\text{s}} \rightarrow 4 \tag{7-8}$$

即单边供电的牵引网平均电压损失是双边供电的 3~4 倍。实际上不可能达到 4 倍,因为区间平均列车数不可能无限增大,只能是一个有限的数值。

2. 列车带电运行时受流器上的电压损失

（1）单边供电列车带电运行时受流器上的电压损失

$$\Delta u_\text{gd} = \frac{I_\text{Ad} L r}{3}\left(1 + \frac{1.5\alpha - 1}{m}\right) \tag{7-9}$$

式中,α 为列车电流间断系数。

（2）双边供电列车带电运行时受流器上的电压损失

$$\Delta u_\text{gs} = \frac{I_\text{As} L r}{6}\left(1 + \frac{2\alpha - 1}{m}\right) \tag{7-10}$$

（3）单边供电与双边供电列车带电运行时受流器上的电压损失比

$$\frac{\Delta u_\text{gd}}{\Delta u_\text{gs}} = \frac{\frac{1}{3}mILr\left(1 + \frac{1.5\alpha - 1}{m}\right)}{\frac{1}{12}mILr\left(1 + \frac{2\alpha - 1}{m}\right)} = 4 \times \frac{1 + \frac{1.5\alpha - 1}{m}}{1 + \frac{2\alpha - 1}{m}} \tag{7-11}$$

从式（7-11）中可以看出,单边供电与双边供电列车带电运行时受流器上的电压损失比与区间平均列车数 m 有关。以下假设 $\alpha = 3$。

当区间平均列车数 $m = 1$ 时,有

$$\frac{\Delta u_\text{gd}}{\Delta u_\text{gs}} = 3 \tag{7-12}$$

当区间平均列车数 $m = 2$ 时,有

$$\frac{\Delta u_\text{gd}}{\Delta u_\text{gs}} \approx 3.14 \tag{7-13}$$

当区间平均列车数 $m = 3$ 时,有

$$\frac{\Delta u_\text{gd}}{\Delta u_\text{gs}} = 3.25 \tag{7-14}$$

当区间平均列车数 $m = 4$ 时,有

$$\frac{\Delta u_\text{gd}}{\Delta u_\text{gs}} \approx 3.33 \tag{7-15}$$

随着区间平均列车数的增加,两者之比也在增加。从数学意义上讲,当 $m \to \infty$ 时,有

$$\frac{\Delta u_{gd}}{\Delta u_{gs}} \to 4 \qquad (7-16)$$

即单边供电列车带电运行时受流器上的电压损失是双边供电的 3~4 倍,实际上也不可能达到 4 倍。

3. 列车最大平均电压损失

（1）单边供电列车最大平均电压损失

单边供电列车最大平均电压损失发生在供电区的终点,有

$$\Delta u_{dmax} = \frac{I_{Ad} Lr}{2} \left(1 + \frac{1}{m} \right) \qquad (7-17)$$

（2）双边供电列车最大平均电压损失

双边供电列车最大平均电压损失发生在供电区的中点,有

$$\Delta u_{smax} = \frac{I_{As} Lr}{4} \left(1 + \frac{1}{m} \right) \qquad (7-18)$$

（3）单边供电与双边供电的列车最大平均电压损失比

$$\frac{\Delta u_{dmax}}{\Delta u_{smax}} = \frac{\frac{1}{2} I_{Ad} Lr \left(1 + \frac{1}{m} \right)}{\frac{1}{4} I_{As} Lr \left(1 + \frac{1}{m} \right)} = \frac{\frac{1}{2} m I Lr \left(1 + \frac{1}{m} \right)}{\frac{1}{8} m I Lr \left(1 + \frac{1}{m} \right)} = 4 \qquad (7-19)$$

由式（7-19）可知,单边供电列车最大平均电压损失是双边供电的 4 倍。

4. 列车启动时最大电压损失

（1）单边供电列车启动时最大电压损失

单边供电列车启动时最大电压损失发生在供电区的终点,有

$$\Delta u_{qdmax} = I_{qmax} Lr + (m - 1) \frac{I Lr}{2} \qquad (7-20)$$

式中,I_{qmax} 为列车最大启动电流。

（2）双边供电列车启动时最大电压损失

双边供电列车启动时最大电压损失发生在供电区的中点,有

$$\Delta u_{qsmax} = \frac{I_{qmax} Lr}{4} + (m - 1) \frac{I Lr}{8} \qquad (7-21)$$

（3）单边供电与双边供电列车启动时最大电压损失比

$$\frac{\Delta u_{qdmax}}{\Delta u_{qsmax}} = \frac{I_{qmax} Lr + (m - 1) \dfrac{I Lr}{2}}{\dfrac{I_{qmax} Lr}{4} + (m - 1) \dfrac{I Lr}{8}} = 4 \qquad (7-22)$$

由式（7-22）可知,单边供电列车启动时最大电压损失是双边供电的 4 倍。

从上面的分析可知,无论是哪种电压损失,单边供电都是双边供电的 3 ~ 4 倍。

5. 牵引网功率损失

（1）单边供电的牵引网功率损失

$$\Delta p_d = \frac{1}{3} I_{Ad}^2 Lr \left(1 + \frac{1.5k^2 - 1}{m} \right) \tag{7-23}$$

式中,k^2 为列车电流有效系数,地铁取 $k^2 = 1.15\alpha$。

（2）双边供电的牵引网功率损失

$$\Delta p_s = \frac{1}{3} I_{As}^2 Lr \left(1 + \frac{2k^2 - 1}{m} \right) \tag{7-24}$$

（3）单边供电与双边供电的牵引网功率损失比

$$\frac{\Delta p_d}{\Delta p_s} = \frac{\frac{1}{3}(mI)^2 Lr \left(1 + \frac{1.5k^2 - 1}{m} \right)}{\frac{1}{3} \left(\frac{mI}{2} \right)^2 Lr \left(1 + \frac{2k^2 - 1}{m} \right)} = 4 \times \frac{1 + \frac{1.5k^2 - 1}{m}}{1 + \frac{2k^2 - 1}{m}} \tag{7-25}$$

从式(7-25)中可以看出,单边供电与双边供电的牵引网功率损失比与区间平均列车数 m 有关。以下假设 $\alpha = 3$,$k^2 = 3.45$。

当区间平均列车数 $m = 1$ 时,有

$$\frac{\Delta p_d}{\Delta p_s} = 3 \tag{7-26}$$

当区间平均列车数 $m = 2$ 时,有

$$\frac{\Delta p_d}{\Delta p_s} \approx 3.13 \tag{7-27}$$

当区间平均列车数 $m = 3$ 时,有

$$\frac{\Delta p_d}{\Delta p_s} \approx 3.22 \tag{7-28}$$

当区间平均列车数 $m = 4$ 时,有

$$\frac{\Delta p_d}{\Delta p_s} \approx 3.3 \tag{7-29}$$

随着区间平均列车数的增加,两者之比也在增加。从数学意义上讲,当 $m \to \infty$ 时,有

$$\frac{\Delta p_d}{\Delta p_s} \to 4 \tag{7-30}$$

即单边供电的牵引网功率损失是双边供电的 3 ~ 4 倍。牵引网中的功率损失等于牵引网中诸列车各自的电流与电压损失的乘积之和。

7.4.3　牵引网电压损失允许值

牵引网最大电压损失值是影响牵引变电所数量的关键因素,平均电压损失

值对牵引网能耗影响较大。在牵引网回路阻抗一定的条件下,牵引变电所之间的距离主要由牵引网电压允许波动范围及允许载流量确定。无论正常双边供电,还是故障大双边供电,牵引网最大电压损失都不能超过允许值,以此确定牵引变电所供电分区长度(单边供电应区别对待)。国际电工委员会(IEC)标准和国家相关规范规定了牵引网电压的波动允许范围如表 7-1 所示。

表 7-1　牵引网电压的波动允许范围

序号	标称电压/V	最高电压/V	最低电压/V
1	DC 750	900	500
2	DC 1 500	1 800	1 000

7.5　架空接触网

架空接触网是在电气化铁道中,沿钢轨上空呈"之"字形架设,供电动列车受电弓取流的高压输电线。根据接触线在受电弓通过时是否产生形变,可将接触网分为柔性悬挂接触网和刚性悬挂接触网。

7.5.1　柔性悬挂接触网

柔性悬挂接触网是采用支柱和腕臂定位装置架空固定在钢轨上方的接触网,接触线在受电弓作用下会产生一定形变。相对于刚性悬挂接触网,柔性悬挂接触网的施工工艺更复杂,运行故障率较高,后期维护难度大,但弹性较好,适用于高速铁路和城市轨道交通隧道外高架区段和车辆段,如图 7-5 所示。

图 7-5　柔性悬挂接触网

1. 柔性悬挂接触网结构组成

架空式柔性悬挂接触网结构如图 7-6 所示,通常由承力索、吊弦、接触线、补偿装置(图中未画出)及架空地线(图中未画出)等组成,由支持定位装置对其进

行固定,用来将变电所输送过来的电能传递给电动列车组。

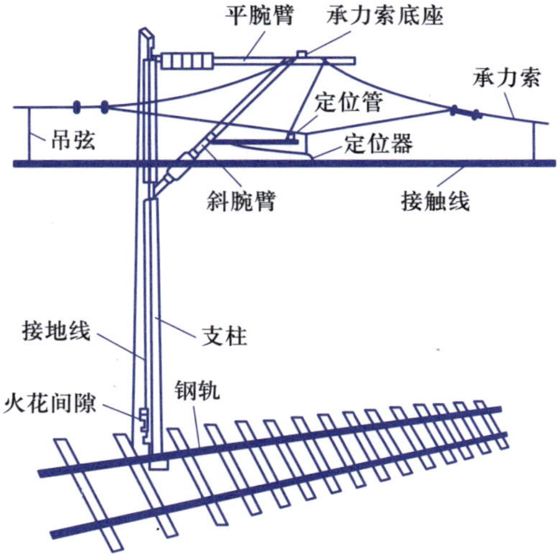

图7-6　架空式柔性悬挂接触网结构

（1）承力索

在柔性链形悬挂中架设在接触网最上方的导线为承力索。承力索的作用是在不增加支柱的情况下,利用吊弦将接触线悬吊起来,使接触线增加悬吊点,提高接触线的稳定性。承力索要求具有较大的张力和良好的抗腐蚀性,以及在温度变化时具有较小的驰度变化。

在城市轨道交通供变电系统中,承力索还是牵引电流的一个重要通道,通常称为载流承力索。载流承力索通常选用截面积为 $120 \sim 150 \ mm^2$ 的 19 股铜绞线,该型线具有良好的导电性能,可作为牵引电流的通道之一,与接触线并联供电,可以降低电压损耗和电能损耗。

（2）吊弦

吊弦悬挂在承力索上,通过调节吊弦的长度可以保证接触悬挂的结构高度和接触线的平直度,使接触线距轨面的高度保持一致,改善接触悬挂的弹性。

（3）接触线

接触线是接触悬挂最下方与电动列车受电弓接触,给列车供电的导线,如图7-7所示。接触线一般制成两侧带沟槽的圆柱状,沟槽是为了方便安装紧固接触线的线夹,同时又不影响受电弓滑板的滑行取流。接触线下面与受电弓滑板接触的部分呈圆弧状,称为接触线的工作面。

接触线通过与电动列车上的受电弓滑板滑动摩擦而直接向电动列车输送电流,其性能直接影响电动列车的受流质量和电动列车的安全运行。接触线是所有供电类导线中工作环境最恶劣的一种,正常工作时需要承受冲击、振动、温差变化、环境腐蚀、磨耗、电火花烧蚀和极大的工作张力。通常要求接触线要具有较小的电阻率,以获取较大的导电能力;要具有良好的抗磨损性,以具备较长的

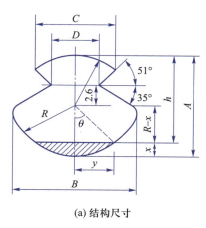
(a) 结构尺寸

(b) 断面结构

图 7-7　接触线

使用寿命;要具有高强度的机械性,以具有较强的抗张能力。

接触线的主要材质是铜,有纯铜、青铜、银铜合金、锡铜合金及镁铜合金等类型,其中银铜合金线具有较好的机械强度和耐磨性,常用于地铁接触线。

接触线在运行中长期受到受电弓滑板的摩擦而导致其截面积不断减小,称为接触线的磨耗。接触线磨耗的增加会导致其强度安全系数下降,因此,在实际运营中,要求至少每年对接触线磨耗进行一次测量。当全锚段接触线的平均磨耗超过该接触线正常截面积的 20% 时,应将其全部更换;当局部磨耗超过 30%时,可对该部分进行补强;当局部磨耗达到 40% 时,应切换该段接触线。

接触线会由于列车运行时的磨耗、损伤和断线而导致锚段中的接头数量增加。为了保证整个接触网的线路质量,800 m 及以下的锚段内,接触线和承力索的接头、补强、断股的总数不超过 4 个;锚段在 800 m 以上时,接头数目不超过8 个。

在牵引供电网络中,除承力索和接触线外,还有与其平行架设的多根辅助馈线,多为 150 mm² 硬铜绞线。

（4）补偿装置

接触网补偿装置是自动调整接触线和承力索张力的补偿器及其断线制动装置的总称。接触网补偿装置与接触线和承力索串接,并安装在锚段的两端。当温度变化时,线索伸缩,由于补偿坠砣重量的作用使线索顺线路方向移动以保持线索的驰度,使线索的张力保持相对恒定,从而保持接触悬挂的技术状态。常用的带断线制动功能的棘轮补偿装置结构如图 7-8 所示。

棘轮补偿装置的棘轮与其他工作轮合为一体,没有连接复杂的滑轮组,可用于空间受限锚段的线索张力补偿。

棘轮上连接坠砣的是大轮,与线索连接的是小轮,大轮直径为 519 mm,小轮直径为 170 mm,大轮与小轮的半径比为 3∶1,所以坠砣的重力与线索的张力比为 3∶1。双接触线或双承力索的张力为 2×12 kN,需要坠砣的质量为 0.8 t。

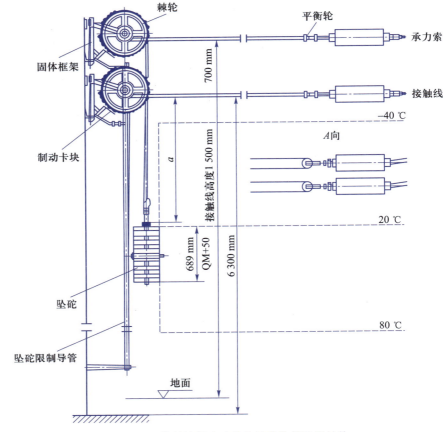

图 7-8 带断线制动功能的棘轮补偿装置结构

接触网补偿器有滑轮式、棘轮式、鼓轮式、液压式及弹簧式等多种类型,其中带断线制动功能的棘轮补偿装置实物如图 7-9 所示。

图 7-9 带断线制动功能的棘轮补偿装置实物

补偿装置的补偿绳采用柔性不锈钢丝,正常工作状态下,棘轮齿与制动卡块间有一定的间隙,棘轮可自由转动,当线索断开时,坠砣的下落会带动棘轮齿卡在制动卡块上,实施断线制动功能,避免坠砣下落侵入限界,并防止将线索拉向一端扩大事故范围。

（5）架空地线

架空地线是一根与接触网平行架设的接地导线,多采用 120 mm² 的硬铜绞线。架空地线与变电所的接地母排连接,当接触网系统发生短路时,保护系统动作,从而对接触网系统进行保护。为了防止绝缘子泄漏电流的弥散,保证设备和人员安全,所有的不带电金属底座都应与地线连接。

2. 支持定位装置

（1）支持定位装置结构组成

柔性悬挂支持定位装置由支持装置、定位装置、支柱和基础部件组成,其形式根据接触网所在的区间、车站和大型建筑物而有所不同,图 7-10 所示为区间支持定位装置所用形式。

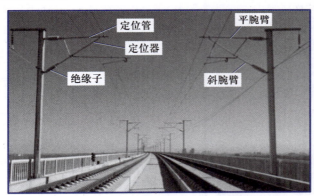

图 7-10　区间支持定位装置所用形式

支持装置包括腕臂和绝缘子,用于支持接触悬挂并将其负荷传给支柱或其他建筑物。

定位装置包括定位管、定位器和定位线夹,其作用是保证接触线与受电弓的相对位置在规定范围内,并将接触线的水平负荷传给支柱。

支柱用于承受接触悬挂和支持装置的负荷,并将接触悬挂固定在规定高度。国内接触网架设主要采用预应力钢筋混凝土支柱和钢柱,而钢柱又有普通桁架结构式钢柱、整体型材 H 形钢柱和圆形钢柱。

基础部件起支撑作用,用于承受支柱所传递的力矩并将其转给土体。混凝土支柱一般采用直埋式安装,由其地下部分作为基础;钢柱的基础由混凝土浇筑预制而成,并预留钢柱安装的地脚螺栓;隧道内的基础部件则由埋入杆和倒立柱等部件组成。

（2）定位方式

根据支柱所在位置及受力情况的不同,支持定位装置的定位方式可分为正定位、反定位、软定位、双定位等类型,如图 7-11 所示。定位方式不同,支持定位装置的具体结构也不相同。

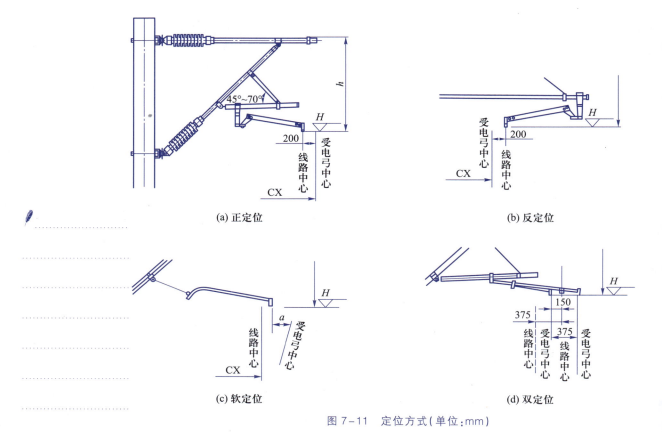

(a) 正定位   (b) 反定位

(c) 软定位   (d) 双定位

图 7-11　定位方式(单位:mm)

① 正定位:正定位的支持定位装置由直管定位器和定位管组成,定位器的一端利用定位线夹固定接触线,另一端通过定位环与定位管进行活动衔接,而定位管则通过定位环固定在绝缘腕臂上。正定位的支持定位装置负责将接触线拉向线路的支柱侧,此类定位方式多用于直线区段和大曲线半径区段。

② 反定位:一般用于小曲线半径区段的曲线内侧支柱或直线区段"之"字方向与支柱位置相反处,定位器附挂在较长的定位管上。

③ 软定位:只能承受拉力,不能承受压力,只用于小曲线半径的区段,在曲线力抵消反向的风力后,拉力需保持一定值时方能使用此种方式。

④ 双定位:用于锚段关节的转换支柱、中心支柱及站场线岔处的定位,这些地方均有两组悬挂在同一支柱处,分别固定在特定的位置上,并使两线保持一定的距离。

（3）定位坡度

在列车运行过程中，受电弓始终对接触线施加向上的抬升力，以保证接触线与受电弓之间的接触可靠性，使列车稳定取流。但受电弓的抬升力对接触悬挂产生的机械作用在抬升接触线的同时，在定位点处也会产生硬点，当受电弓从定位器一端滑向另一端时容易产生撞弓。通常要求定位器在安装时要有一定的倾斜度，称为定位坡度。我国规定定位器的定位坡度应在 1∶10～1∶5 之间，定位器向上抬升幅度应不低于 150 mm。

（4）"之"字值和拉出值

为了保证受电弓和接触线可靠接触、不脱线，使受电弓磨损均匀，一般要求接触线在线路上按照一定的技术要求来固定位置。在定位点处使接触线偏离线路中心的距离，一般在 ±250 mm 范围内，该段距离在直线区段称为接触线的"之"字值，在曲线区段称为拉出值，通常用符号 a 表示。

3. 锚段、锚段关节及中心锚结

（1）锚段

为满足供电、接触网机械参数和极限受力等方面的需要，将接触网分成许多独立的分段，这种独立的分段称为锚段。在牵引网中通过设置锚段可以限制故障发生时的影响范围，当某一锚段内发生断线或支柱折断等事故时，由于各锚段相互之间在机械受力上是独立的，因此该事故不会影响其他锚段的接触悬挂，从而可把事故影响控制在该锚段内。

锚段的设立有利于供电分段，配合开关设备可满足各类供电方式的需求；同时便于在接触线和承力索两端设置补偿装置，以调整线索的驰度和张力。锚段号由小里程向大里程依序编号，隧道内一个锚段的长度为 200～250 m，在人防门处设置约 20 m 长便于拆卸的小锚段，隧道外柔性悬挂锚段长度约为 1 200 m。

（2）锚段关节

两个相邻锚段的衔接部分称为锚段关节，锚段关节的结构较为复杂，其工作状态的好坏直接影响接触网的供电质量和列车的取流。列车在通过锚段关节时，受电弓应能平滑、安全地由上行锚段过渡到下行锚段，且能保证受电弓与接触线之间良好接触，受电弓可正常取流。

锚段关节又分为非绝缘锚段关节和绝缘锚段关节。非绝缘锚段关节只起机械分段的作用，不进行电分段；绝缘锚段关节不仅起机械分段的作用，同时还起电分段的作用。

（3）中心锚结

中心锚结位于接触悬挂的中部，用于将接触线和承力索在支柱上进行可靠的固定。中心锚结的作用是防止因各种原因使导线向一侧滑动，同时中心锚结会将锚段分成两部分，当发生断线或机械事故时不致波及整个锚段，便于抢修。

4. 电连接

电连接是接触网各锚段、分段、股道间的电气连接装置，是接触网主导电回路的重要组成部分。柔性悬挂电连接又分为横向电连接(承力索与接触线的电气连接)、关节电连接(锚段关节处两锚段间的电气连接)和道岔电连接(道岔处两股道间的电气连接),如图 7-12 所示。

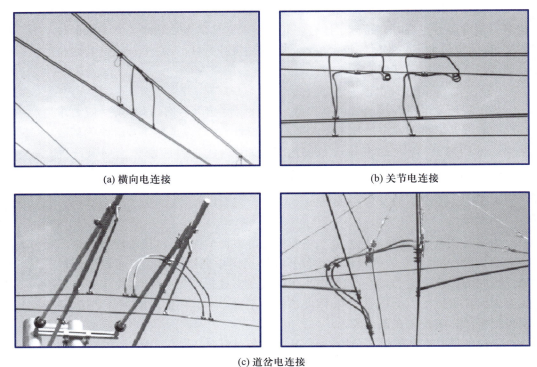

(a) 横向电连接   (b) 关节电连接

(c) 道岔电连接

图 7-12 电连接

5. 线岔及其限制管

在轨道交叉的地方会设置道岔,接触线在此处也要交叉。为保证列车受电弓平滑、安全地由一条接触线过渡到另一条接触线,以达到转换线路目的的固定装置称为线岔,如图 7-13 所示。

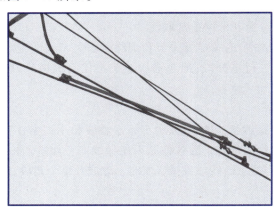

图 7-13 线岔

线岔使用一根限制管将相交的接触线相互贴近。限制管的两端用定位线夹固定在下面的接触线上,并能使上面的接触线在其内活动。线岔结构如图 7-14 所示。

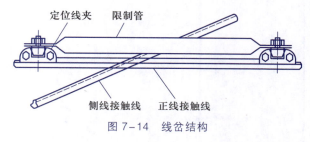

图 7-14　线岔结构

接触线在温度变化时的伸缩会使线岔的交叉点发生变化,所以限制管的长度应根据线岔到中心锚结的距离决定。限制管参考尺寸如表 7-2 所示。

表 7-2　限制管参考尺寸

线岔至中心锚结的距离/m	0~500	501~700
限制管长度/mm	1 300	1 550

6. 分段绝缘器

分段绝缘器又称分区绝缘器,是接触网设备中实现接触线电气断开,但又不影响受电弓与接触线正常滑行的重要电气设备,常用于隧道、站场、停车库、车辆段等柔性悬挂接触网电分段处,如图 7-15 所示。

分段绝缘器一般由铜导流板、主绝缘滑道、悬挂装置和消弧角组成,其结构如图 7-16 所示。

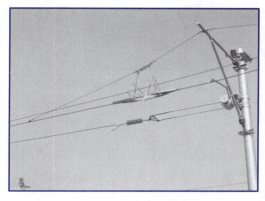

图 7-15　分段绝缘器

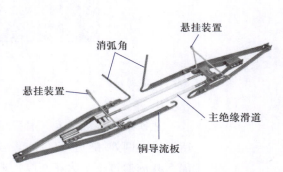

图 7-16　分段绝缘器的结构

7. 隔离开关

隔离开关是连通或切断接触网供电分段的主要电气设备,如图 7-17 所示,其目的是增加供电灵活性,满足检修和不同供电方式的需要。隔离开关可分为电动和手动两种操作方式及带接地刀闸和不带接地刀闸两种结构,一般安装在绝缘锚段关节和需要进行电气分段的地方。

图 7-17　隔离开关

分段绝缘器通常和隔离开关配合使用,如图 7-18 所示。正常情况下,列车受电弓带电通过分段绝缘器,当某一侧的接触网发生故障或因检修而需要停电时,可打开分段绝缘器处的隔离开关,将该部分接触网断电,而其他部分的接触网仍能正常供电,从而提高了接触网运行的可靠性和灵活性。

图 7-18　分段绝缘器和隔离开关的配合使用

8. 避雷器

地铁架空接触网上一般采用直流金属氧化锌避雷器,通常设置在牵引变电所馈线上网处、隧道入口和车站端头等场合。接触网支柱上的架空地线一般每隔 500 m 通过一个火花间隙接地来实现对架空地线的防雷保护。

9. 柔性悬挂分类

城市轨道交通柔性悬挂接触网根据其悬挂方式可分为双承双导链形悬挂(双承力索双接触线)、单承单导链形悬挂(单承力索单接触线)和简单悬挂(单接触线)。

（1）双承双导链形悬挂

双承双导链形悬挂如图 7-19 所示,该悬挂采用双承力索双接触线的方式,一般用于隧道外正线及试车线。

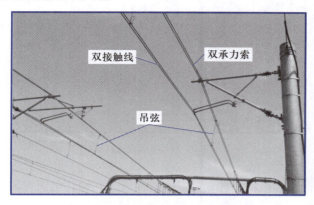

图 7-19　双承双导链形悬挂

（2）单承单导链形悬挂

单承单导链形悬挂如图 7-20 所示,该悬挂采用单承力索单接触线的方式,一般用于隧道外正线间交叉渡线。

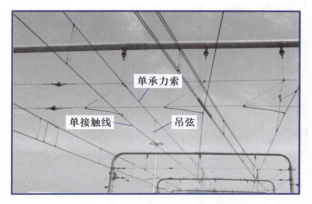

图 7-20　单承单导链形悬挂

（3）简单悬挂

简单悬挂如图 7-21 所示,该悬挂取消了承力索,只有一根接触线,投资少,施工简单,便于维护,主要用于车库区段。

10. 下锚方式

城市轨道交通柔性悬挂接触网按照下锚方式不同可分为硬下锚和补偿下锚,其中,补偿下锚又包括半补偿下锚和全补偿下锚。

承力索及接触线的架设,在经过多个跨距后必须在两个终端上加以固定,称为下锚。下锚的支柱称为锚柱。

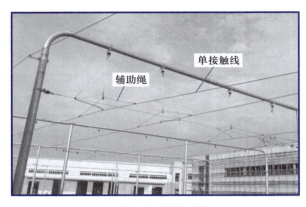

图 7-21　简单悬挂

承力索和接触线两端不设置补偿装置而直接在锚柱上固定的,称为硬下锚。气温变化会导致承力索和接触线的张力及驰度有较大变化,致使列车取流环境恶化,通常很少采用。

如果一个锚段的一端为硬锚,另一端为张力补偿装置,称为半补偿下锚,如图7-22 所示。半补偿下锚一般用于锚段长度较短,小于半个标准锚段长度的情况。

图 7-22　半补偿下锚

如果一个锚段两端都为张力补偿装置,称为全补偿下锚,如图 7-23 所示。下锚只有在柔性悬挂中才有,刚性悬挂接触线固定在汇流排中没有下锚。

图 7-23　全补偿下锚

7.5.2 刚性悬挂接触网

电子课件
刚性悬挂接触网

微课
架空接触网架
设安装——刚
性接触网

刚性悬挂接触网在 1895 年首次应用于美国巴尔的摩第一条铁路中；1961 年，T 形刚性悬挂接触网在日本城市轨道交通中投入使用；1983 年，∏ 形刚性悬挂接触网在法国巴黎地铁投入使用。如今，刚性悬挂接触网经过十几个国家数十条地铁线路的运营实践，加之持续不断的技术改进，已臻于完善。我国第一条采用刚性悬挂接触网的广州地铁二号线在 2003 年 6 月 28 日正式运营，目前运营状况良好。

刚性悬挂接触网通常在隧道或地下车站采用，如图 7-24 所示。刚性悬挂接触网是采用汇流排定位装置将接触导线固定在钢轨上方的接触网，在受电弓的作用下基本不变形。刚性悬挂的接触线安装在汇流排中，取消柔性悬挂中的承力索和辅助绳，减少隧道净空高度。

图 7-24 刚性悬挂接触网

刚性悬挂接触网的工程造价低于柔性悬挂接触网，在隧道内仍能保证较宽的受电弓所需的空气绝缘间隙，长隧道区间无须预留接触网下锚空间，汇流排载流截面积大、温升小，无需辅助馈线，具有结构简单、施工方便、安全可靠、便于维护等特点，在许多新建城市轨道交通项目中得到较好的推广和应用。

1. 刚性悬挂接触网结构组成

刚性悬挂接触网主要由汇流排、接触线、伸缩部件、汇流排接头、中心锚结等组成。接触悬挂通过支持与定位装置安装于隧道顶或隧道壁上，也有安装于支柱上的情况。

（1）汇流排

汇流排通常用铝合金材料制成，一般做成 ∏ 形和 T 形结构，如图 7-25 所示。

∏ 形结构汇流排包括标准型汇流排、汇流排终端及刚柔过渡元件。标准型汇流排一般有 PAC110 型和 PAC80 型两种，是刚性接触悬挂的主要组成部分，其长度一般为 10 m 或 12 m。

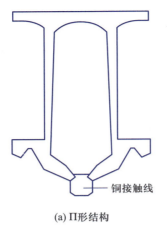
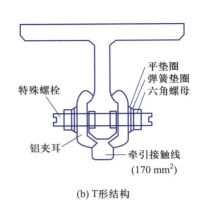

(a) Ⅱ形结构　　　　　　　　　(b) T形结构

图 7-25　汇流排形状

　　汇流排终端如图 7-26 所示,用于锚段关节、线岔及刚柔过渡处,其作用是保证关节、线岔和刚柔过渡的平滑、顺畅过渡,其长度一般为 7.5 m。

图 7-26　汇流排终端

　　刚柔过渡元件用于刚性悬挂与柔性悬挂过渡处,其作用是保证两种悬挂方式的平滑、顺畅过渡。刚柔过渡元件有关节式刚柔过渡和切槽贯通式刚柔过渡两种形式,图 7-27 所示为切槽贯通式刚柔过渡元件。

图 7-27　切槽贯通式刚柔过渡元件

　　(2) 接触线

　　接触线一般采用银铜导线,与柔性接触悬挂所采用的接触线相同或相似,其截面积一般为 120 mm² 或 150 mm²。接触线通过特殊的机械设备镶嵌于Ⅱ型汇流排上,或通过专用线夹固定于 T 形汇流排上,与汇流排一起组成接触悬挂,如图 7-28 所示。

图 7-28 接触线与汇流排组成接触悬挂

（3）伸缩部件

伸缩部件能在一定范围内自由伸缩，同时又能满足电气性能的要求，其功能是保证电气上的良好接触和导电需要，以及机械上的良好伸缩性，如图 7-29 所示。通常一个锚段安装一个伸缩部件，其作用是补偿铝合金汇流排与银铜接触线因热膨胀系数不同而产生的热膨胀误差。根据计算，半个锚段的汇流排与接触线的热膨胀系数的差值约为 70 mm。

图 7-29 伸缩部件

（4）汇流排接头

汇流排接头主要用于连接两根汇流排，要求其既能保证被连接的两根汇流排在机械上良好对接，又要有足够大的接触面积，确保导电性能良好。汇流排接头主要由接头连接板和螺栓组成。汇流排连接与安装如图 7-30 所示。

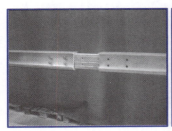

（a）汇流排接头连接板　　　　　　　　　　　　　　（b）汇流排接头安装

图 7-30 汇流排连接与安装

（5）中心锚结

中心锚结主要由中心锚结线夹、中心锚结绝缘棒、调节螺栓及固定底座组成。中心锚结的结构与安装如图 7-31 所示。采用中心锚结线夹在锚段中间固定汇流排,可以防止汇流排左右窜动。

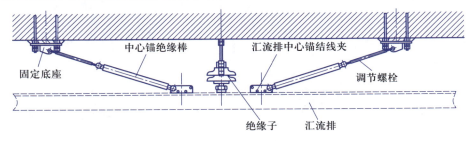

(a) 中心锚结的结构

(b) 中心锚结的安装

图 7-31　中心锚结的结构与安装

2. 悬挂支持定位装置

刚性悬挂支持定位装置由化学锚栓、悬吊槽钢、绝缘子和定位线夹组成,如图 7-32 所示。刚性悬挂接触网的悬挂支持定位装置主要有腕臂结构和门型结构等。

图 7-32　刚性悬挂支持定位装置

（1）腕臂结构

腕臂结构悬挂支持定位装置主要由可调节式绝缘腕臂、汇流排线夹、腕臂底座、倒立柱或支柱等组成,如图 7-33 所示。其特点是调节灵活、外形美观,但结构复杂、成本高。该结构主要用于隧道净空较高的线路或地面线路。

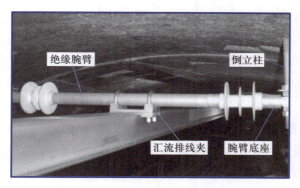

图 7-33　腕臂结构悬挂支持定位装置

（2）门型结构

门型结构悬挂支持定位装置主要由悬吊螺栓、横担槽钢、绝缘子及汇流排线夹等组成，如图 7-34 所示。其特点是结构简单、工作可靠，但调节较困难。隧道内大量采用该结构。

3. 隔离开关

接触网的隔离开关分为手动隔离开关和电动隔离开关，一般只有车库内为手动隔离开关，其他位置均为电动隔离开关。隧道内安装的隔离开关如图 7-35 所示，安装前先复核开关安装位置、限界、安装空间是否满足设计要求，检查是否与其他专业电缆、设备位置冲突，与供电专业复核开关编号是否一致，再采用锚栓固定隔离开关及电缆。

图 7-34　门型结构悬挂支持定位装置

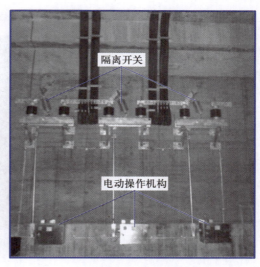

图 7-35　隧道内安装的隔离开关

隔离开关安装技术标准及要求如下：

① 隔离开关和操动机构开合同步到位，隔离开关动触头和静触头中心线重合；

② 隔离开关触头带电部分至顶部建筑物距离不小于 500 mm，至隧道壁不小于 150 mm；

③ 隔离开关中心线铅垂，操纵杆与操动机构轴线垂直，转动灵活；

④ 电缆平行整齐排列，电缆支架安装牢固，布置均匀合理，电缆弯曲自然；

⑤ 隔离开关所有底座都与架空地线相连通，可靠接地。

4. 锚段关节

刚性悬挂锚段关节分为绝缘锚段关节和非绝缘锚段关节，分别如图 7-36 和图 7-37 所示。两支汇流排应等高，两支接触线相对线路中心 150 mm 布置，汇流排间距符合设计标准，允许偏差为 10 mm。

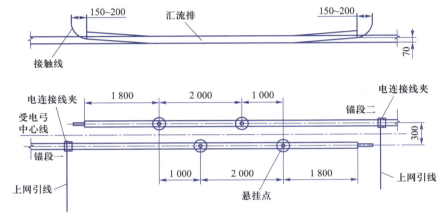

(a) 刚性悬挂绝缘锚段关节结构尺寸(单位：mm)

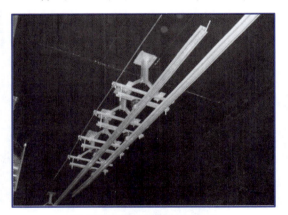

(b) 刚性悬挂绝缘锚段关节的安装

图 7-36　刚性悬挂绝缘锚段关节

5. 刚性悬挂接触网电分段

刚性悬挂接触网的电分段可分为绝缘锚段关节式和分段绝缘器式两种结构，在实际应用时，可用绝缘锚段关节代替分段绝缘器来实现电分段，从而使接触网更简洁，造价更低，日常维护和检修工作也更方便。

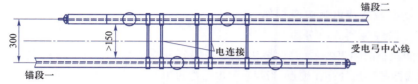

(a) 刚性悬挂非绝缘锚段关节结构尺寸(单位：mm)

(b) 刚性悬挂非绝缘锚段关节的安装

图 7-37　刚性悬挂非绝缘锚段关节

（1）绝缘锚段关节式电分段

绝缘锚段关节式电分段如图 7-38 所示，在锚段关节处，两条汇流排有约 3.6 m的平行重叠部分，两条汇流排的端部向上弯曲约 70 mm，非绝缘关节部分

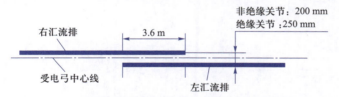

(a) 绝缘锚段关节式电分段结构尺寸

(b) 绝缘锚段关节式电分段的安装

图 7-38　绝缘锚段关节式电分段

的水平间距为 200 mm,绝缘关节部分为 250 mm。两个相邻供电分区的接触线按平行等高重叠方式布置,与柔性悬挂接触网电分段情况大致相同。

根据线路节能坡的设计原则及列车靠右行驶的规定,列车惰行处一般应为车站列车的进站端,主要是为了列车出站过电分段时,受电弓和接触线不被较大的列车启动电流造成电弧电流损伤。

（2）分段绝缘器式电分段

在空间狭小的隧道内,为了节省空间,可采用分段绝缘器式电分段结构,但导线与分段绝缘器的连接处存在硬点,当列车受电弓滑过电分段时,为避免受电弓离线并出现明显的拉弧现象而影响受流质量,须设置专用的分段绝缘器。刚性悬挂接触网分段绝缘器如图 7-39 所示。分段绝缘器具有消弧功能,属于贯通式绝缘器,由绝缘体、汇流排连接端子、铜导流滑道等部件组成,导流滑道的两端有消弧角。

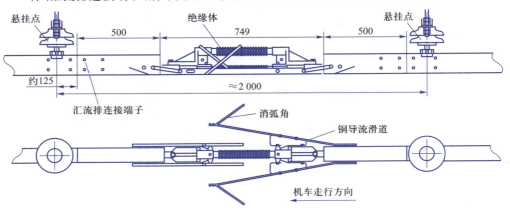

(a) 刚性悬挂接触网分段绝缘器结构尺寸(单位：mm)

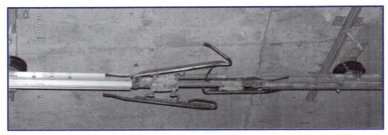

(b) 刚性悬挂接触网分段绝缘器的安装

图 7-39　刚性悬挂接触网分段绝缘器

6. 刚性悬挂接触网的应用要求

刚性悬挂接触网是一种几乎没有弹性的接触网形式,适应于隧道内安装,其设计速度一般不大于 160 km/h。刚性悬挂分成若干锚段,每个锚段的长度一般不超过 250 m,跨距一般为 6~12 m,且与行车速度有密切的关系。整个悬挂布置成正弦波的形状,一个锚段形成半个正弦波,各悬挂点与受电弓中心的距离（相当于柔性接触悬挂的拉出值或"之"字值）一般不大于 200 mm。以标准

PAC110 型汇流排为例,列车运行速度与跨距的关系如表 7-3 所示。

表 7-3　PAC110 型汇流排的列车运行速度与跨距关系

速度/(km/h)	60	70	80	90	100	110	120
跨距/m	12	11	10	9	8	7	6

7.5.3　刚柔过渡

　　刚性悬挂接触网适用于地下隧道路段,柔性悬挂接触网适用于地面及高架路段。当刚性悬挂接触网出隧道时需要与隧道外的柔性悬挂接触网进行衔接,刚性悬挂接触网与柔性悬挂接触网的衔接过渡称为刚柔过渡,主要有关节式刚柔过渡和贯通式刚柔过渡等形式。

1. 关节式刚柔过渡

　　关节式刚柔过渡形式如图 7-40 所示,采用终端汇流排与柔性悬挂并列运行,适用于列车通行速度在 80 km/h 及以下的隧道口。刚柔过渡部分的间距不大于 200 mm,且应靠近受电弓中心均匀布置。过渡端刚性悬挂起始定位点处的接触线应高出该处柔性悬挂接触线 20~30 mm,然后刚性悬挂定位按接触线高度变化不大于 0.2% 的幅度平缓恢复到正常高度。柔性悬挂从刚性悬挂起始定位点处开始逐渐平缓抬升,经刚柔两接触线等高并行后,柔性接触线平缓抬高以脱离运行,至下锚端非支点处抬高 50~100 mm 即可。

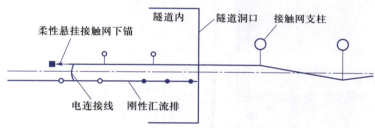

图 7-40　关节式刚柔过渡形式

2. 贯通式刚柔过渡

　　贯通式刚柔过渡形式如图 7-41 所示,柔性悬挂接触网的承力索在隧道洞门拱圈上下锚,接触线嵌入 12 m 切槽式刚性渐变汇流排和 12 m 加强夹紧力汇流排,并在加强夹紧力汇流排上安装下锚装置,以使刚性悬挂接触网不受柔性接触线张力的影响。当列车通行速度高于 100 km/h 时应采用贯通式刚柔过渡。

　　贯通式刚柔过渡的两条接触线应等高,在刚柔交界处汇流排对接触线不应产生下压或抬升力。在接触线下锚处,绝缘子边缘距受电弓包络线不得小于 75 mm。刚性悬挂带电体距离柔性悬挂下锚底座、下锚支悬挂等接地体不得小于 150 mm。受电弓距离柔性悬挂下锚底座、下锚支悬挂等接地体不得小于 1 500 mm,在受电弓通过时应平滑无撞击,不得出现固定拉弧点。

电子课件
刚柔过渡

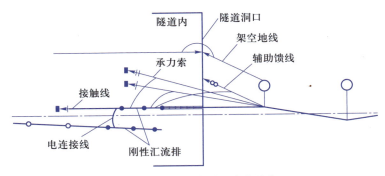

图 7-41 贯通式刚柔过渡形式

7.5.4 均回流电缆

均回流电缆与电缆箱如图 7-42 所示。均回流电缆与钢轨的连接采用胀钉栓接的方式,该连接已成为行车安全的风险源,如果接触不良会导致钢轨电位偏高,钢轨对地放电,严重时会烧坏钢轨。

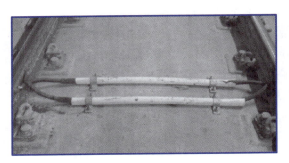

图 7-42 均回流电缆与电缆箱

均回流电缆安装技术标准及要求如下:

① 钢轨钻孔应采用专用的钻孔工具,钻孔直径为 19 mm,允许误差为 ±0.2 mm;

② 胀钉的拉胀必须使用专用工具,拉胀到位,拉力为 3.9 kN;

③ 接线端子应与胀钉端面良好密贴。

7.6 　接触轨系统

接触轨,又称第三轨。接触轨系统是沿线路敷设专为电动列车提供电能的系统,如图 7-43 所示。正线接触轨一般布置在行车方向的左侧,在道岔区等个别地段敷设的接触轨布置在行车方向的右侧。

电子课件
接触轨系统

微课
接触轨系统架设安装(1)

微课
接触轨系统架设安装(2)

(a) 正线接触轨

(b) 道岔区接触轨

图 7-43　接触轨系统

7.6.1 　接触轨系统构成

接触轨系统由正极供电网和负极回流网两部分构成。供电网由接触轨、端部弯头、接触轨接头、防爬器、接触轨支架与底座、绝缘防护罩、鱼尾板、锚结、隔离开关、电缆等组成;回流网由回流轨、有关电气设备及电缆等组成。下面简要介绍其中几部分。

1. 接触轨

接触轨如图 7-44 所示,在接触轨系统中,接触轨作为导电轨,有着特殊的材质要求。根据使用的材质不同,接触轨可分为高导电率低碳钢轨和钢铝复合轨。

图 7-44　接触轨

低碳钢轨磨耗小、制作工艺成熟且成本较低。我国的城市轨道接触轨采用的是理论质量为 50 kg/m 或 60 kg/m 的高导电率低碳钢轨，轨头宽度为 90 mm，主要规格有 DU48 型和 DU52 型，其中 DU48 型导电轨质量较轻，导电性更好，更适用于下部授流接触式接触轨系统。

低碳钢轨的电阻率较高，由此造成供电时的压降较大。国外自 20 世纪 70 年代开始研究用导电性更好的铜接触轨，以及耐磨性更好的钢材与导电性较好的铝合金材料构成的复合接触轨来代替低碳钢轨。

相较于低碳钢轨，钢铝复合轨质量和截面更小，更易于施工安装；电阻更低，降低了供电网络的电能损耗；接触面较为光滑，耐磨性更好，同时也减少了由于受流器与接触轨之间的不平顺所产生的电弧。但钢铝复合轨的造价高于低碳钢轨，安装精度要求很高，相邻接触轨间用螺栓连接的接头缝隙不能大于 0.1 mm，若采用有机聚合材料的绝缘子，则需要根据实际情况考虑所选用材料的抗污、抗漏电和抗老化等性能是否满足系统的要求。

北京地铁的上部授流式接触轨采用我国自行生产的 JU-52 型渗铝低碳钢轨，实际质量为 51.36 kg/m，单位长度的电阻为 $1.91 \times 10^{-6} \, \Omega/m$（15 ℃），标准制造轨长为 12.5 m。在地下项目的实际施工时，可将多根接触轨在隧道外焊接成 50~75 m 长的轨节，相邻轨节之间做成轨缝式膨胀接头，以简化接触轨的构造，方便后期的维护。据统计，此类接触轨运行 30 多年其表面仅磨耗 3~5 mm，约占接触轨截面的 6%，目前运行状况良好。

2. 端部弯头

接触轨端部弯头是为了保证受流靴顺利平滑地通过接触轨断轨处而设置的，在行车速度较高的区段，端部弯头的长度一般为 5.2 m 左右，坡度为 1∶50。武汉地铁 1 号线采用了两种弯头，一种是用于正线的高速弯头，长度为 5.2 m；另一种是用于停车场的低速弯头，长度为 3.4 m。

制造弯头的材料与接触轨所用材料相同，弯曲部分与直线部分的过渡为平滑曲线。在接触轨的端部，通过在铝材上进行切割和焊接处理，使接触轨形成斜坡状，但弯头的厚度保持不变，高弯头的倾斜度为 1.27°，低弯头的倾斜度为 2.12°，弯头上方安装有支架和防护罩。

3. 接触轨接头

接触轨接头可分为正常接头和温度伸缩接头两种。接触轨正常接头采用铝制鱼尾板进行各段导电轨的固定而不预留温度伸缩缝，但要求接头与支撑点间的距离不小于 600 mm，如图 7-45 所示。

接触轨温度伸缩接头可用于补偿接触轨由于环境及自身温度变化而产生的热膨胀，在适当的位置进行设置，如图 7-46 所示。隧道内接触轨自由伸缩段长度按 100 m 左右来考虑，地面及高架桥上接触轨自由伸缩段长度按 80 m 左右来考虑。为使受流靴可以平滑通过，温度伸缩接头的表面要求平整、光滑。

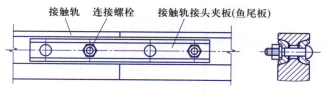

图 7-45　接触轨正常接头

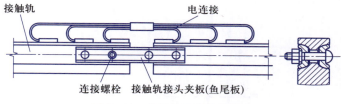

图 7-46　接触轨温度伸缩接头

4. 防爬器

接触轨防爬器相当于柔性悬挂接触网的中心锚结,主要用于限制接触轨自由伸缩段的膨胀伸缩量。在正常区段两个温度伸缩接头的中部应设置一处防爬器,将其安装在整体绝缘支架的两侧;在高架桥的上坡起始端、坡顶和下坡终端等处也应设置防爬器。防爬器与防爬器绝缘子的结构如图 7-47 所示。

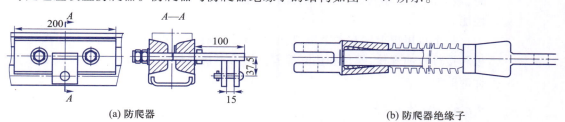

(a) 防爬器　　　　　　　　　　　　　　　　(b) 防爬器绝缘子

图 7-47　防爬器与防爬器绝缘子的结构(单位:mm)

5. 接触轨支架与底座

接触轨支架主要用于固定接触轨,并对其进行定位和支撑,使其能够承载不同状况下的各种负荷,一般要求具有较高的机械强度。接触轨支架的材质分为玻璃钢和金属两种类型,图 7-48 所示为接触轨金属支架的结构。

下接触式接触轨的安装底座一般采用绝缘式整体安装底座,通常安装在轨道整体道床或轨枕上。

6. 绝缘防护罩

在接触轨系统中,为了尽可能地避免人员无意中触碰到接触轨等带电设备,一般采用玻璃纤维增强树脂材料制成的防护罩进行防护,早期也曾采用木制防护罩进行防护。玻璃钢防护罩在工作支撑条件下可承受 100 kg 的垂直荷载,在高温下具有自熄、无毒、无烟特性和较强的耐火性能。

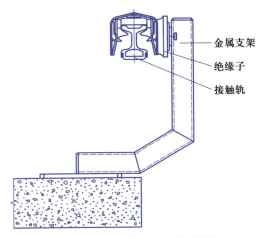

图 7-48　接触轨金属支架的结构

7. 鱼尾板

鱼尾板是专门用来固定连接相邻接触轨的导电装置,其材料与制造接触轨的铝合金材质相同。鱼尾板有足够的截面和强度来保证接触轨跨越接头处的电气和机械特性。鱼尾板可连续通过 4 000 A 的直流电流,在环境温度为 50 ℃时,最大温升不超过 35 ℃。装配鱼尾板不会影响接触轨的机械强度和电气性能。

每个鱼尾板上钻有 4 个螺栓孔,用 4 个螺栓来安装固定鱼尾板。连接鱼尾板和接触轨的螺栓、螺母和垫圈等零件均为不锈钢材质,其各项参数需满足相关标准的要求。

7.6.2　授流方式

接触轨系统根据授流方式不同分为上部授流、下部授流和侧部授流三种。在国内,北京、天津采用上部授流接触轨系统,武汉采用下部授流接触轨系统。在国外,加拿大多伦多的士嘉堡捷运线和马来西亚吉隆坡的 PUTRA LRT 线采用侧部授流接触轨系统。

1. 上部授流方式

上部授流方式为接触轨的轨面朝上,固定安装在绝缘子的上部,并由固定在枕木上的弓形肩架来支撑,如图 7-49 所示。受流靴从接触轨上部下压接触轨顶面与之接触摩擦取流。上部授流接触轨安装固定方便,可以在接触轨上方通过支架安装各种防护板或防护罩。北京、纽约等城市的地铁线路均采用上部授流接触轨系统。

上部授流方式具有结构简单,设备费、维护和更新费用较低等优点,但因结构上的局限性,带电接触轨的安全防护性能较差。接触面上积累尘屑,会加速接触轨和受流器的磨损,在潮湿环境中会增加短路故障发生概率。接触轨的安装

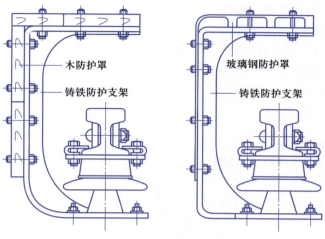

图 7-49　上部授流方式

高度(垂直方向)不易调节,需要设计多种高度的零部件以满足实际需要。

2. 下部授流方式

下部授流方式为接触轨的轨面朝下,通过绝缘肩架、橡胶垫、扣板收紧螺栓及支架等部件安装固定在底座上,如图7-50所示。受流靴从接触轨下部接触面与之接触摩擦取流。下部授流接触轨的防护罩从上部通过橡胶垫直接固定在接触轨周围,防护效果好,更能保障人员安全。莫斯科地铁线路采用下部授流接触轨系统,有利于防止下雪和冰冻造成的集电困难,但此类接触轨系统结构较为复杂,造价相对较高。

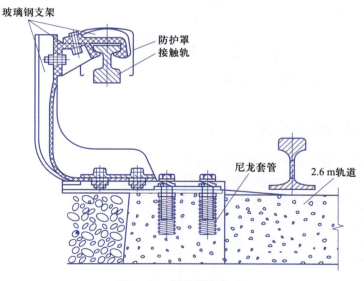

图 7-50　下部授流方式

下部授流接触轨的安装高度及水平方向均可适度调整,不需要设计多种高度的零部件就可以满足实际需要。下部授流接触轨系统的防护罩对带电接触轨的防护性能更好,带电接触轨不容易被无意识地碰触到,利于人身安全防护。下部授流方式遮挡雨雪、避免尘屑的条件也优于上部授流方式,能较好地确保牵引网系统的安全可靠运行。相对于上部授流方式,下部授流方式的结构复杂,设备费、维护和更新费用较高。

3. 侧部授流方式

侧部授流方式接触轨的接触面朝向走行轨(列车)方向,受流靴从接触轨一侧与接触轨横向接触摩擦取流,如图7-51所示。跨坐式独轨列车多采用侧部授流方式,其受流器安装于列车转向架下部,接触轨安装于轨道梁上。

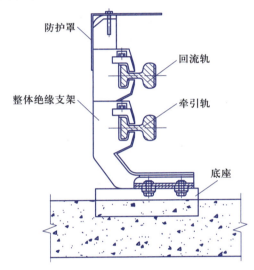

图7-51 侧部授流方式

侧部授流方式的特点是适用于"牵引轨+回流轨"(即"三轨+四轨")的布置形式。

7.6.3 接触轨的电分段

接触轨的分段包括机械分段和电分段。机械分段指接触轨在机械方面有明显的分段,但在电气上仍保持直接连通。电分段是接触轨导电部分的电气隔离,主要用来保护电路和缩小故障范围。

通常在正线有牵引变电所的车站、车辆段或停车场的出入段线处、车辆段或停车场内的不同供电分区间、折返线、联络线、区间存车线和检查坑、车辆段内的停车列检库等地段设置电分段。电分段有分段式和短轨式两种形式,如图7-52所示。

图 7-52 接触轨电分段

1. 分段式电分段

分段式电分段通常设置在正线有牵引变电所的车站,一般设置在车站的进站端,断电区共长 14 m,大于列车两个受电弓之间的距离。当列车从一个供电分区到另一个供电分区时,有一节列车不取流,以防止两个供电分区的电连接。

2. 短轨式电分段

短轨式电分段可使列车从一个供电分区到另一个供电分区时,实现不间断取流,短轨通过断路器单独供电,这样就不会造成两个供电分区的电连接。

7.6.4 电压等级

国际电工委员会(IEC)标准规定,直流牵引供电的电压等级有直流 600 V、750 V、900 V 和 1 500 V 等。我国国家标准《城市轨道交通直流牵引供电系统》(GB/T 10411—2005)规定采用直流 750 V 和 1 500 V 两种电压制式。北京地铁、武汉轨道交通和天津地铁均采用直流 750 V 电压制式,重庆轨道交通 2、3 号线和广州地铁 4 号线采用直流 1 500 V 电压制式。

同等条件下,相对于直流 750 V 接触轨供电,直流 1 500 V 接触轨供电可以减少牵引变电所的数量,从而降低牵引供电系统的建造成本。但牵引网供电电压的提高,也抬高了回流轨的对地电位,这对接触轨绝缘安全和人身安全、杂散电流腐蚀防护等提出了更高的要求。

微课
城市轨道交通
供电制式比较
分析

 复习与思考

1. 牵引网由哪几部分组成? 各部分分别起什么作用?
2. 简述接触网的工作特点。
3. 简述接触网工作的基本要求。
4. 接触网电分段有哪几种类型? 分别适用于什么场合?
5. 简述牵引网的供电方式和各供电方式的特点。
6. 柔性悬挂接触网由哪几部分组成? 各自功能是什么?
7. 城市轨道交通柔性悬挂接触网根据其悬挂方式不同,可以分为哪几类? 各有什么特点?

8. 城市轨道交通柔性悬挂接触网按照下锚方式不同,可以分为哪几种? 分别适用于哪些场合?

9. 刚性悬挂接触网由哪几部分组成? 各自功能是什么?

10. 接触网刚柔过渡形式有哪几种? 各有什么特点?

11. 接触轨的授流方式有哪几种? 各有什么特点?

第 8 章
降压供配电系统

8.1 降压供配电系统概述

降压供配电系统将中压电能转换为低压电能,向车站、区间、车辆段(停车场)、控制中心所有低压用电负荷提供电源,是城市轨道交通运营安全、行车安全、防灾安全以及应急处理等动力照明供电的保障。对于城市轨道交通系统,降压供配电系统和牵引供变电系统同等重要。

降压供配电系统的降压变电所有独立式、跟随式和混合式三种类型。在满足各种用电负荷供电要求的情况下,同一个车站内,降压变电所应与牵引变电所合建。车辆段的降压变电所应尽量与牵引变电所合建。

降压供配电系统的中压主接线采用单母线分段形式。两台配电变压器分别接在不同母线上,正常分列运行。降压供配电系统的电源应有两个独立的引入电源。主接线的确定和动力照明配电系统、降压变电所本身运行的可靠性、灵活性和经济性密切相关,并且对动力照明配电系统的设备选择、设备布置、继电保护配置和控制方式设置有较大影响。

降压供配电系统的低压主接线直接服务于低压用户,低压用户中存在大量的一、二级负荷,其中包含应急照明等特别重要的负荷,所以低压主接线采用单母线分段(设母线分段断路器)形式。单台配电变压器容量应满足本降压变电所供电范围内全部一、二级负荷的用电要求。

电子课件
降压供配电系统与降压变电所的设置

8.2 降压变电所的设置

在车站、区间、车辆段(停车场)、控制中心大楼等地都应设置降压变电所,其数量和形式主要取决于低压用电负荷的大小与分布、车站规模及综合经济指标等。

8.2.1 降压变电所设置原则

降压变电所的设置应遵循以下原则:
① 靠近负荷中心;
② 电源进出线方便;
③ 便于设备吊装和运输;

微课
降压变电所的设置(1)

微课
降压变电所的设置(2)

④ 不可设置在有剧烈振动的区域；

⑤ 应远离污染环境和危险场所；

⑥ 降压变电所作为独立建筑物时,不应设在地势低洼易积水的区域；

⑦ 当车站有牵引变电所时,降压变电所应与牵引变电所合建为牵引降压混合变电所。

8.2.2　降压变电所设置要求

降压变电所应结合实际情况和低压配电系统自身的需求,选择合理的位置,在选址时主要应参照以下因素：

① 地面(高架)车站的降压变电所应与车站合建,地面和高架车站的低压用电负荷分布较均匀时,可设置在车站的任一端；

② 地下车站的降压变电所应与车站合建,当低压用电负荷分布均匀时,可设置在车站的任一端,在低压用电负荷分布严重不均匀的情况下,应设置在车站低压用电负荷较大的一端；

③ 车辆段的降压变电所应尽量与牵引变电所合建,并尽量靠近生产维修用电负荷中心；

④ 控制中心的降压变电所一般设置在控制中心地下一层或地上一层,具体位置应便于设备运输和电缆敷设。

8.2.3　降压变电所设置形式

车站降压供配电系统用电负荷的分布情况通常是:大量的动力负荷集中在车站两端的设备区,而照明负荷则主要分布在车站中部公共区和运行区。对于车站规模和负荷相对较小、长度较短的车站,可在车站负荷较大的一端设置一座降压变电所;对于车站规模和负荷较大、长度较长的车站,可根据实际情况,在车站两端的设备区分别设置一座降压变电所和一座跟随所(或低压配电室),每个变电所负责半个车站和相邻两侧半个区间的供电。降压变电所可按照以下三种形式进行布置：

1. 降压变电所直接供电

降压变电所直接供电是在车站的一端设置一座降压变电所,该端的电气设备由降压变电所经低压开关柜直接供电;另一端设置低压配电箱,负责为该端的电气设备供电。降压变电所直接供电原理如图 8-1 所示。

2. 降压变电所+配电室供电

降压变电所+配电室供电是在车站的一端设置一座完整的降压变电所,另一端设置一座低压配电室,配电室内设置 0.4 kV 低压开关柜,开关柜的两路 0.4 kV 进线电源分别引自降压变电所的不同低压配电母线。降压变电所+配电室供电原理如图 8-2 所示,降压变电所和配电室分别负责半个车站和相邻两侧半个区间的供电。

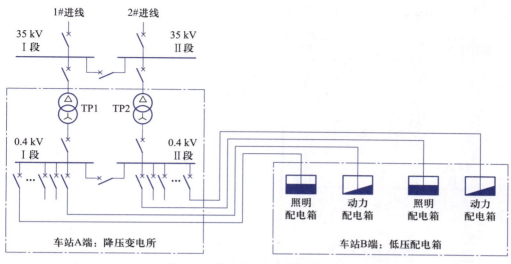

图 8-1 降压变电所直接供电原理

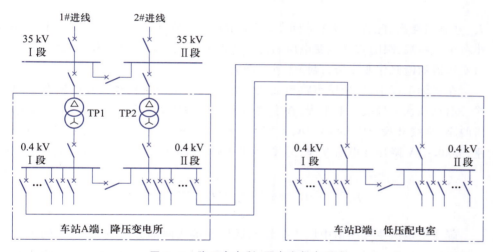

图 8-2 降压变电所+配电室供电原理

这种供电形式提高了系统的供电可靠性且可节约用地,但这种供电形式也使低压系统的上下级配合级数增多,电压损失增大,施工和维修难度也随之增加。

3. 降压变电所+跟随式变电所供电

降压变电所+跟随式变电所供电是在车站的一端设置一座完整的降压变电所,另一端设置一座跟随式降压变电所。跟随式降压变电所内设置两台动力变压器和两套 0.4 kV 开关柜,动力变压器进线电源分别引自降压变电所的不同中压配电母线。降压变电所+跟随式变电所供电原理如图 8-3 所示,降压变电所和跟随式变电所分别负责半个车站和相邻两侧半个区间的供电。

这种供电形式系统简单可靠,解决了前两种供电形式占地多、低压母线截面

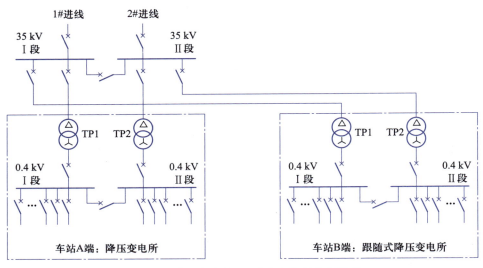

图 8-3   降压变电所+跟随式变电所供电原理

大、电能损耗高、配合等级多等问题,但由于跟随式降压变电所与降压变电所分建在车站两端,跟随式降压变电所动力变压器和进线断路器距离较远,会造成动力变压器的检修作业复杂,误操作风险增大。

在实际工程中,一条城市轨道交通线路上往往采用多种降压变电所布置形式。南京地铁 1 号线一期工程,在安德门和迈皋桥两处设置 110/35 kV 主变电所两座,全线共设 AC 35 kV/DC 1 500 V 和 35/0.4 kV 牵引降压混合变电所 8 座,35/0.4 kV 降压变电所 9 座,另设 35/0.4 kV 跟随式降压变电所 15 座。

8.3 降压变电所主接线

降压变电所主接线由中压主接线和低压主接线两部分组成,主接线的形式与变电所的位置、中压网络的结构形式及运行方式、变电所的服务对象等因素有关。降压变电所主接线应在满足可靠性、先进性和灵活性的基础上做到经济合理。

降压变电所的进线电源按一级负荷执行,由两路电源供电,中压侧采用单母线分段接线形式,设两台配电变压器,每台变压器容量均能满足该变电所全部一、二级负荷。正常运行时,两台变压器分列运行,同时供电,单台配电变压器正常负载率不超过 70%。当一台变压器退出运行时,系统将自动切除三级负荷,由另一台变压器承担该变电所全部一、二级负荷。

降压变电所的低压侧配电母线为单母线分段接线,并配置母线分段开关。两台配电变压器的低压侧通过断路器分别与每段母线连接。变电所的一、二级负荷应由两路低压电源供电。配电系统采用 380/220 V 电压的三相四线制,中性点直接接地。

8.3.1　降压变电所中压主接线

1. 不设母线分段开关的单母线分段接线

降压变电所的中压电源侧为单母线分段接线,两分段母线之间不设母线分段开关,在两段母线上各设一台配电变压器,变压器联结组采用 D,Yn11 形式,如图 8-4 所示。降压变电所的中压部分由中压开关、电压互感器、电流互感器、微机综合测控保护装置等设备组成。

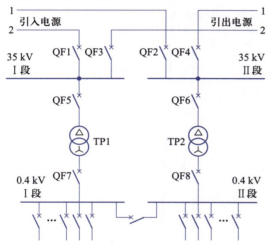

图 8-4　不设母线分段开关的单母线分段接线

此类主接线形式是降压变电所中压主接线中应用较为广泛的接线形式之一。正常运行时,两台变压器分列运行,各自承担 50% 的供电负荷。

(1) 当一路进线电源 QF1(QF2)失电退出后运行

当一路进线电源 QF1(QF2)失电退出后,有如下两种运行方式:

① 根据低压负荷情况,自动或手动切除三级负荷,由另一台配电变压器 TP2(TP1)承担本降压变电所全部一、二级负荷的正常用电。

② 通过调度令进行倒闸操作,由相邻变电所反向提供中压电源 QF3(QF4)。采用此方式时,倒闸操作需要一定的时间。在倒闸期间,本降压变电所的全部一、二级负荷由另一段母线上的配电变压器承担。

(2) 当一段母线或配电变压器故障退出后运行

当一段母线或配电变压器 TP1(TP2)故障退出后,根据低压负荷的使用情况,自动或手动切除三级负荷,由另一段母线上的配电变压器承担本降压变电所全部一、二级负荷的正常用电。

(3) 当两个进线电源同时失电退出后运行

当两个进线电源 QF1 和 QF2 同时失电退出后,通过调度令进行倒闸操作,由相邻变电所反向提供中压电源 QF3 和 QF4。采用此方式时,倒闸操作需要一定的时间。在倒闸期间,本降压变电所暂时退出运行,对线路运营有短时间的影响。

（4）当两段母线或两台配电变压器同时故障退出后

当两段母线或两台配电变压器同时故障退出后，本降压变电所退出运行。

2. 设母线分段开关的单母线分段接线

降压变电所的中压电源侧为单母线分段接线，两分段母线之间设有母线分段开关，在两段母线上各设一台配电变压器，变压器联结组采用 D，Yn11 形式，如图 8-5 所示。降压变电所的中压部分由中压开关、电压互感器、电流互感器、微机综合测控保护装置等设备组成。

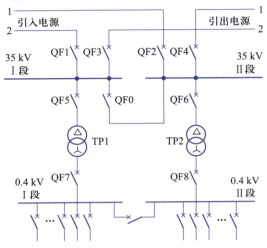

图 8-5　设母线分段开关的单母线分段接线

此类主接线形式也是降压变电所中压主接线中应用广泛的接线形式。正常运行时，两台变压器分列运行，各自承担 50% 的供电负荷。

（1）当一路进线电源 QF1（QF2）失电退出后运行

当一路进线电源 QF1（QF2）失电退出后，有如下两种运行方式：

① 根据低压负荷情况，自动或手动切除三级负荷，由另一台配电变压器 TP2（TP1）承担本降压变电所全部一、二级负荷的正常用电；

② 母线分段开关 QF0 投入运行，由另一路进线电源 QF2（QF1）向本降压变电所的两段母线供电。

（2）当进线开关断电检修而不能影响两段母线运行时

当进线开关断电检修而不能影响两段母线运行时，可以采用短时间的合环运行方式。正常运行时，合环转换开关置于退出位。在合环工作状态下，合环转换开关置于合环选跳位，合环选跳任一进线开关或母线分段开关。

（3）当两路进线电源同时失电退出后运行

当两路进线电源 QF1 和 QF2 同时失电退出后，通过调度令进行倒闸操作，由相邻变电所反向提供中压电源 QF3 和 QF4。采用此方式时，倒闸操作需要一定的时间。在倒闸期间，本降压变电所暂时退出运行，对线路运营有短时间的影响。

（4）当一段母线故障退出后运行

当一段母线故障退出后，闭锁母线分段开关 QF0 的投入功能，母线分段开关不投入运行，另一段母线继续运行。根据低压负荷的使用情况，自动或手动切除三级负荷，由另一段母线上的配电变压器承担本降压变电所全部一、二级负荷的正常用电。

（5）当一台配电变压器故障退出后运行

当一台配电变压器 TP1（TP2）故障退出后，根据低压负荷情况，自动或手动切除三级负荷，由另一台配电变压器 TP2（TP1）承担本降压变电所全部一、二级负荷的正常用电。

（6）当两段母线或两台配电变压器同时故障退出后

当两段母线或两台配电变压器同时故障退出后，本降压变电所退出运行。

3. 线路-变压器组接线

线路-变压器组接线是将带熔断器的负荷开关（或断路器）与动力变压器组合而成，如图 8-6 所示。跟随式降压变电所多采用此类接线形式。中压部分由中压负荷开关、熔断器等设备组成。

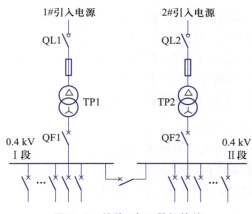

图 8-6　线路-变压器组接线

（1）当一路进线电源失电或一台配电变压器故障退出后运行

当一路进线电源失电或一台配电变压器故障退出后，根据低压负荷的使用情况，自动或手动切除三级负荷，本段的配电变压器容量满足本降压变电所全部一、二级负荷的正常用电需要。

（2）当两路进线电源或两台配电变压器同时故障退出后

当两路进线电源或两台配电变压器同时故障退出后，本降压变电所退出运行。

8.3.2　降压变电所低压主接线

降压变电所 0.4 kV 低压配电系统直接为车站、区间的低压用户供电，其中

一、二级负荷占绝大部分,对于低压电源的可靠性要求较高。低压配电系统普遍采用单母线分段的主接线形式,分段母线之间设有母线分段开关,如图 8-7 所示。

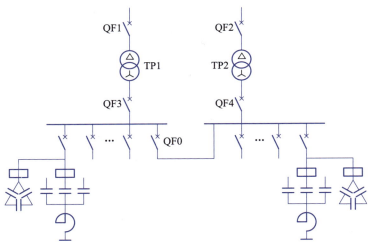

图 8-7　低压主接线

低压主接线中两段母线上的负荷应尽量根据变压器的容量均衡分配。主接线中设有低压集中补偿电容器组,电容器通过无功补偿控制器进行分组循环投切。

正常运行时,两路独立的低压进线电源同时供电,两段母线分列运行。

当一路低压进线电源失压退出运行时,进线开关与母线分段开关可以采用自投自复、自投手复和手投手复等运行方式。

1. 自投自复运行方式

当一路低压进线电源失压延时跳闸,退出运行时,母线分段开关自动投入,由另一路低压进线电源向两段母线供电。当已退出的进线电源恢复供电并可以重新投入运行时,母线分段开关自动分闸,该低压进线开关自动合闸,恢复正常运行方式。

2. 自投手复运行方式

当一路低压进线电源失压延时跳闸,退出运行时,母线分段开关自动投入,由另一路低压进线电源向两段母线供电。当已退出的进线电源恢复供电并可以重新投入运行时,母线分段开关手动分闸,该低压进线开关手动合闸,恢复正常运行方式。

3. 手投手复运行方式

当一路低压进线电源失压延时跳闸,退出运行时,母线分段开关手动投入,由另一路低压进线电源向两段母线供电。当已退出的进线电源恢复供电并可以重新投入运行时,母线分段开关手动分闸,该低压进线开关手动合闸,恢复正常运行方式。

8.3.3　负荷分类与配电原则

　　城市轨道交通动力与照明负荷根据用电设备的不同用途和重要性,可分为一级、二级和三级负荷。

1. 一级负荷

　　一级负荷主要包括综合监控系统、通信系统、信号系统、火灾自动报警系统、环境与设备监控系统、自动售检票系统、电力监控系统、门禁系统、安防设施、站台门系统、自动灭火系统、变电所操作电源、应急照明、地下站厅及站台等公共区照明、地下区间照明、主废水泵、雨水泵、消防泵、防淹门、人防设备、防火卷帘门、消防疏散用自动扶梯、消防电梯、防排烟设备及各类防火排烟阀等。其中,通信系统、信号系统、火灾自动报警系统、自动灭火系统设备及变电所操作电源、应急照明等为一级负荷中特别重要的负荷。

　　一级负荷配电从降压变电所(或牵引降压混合变电所)的两段低压负荷母线上分别馈出一路专用供电线路向负荷末端电源切换箱供电,两路电源在切换箱内自动切换,以实现不间断供电,如消防系统、废水泵电源、消防疏散用自动扶梯等。综合监控系统、通信系统、自动售检票系统设备通过整合 UPS 装置实现不间断供电;信号系统、站台门系统单独设置 UPS 以实现不间断供电;变电所自用电由交直流屏供电;应急照明由应急电源装置供电。

2. 二级负荷

　　二级负荷包括非事故风机及风阀、污水泵、非消防疏散自动扶梯、出入口电梯、设备管理房照明、维修电源等。

　　二级负荷配电从降压变电所(或牵引降压混合变电所)低压负荷母线上引出一路电源至末端设备配电箱或设备。当一台变压器退出运行时,降压变电所的母线分段开关自动闭合,退出运行变压器所带的二级负荷由另一台变压器负责供电。

3. 三级负荷

　　一、二级负荷之外的其他用电负荷,如广告照明、电开水器、保洁电源、空调冷水系统、备用空调等均为三级负荷。

　　三级负荷配电从降压变电所(或牵引降压混合变电所)的低压负荷母线上引出一路电源至末端设备配电箱或设备;当供电系统为非正常运行方式时,三级负荷将自动切除。

8.4 动力与照明系统配电

8.4.1　车站动力配电

　　车站动力设备主要包括弱电专业系统设备、通风空调专业设备、电梯及扶

微课
城市轨道交通
供变电系统负
荷与制式

电子课件
动力与照明系
统配电

微课
动力照明供电
系统

梯、给排水设备、小动力设备、检修电源以及商业便民服务设施。各动力设备配电方式如下：

1. 弱电专业系统设备

弱电专业系统设备主要为整合电源（通信系统、自动售检票系统、综合监控系统、环境与设备监控系统、公安通信系统）、信号系统设备、商用通信设备、车控室消防电源（火灾自动报警系统、自动灭火系统）等。

弱电专业系统设备及站台门设备都会设有独立的设备房间，一般都为一级负荷。根据各专业对双电源自动切换的要求，配置双电源自动切换箱至其设备房间，并考虑配电箱至其设备的管路敷设。

2. 通风空调专业设备

通风空调专业设备主要为各类风机与风阀、冷冻水系统设备、空调等。

地下车站一般在站厅层两侧设环控电控室，负责环控设备的集中配电与控制。消防负荷的电控柜采用双电源自动切换的主接线方式，两路电源一用一备，也可根据当地的运营需求采用单母线分段等形式；非消防负荷的电控柜采用单电源进线的主接线方式。高架车站一般风机较少，在风机就地处设置就地控制箱负责其配电与控制，根据风机的负荷等级要求设置双电源切换或单电源进线。

地下车站的冷冻水系统设置有冷水机房，一般在机房旁设置电控室，也可与环控电控室共建。其配电与控制方式与环控电控室类似，设置环控电控柜集中控制。冷水机组一般为大容量设备，因此由降压变电所直接供电至冷水机组自带的控制柜。用于公共区的制冷系统按三级负荷配电。用于设备区的制冷系统因含有重要设备用房的制冷，若此类房间温度过高，设备无法正常工作，可能影响运营，因此此部分冷水系统按二级负荷配电。

高架及地面车站一般不设置冷冻水系统，采用分体式、集中式或多联机等空调，因此类负荷容量较大，均采用专线配电。

风阀在集中处可设置风阀配电箱进行配电，零散的风阀可就近使用相同负荷等级的配电回路配电，如风机控制箱、小动力箱等。

3. 电梯及扶梯

电梯及扶梯主要为消防电梯、客梯、用于消防疏散和非消防疏散的自动扶梯、自动人行道、轮椅升降机等。

电梯及扶梯均自带控制箱，需根据其是否用于疏散与消防来确定其负荷等级。根据负荷等级确定就地设置双电源切换箱与单电源箱。

4. 给排水设备

给排水设备主要为消防类给水泵、污水泵、废水泵、雨水泵等排水泵。

消防类给水泵安装在独立设置的消防泵房内，根据泵房内各系统最大使用负荷进行配电，设置双电源切换箱。

其余排水泵有污水泵、废水泵、雨水泵等，根据其是否用于消防或其他防灾确定负荷等级。

5. 小动力设备

小动力设备主要为车站各类零星的、功率不足 10 kW 的设备,如安检设备、防火卷帘、电动卷帘门、挡烟垂壁等。

在车站各站厅、站台、站台下夹层等处的配电室内设置小动力配电箱,容量一般为 10~20 kW,负责为本配电区域内较分散的小动力负荷配电。一个配电室内一般有三面小动力箱,即变电所一、二段母线电源各一面,三级负荷一面,以满足各类负荷等级的小动力配电,如安检设备、卷帘门、自动售货机等。

6. 检修电源

检修电源主要为变电所检修电源、车站临时施工检修电源以及其他专业在某些车站内需要增加设置的检修电源。

变电所设置动力检修箱,因考虑变压器及两段母线会轮流检修,因此由变电所交流屏配电较为合理,能保证其检修用电。

各类设备房间内也需要设置插座,用于检修、调试、办公等,插座的数量、单/三相插座根据房间的情况和专业要求而定。

车站站厅配电室设置临时维修电源箱,出线端子可拆卸,可用于大功率设备临时施工搭接电源。

7. 商业便民服务设施

商业便民服务设施主要为小型商铺和自动售货机设备。

在站厅、站台公共区设清扫插座和小型商业设备用电插座。车站的大型商业区域需单独从变电所配电,设置独立的配电箱。所有与商业有关的配电均需单独计量。

通风空调专业设备与电梯、扶梯为车站主要动力用电设备,通常会占整个车站低压用电负荷的 60% 以上。

8.4.2　车站照明配电

1. 照明分类

车站照明可分为正常照明、应急照明、值班照明和过渡照明,其中,应急照明又包括备用照明和疏散照明。除此之外,还有特殊功能性质的照明,如广告灯箱照明、导向标志照明、灯饰工程照明等。

正常照明主要包括公共区(站厅、站台及出入口)正常照明、附属用房(设备房间、管理用房、风道风机房)工作照明、变电所电缆夹层和站台板下安全特低电压照明。

应急照明包括备用照明和疏散照明。当正常照明失电后,对需要确保正常工作或活动继续进行的场所(如车站综合控制室、变电所、配电室、重要系统设备房间、防排烟风机房、消防水泵房等)应设置备用照明。当正常照明因故障熄灭或火灾情况下正常照明断电时,对需要确保人员安全疏散的场所(如站厅、站台公共区、出入口通道等)应设置疏散照明。疏散照明由疏散照明灯、安全出口标志灯、疏散指示标志灯组成。

值班照明设置在非 24 小时连续运营的公共场所,如站厅、站台公共区、出入口通道等,在夜间列车停运后,供内部人员通行和巡视时使用。可采用应急照明兼做值班照明。

过渡照明是为减少车站内部构筑物与外界过大的亮度差而增设的照明,亮度逐次变化,一般设置在车站出入口、双层地面及高架站站台到站厅之间的楼梯处。

广告灯箱照明、导向标志照明、灯饰工程照明等具有特殊功能性质的照明由相关专业考虑设置,动力照明专业根据相关要求配电。

2. 正常照明

(1)公共区照明

公共区照明灯具采用两路电源,分别引自变电所的两段低压母线,在灯具处交叉配电。车站站厅、站台两端照明配电室内的公共区照明配电箱各自控制的公共区照明范围是以车站中心线为界,各负责本层的一半。对于高架的侧式车站,可由各自站台下夹层配电室内的公共区照明配电箱负责本侧站台的照明。

公共区不单独设置值班照明回路,一般由应急照明兼做值班照明,约占公共区总照明的 1/10。

站厅、站台、出入口等处的公共区照明要与设备管理用房等场所的照明在配电上分开,在出入口或换乘通道较长时设置照明配电分箱。

(2)设备区照明

站厅两端、站台下夹层、地下车站站台两端均为设备管理用房区域,每个区域内均设置照明配电室,由配电室内的设备管理用房配电箱负责配电。在设备管理用房很少时,由公共区照明配电箱出专用回路。

变电所设单独的照明配电系统,变电所的正常照明电源引自变电所交流屏,变电所应急照明引自车站 EPS(应急电源)系统专用回路。

3. 应急照明

应急照明后备电源系统采用 EPS 电源柜集中供电的方式。在车站站厅、站台两端配电室内各设一组 EPS 电源柜,高架车站可设置在站台下夹层配电室。如土建有条件,可单独设置应急照明配电室,放置 EPS 电源柜。

EPS 电源柜由变电所两段低压母排上各引来一路电源供电,在柜内自动切换,采用 TN-S 系统接地形式,中性线与从接地装置直接引来的接地干线相连。正常时采用交流旁路 220/380 V 供电,在两路交流电源都失压的情况下由 EPS 逆变向应急照明供电,蓄电池的持续供电时间不小于 60 min。

EPS 配电柜的供电范围与照明配电室相同,即以车站中心线为界,负责本层半个公共区及附属房间的应急照明供电。高架侧式车站本侧站台及站台下夹层由站台下夹层 EPS 负责。

备用照明设置于行车值班室、综合监控室、站长室、通信机房、信号机房、售票室、变电所、配电室、通风空调电控室、消防泵房等重要场所,根据其设备房性质,确定应急照度占正常照明的 10%~100%。

在车站站厅、站台、楼梯、通道及通道转弯处附近、出入口、房间通道、风道等处设置疏散指示标志,并根据需要设置紧急出口标志灯。具体要求如下:

① 疏散通道拐弯处、交叉口、沿通道方向在每个间隔不大于 10 m 处设置灯光疏散指示标志,指示标志距地面不高于 1 m。

② 疏散门、安全出口设置灯光疏散指示标志,设置在门洞正上方。

③ 车站公共区站台、站厅乘客疏散路线和疏散通道等人员密集部位的地面上,以及疏散楼梯台阶侧立面设置灯光疏散指示标志,并保持视觉连续。

4. 广告灯箱、导向标志及灯饰工程照明

在车站的站台、站厅公共区、出入口通道等处设置广告灯箱照明,具体位置由装修专业确定,广告灯箱照明配电箱设在各层照明配电室内。广告灯箱照明设单独电能计量,由环控系统进行控制。

车站公共区内的导向标志系统包括确认标志、导向标志、综合信息标志、禁止和警告类标志等,导向标志照明由公共区照明配电箱提供电源,单独设置配电回路,可根据系统要求控制开/断各回路,运营期间开启,停运后关闭。导向标志根据其安装方式可分为悬挂类、站立类、贴柱类、地贴类、门套类、贴墙类等,有的不需要配电,需要配电的功率也各不相同,因此需要根据其安装方式与功率大小设置配电回路。

在高架与地面车站配电室预留灯饰工程照明配电箱电源,负责本站与左右半个区间的灯饰工程用电。灯饰工程需根据其外立面装修风格、周边环境风格等因素深化设计,选用不用颜色的彩灯与不同造型达到其装饰效果的要求。

5. 其他配电要求

穿越人防段的照明配电回路采用内外分开的配电方式,变电所电缆夹层内设 36 V 的安全特低电压照明,采用隔离变压器供电。

所有灯具的功率因数 $\cos \varphi \geqslant 0.9$,公共区照明及应急照明灯具为保证安全可靠、方便维护,可加单独的熔断器保护。

8.4.3 区间动力配电

地下区间风机一般为车站集中配电和控制,归属车站动力照明系统,区间动力配电包括动力检修电源配电、地下区间排水泵配电和道岔电源配电。

1. 动力检修电源配电

动力检修电源一般采用插座箱方式配电,由邻近车站降压变电所的 0.4 kV 母线引入一路电源进线。根据运营检修需要,可在照明配电室内设动力检修总箱,或直接从变电所接至区间第一面检修箱。

检修箱在区间的具体安装位置可根据运营需求确定,方便检修人员取电。一般地下区间每隔100 m设置一个动力检修插座箱,第一面检修箱设于车站端部。由于上下行线路各自在隧道内,因此上下行线路各需设置一路检修电源。高架区间每隔一个桥墩在其盖梁上部设置一个动力检修插座箱,如无检修通道,为方便取电,也可每个桥墩设置一个检修箱,第一面检修箱设于区间第一个盖梁处。因上下行线路一般在一起,共用墩柱及盖梁,因此高架区间设置一路检修电源即可。

动力检修箱仅供小型维修动力设备用电,电压为220/380 V,容量根据需求一般可设为10 kW、15 kW或20 kW,设一个三相插座和一个单相插座。插座箱电源开关带漏电保护装置,并具备一定的防潮、防霉和防水能力。

2. 地下区间排水泵配电

地下区间给排水专业根据排水要求会设置区间废水泵房和区间雨水泵房,内设多台排水泵。排水泵负荷等级为一级负荷,由邻近车站降压变电所两段低压母线各引入一路电源,电缆敷设至泵房内用电设备双电源切换箱端口处。

由于区间检修维护不方便,一般给排水专业会设置多台排水泵,将部分排水泵作为备用泵,如一用一备、两用一备、一用两备或两用两备等,因此在配电容量上需考虑其最大可能同时工作的排水泵数量。在控制方式上也要考虑排水泵轮流工作,以免备用排水泵长期不使用而损坏。

区间水泵房设等电位连接,将PE线、结构钢筋及正常时不带电的金属管线进行连接。水泵房内还应考虑照明,兼消防疏散联络通道的水泵房内还应设置应急照明。

3. 道岔电源配电

道岔区一般紧挨车站,由车站变电所提供电源,因此也可以将道岔电源配电规划到车站动力配电范围,按一级负荷要求进行配电,在道岔区就地设置双电源切换箱,配电容量考虑最多同时动作的道岔的功率总和。道岔设备自带控制箱,正常情况下由信号专业进行控制。

8.4.4 区间照明配电

1. 区间照明分类

区间照明主要包括区间工作照明、区间应急照明、隧道区间洞口处的过渡照明、道岔区照明、区间疏散联络通道及水泵房等附属建筑的照明等。区间照明一般遵循由左右两个车站各负责一半的区间照明配电原则,也有部分需要灵活处理的特例,如两站的区间一部分为高架,另一部分为地下,此时可以在隧道洞口分断,高架区间由邻近的高架站负责供电,地下区间由邻近的地下站负责供电。

2. 区间工作照明

地下区间工作照明由降压变电所的两段低压母线各引一路电源在车站两端

的照明配电室内经双电源切换箱给区间照明配电箱供电,每一端区间照明配电箱负责其相邻半个区间照明的供电,并进行集中控制。

高架区间如果设置了检修平台,可设置工作照明,由车站内降压变电所任一段低压母线引一路电源给区间照明配电箱供电,每一端区间照明配电箱负责其相邻半个区间照明的供电,并进行集中控制。

与检修箱类似,地下区间上下行隧道内需各引一路正常照明回路,并分别控制。电缆敷设与配电箱安装在强电侧隧道壁上,一般为行车方向左侧。照明灯具也安装于行车方向左侧,安装高度不能影响司机驾驶。高架区间只设置一路照明回路,电缆敷设在检修通道下强电电缆通道内,配电箱也安装在无检修电源箱的墩柱上,灯具安装于检修通道两侧并交错布置。

区间内各照明配电箱约每隔 150 m 设一处,间隔距离应根据配电范围和负荷容量综合考虑。各配电箱采用链接或“T”接方式。工作照明平均照度不小于 5 lx,根据灯具规格参数计算并确定灯具安装间距。在车站配电室内的区间照明总配电箱处设置 BAS(楼宇自动化系统)接口,正常情况下由 BAS 对区间照明进行控制。

3. 区间应急照明

地下区间设置应急照明,其电源引自相邻车站 EPS 装置,EPS 装置预留专用配电回路。应急照明的配电方式几乎与工作照明相同,通常每隔 150 m 设应急照明配电箱为应急灯供电,采用链接或“T”接方式接入各配电箱。应急照明平均照度不小于 3 lx,根据灯具规格参数计算及确定灯具安装间距,并与正常照明统一考虑,如每隔一盏或两盏灯设置一盏应急照明灯,其余为正常工作照明。区间应急照明为长明灯,不设控制。

地下隧道区间的双向疏散指示标志、疏散联络通道和风机房疏散通道的疏散照明及疏散指示标志,都由区间应急照明配电箱提供电源。

4. 过渡照明

为减少列车在进出隧道洞口时光线变化对司机的影响,可在隧道洞口至隧道内一段距离增设过渡照明。过渡照明区段在接近洞口处,照度考虑与外界日光强度成一定比例(照度值参考规范要求选取),然后往隧道内逐渐减弱,过渡照明区段以后即为隧道正常工作照明照度。

过渡照明通过时钟自动控制,在日间隧道与外界照度反差较大时开启,夜晚与停运时段关闭;也可采用光敏控制器控制,根据隧道外自然光照强度决定是否开启过渡照明。

5. 道岔区照明

由于需要通过视频监控道岔的转折情况,道岔区照度要求比较高,通常平均照度不低于 100 lx,因此需要增设道岔区照明。地下区间的道岔区可在隧道壁上方增设大功率灯具,高架区间在道岔平台上可增加灯杆灯具,灯具照射方向正对道岔转折部位。道岔区照明由照明配电室内的区间照明总配电箱单独引出配电回路,进行独立控制。控制方式可在道岔区就地增设按钮箱,或在总配电箱处就地控制,也可由 BAS 系统在车控室进行远程控制。

 复习与思考

1. 简述设置降压变电所时应遵循的原则。

2. 简述降压变电所的设置要求。

3. 降压变电所的设置有哪些形式? 各有什么特点及分别适用于什么场合?

4. 降压变电所中压母线可采用哪些形式? 各有什么样的特点?

5. 分别简述自投自复、自投手复和手投手复的工作原理及特点。

6. 城市轨道交通降压变电所的负荷中,分别有哪些属于一级、二级和三级负荷?

7. 车站动力配电包括哪些内容?

8. 车站照明配电包括哪些内容?

9. 区间动力配电包括哪些内容?

10. 区间照明配电包括哪些内容?

第9章
接地系统与保护

9.1 接地系统概述

城市轨道交通供变电系统接地，按照供电系统电流制式和频率可划分为交流供电系统的工频接地、直流牵引供电系统的接地和雷电及过电压的冲击接地，按照供电系统电压等级可划分为高压系统的接地、中压系统的接地和低压系统的接地。目前接地的分类多按其作用进行划分。

接地按其作用可分为功能性接地和保护性接地两类。功能性接地主要有工作接地、电磁兼容接地等，主变压器、配电变压器的中性点接地就属于工作接地。功能性接地是为了确保系统正常运行时的可靠性及异常情况下的稳定性而设置的。保护性接地主要有保护接地、防雷接地、内部过电压设备接地等。保护性接地是以人身和设备安全为目的而设置的。

9.1.1 工作接地

工作接地用于处理系统内电源端带电导体的接地问题，可保证供电系统的正常运行，防止系统振荡，保证继电保护的可靠性。例如，工作接地采用直接接地方式，可在系统发生接地故障时产生较大的接地故障电流，使继电保护迅速动作，切除故障回路。

9.1.2 电磁兼容接地

电磁兼容接地用于保证器件、电路、设备或系统在其电磁环境中能够正常工作，且不会对该电磁环境中的任何器件、电路、设备或系统构成不能承受的电磁干扰。

9.1.3 保护接地

保护接地是为防止电气装置的金属外壳、配电装置的构架和线路杆塔等带电危及人身和设备安全而进行的接地。所谓保护接地就是将正常情况下不带电，而在绝缘材料损坏后或其他情况下可能带电的电器金属部分（即与带电部分相绝缘的金属结构部分）用导线与接地体可靠连接起来的一种保护接线方式。接地保护一般用于配电变压器中性点不直接接地（三相三线制）的供电系统中，用以保证当电气设备因绝缘损坏而漏电时产生的对地电压不超过安全

电子课件
接地系统概述

微课
电气安全防护——触电

范围。

9.1.4　防雷接地

防雷接地可为雷电流提供导入大地的通路,防止或减轻建筑物、构筑物、电气设备等遭受雷电流的破坏,并防止人身遭受雷击。防雷接地分为直击雷接地和雷电感应过电压保护装置的接地。直击雷通过防雷装置进行防护,防雷装置由接闪器、防雷引下线和接地极组成,直击雷接地就是将接闪器引导的雷电流经过防雷引下线引至接地极。对雷电感应过电压应设置避雷器保护,避雷器安装在配电装置(如开关柜)内,避雷器一端与相线连接,另一端接地,当雷电感应过电压超过避雷器的放电值时,避雷器被击穿,从而保护电气设备绝缘不被损坏。

9.1.5　内部过电压设备接地

内部过电压设备接地可为系统运行产生的异常电磁能量提供向大地释放的通路,避免设备绝缘破坏。内部过电压保护设备包括避雷器或阻容吸收装置,一端接在相线上,另一端接地,当内部过电压超过避雷器的放电值时,避雷器被击穿,从而保护电气设备绝缘不被损坏。

9.1.6　中性点与接地

中性点有电源中性点和负载中性点之分,只有在三相电源或负载按星形联结时才出现。对电源而言,三相绕组的首端或尾端连接在一起的共同连接点,称为电源中性点。由电源中性点引出的导线称为中性线,常用 N 表示。

三相四线制系统有中性点不接地系统和中性点接地系统两种。当电源中性点与接地装置有良好连接时,其取得大地的零电位,该中性点便称为零点,常用 0(或 N)表示。

在配电系统中,为防止配电网遭受过电压的危害,通常将变压器的中性点、变压器的外壳以及避雷器的接地引下线共同与一个接地装置相连接,称为三点共同接地。当遭受雷击时,避雷器动作后,变压器的外壳上只剩下避雷器的残压,减少了接地体上的那部分电压,可以保障变压器的安全运行。

9.2　交流供电系统接地

城市轨道交通交流供电系统的电压等级一般有 110 kV、35 kV、10 kV 和 0.4 kV 等,其接地内容包括工作接地、电磁兼容接地等功能性接地和电气装置的接地、防雷接地、过电压设备的接地等保护性接地。

系统的工作接地包括中性点、中性线、保护中性线、电流互感器、电压互感器、三工位负荷开关、接地开关等接地;电磁兼容接地就是屏蔽层的接地,针对不同设备,其体现出的用途不唯一,有功能性接地成分,也有保护性接地成分。

电气装置的接地为各种电气装置外露可导电部分与变电所接地母排的电气连接,防雷接地指接闪器通过防雷引下线与大地的连接,过电压设备的接地就是为防止过电压击穿设备绝缘而设置的避雷器的接地。

9.2.1 工作接地

10 kV 及以上电压等级的工作接地方式是指系统中性点的接地方式,它的选择是一个综合性问题,与电压等级、单相接地短路电流、过电压水平、继电保护配置等有关,直接影响系统的绝缘水平、系统供电的可靠性和连续性。因此,应根据供电可靠性要求、电网和线路的结构、过电压与绝缘配合、继电保护技术要求、人身及设备安全、对通信及电子设备的电磁干扰等进行技术及经济分析,综合考虑各种因素后确定工作接地方式。

工作接地方式可分为中性点非直接接地和中性点直接接地两种。其中,中性点非直接接地又包括中性点不接地、中性点经消弧线圈接地和中性点经大电阻接地,由于发生单相对地短路时,接地电流较小,因此称为小电流接地;中性点直接接地或经小电阻接地也称为大电流接地。下面主要介绍中性点不接地、中性点经消弧线圈接地和中性点直接接地三种方式。

1. 中性点不接地

中性点不接地三相系统如图 9-1 所示,输电线路与大地之间存在对地电容,每相与地之间存在电容电流,其大小取决于线路对地电压和对地电容的大小,为了方便分析,假设各相对地电容分别为 C_A、C_B 和 C_C,忽略线间电容。

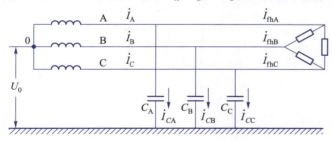

图 9-1 中性点不接地三相系统

（1）中性点不接地系统的正常运行

正常运行时各相对地的电压 $\dot{U}_A$、$\dot{U}_B$、$\dot{U}_C$ 对称,各相线路对地电容 C_A、C_B 和 C_C 相等,所以各相对地的电容电流也相等。各相电流等于负荷电流与对地电容电流之和,以 A 相为例,有

$$\dot{I}_A = \dot{I}_{fhA} + \dot{I}_{CA} \tag{9-1}$$

式中,$\dot{I}_A$ 为 A 相电流;$\dot{I}_{fhA}$ 为 A 相负荷电流;$\dot{I}_{CA}$ 为 A 相对地电容电流。

中性点不接地系统 A 相电流与电压的相量关系如图 9-2 所示。

中性点不接地系统相量图如图 9-3 所示。由于各相对地电容电流的数值相等且相位相差 120°，所以相量和为零，地中没有电容电流通过，中性点对地电位为 $U_0 = 0$，即中性点与地电位一致。此时，中性点接地与否对各相对地电压没有任何影响。

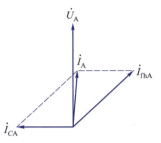
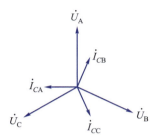

图 9-2　中性点不接地系统 A 相电流与电压相量关系　　图 9-3　中性点不接地系统相量图

（2）中性点不接地系统的单相接地故障

如图 9-4 所示，中性点不接地系统的任何一相（如 C 相）发生接地故障时，接地相的对地电压为零，对地的电容电流也为零，此时中性点电位 $\dot{U}_0 = -\dot{U}_C$，即中性点对地电压上升为相电压的大小。

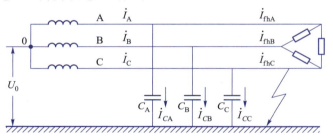

图 9-4　中性点不接地系统单相接地故障

A、B 两相对地电压分别为

$$\dot{U}_{A0} = \dot{U}_A + \dot{U}_0 = \dot{U}_A - \dot{U}_C = \dot{U}_{AC} \qquad (9-2)$$

$$\dot{U}_{B0} = \dot{U}_B + \dot{U}_0 = \dot{U}_B - \dot{U}_C = \dot{U}_{BC} \qquad (9-3)$$

非故障的 A、B 两相的电压上升为线电压的大小，即 A、B 两相的对地电压为原来相电压的 $\sqrt{3}$ 倍，因此非故障相的电容电流 I_{CA} 和 I_{CB} 的有效值也上升为正常运行时电容电流的 $\sqrt{3}$ 倍，如图 9-5 所示。此时故障相的对地电容电流为 $I_{CC} = 3I_{C0}$，即故障相的对地电容电流上升为系统正常

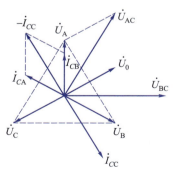

图 9-5　中性点不接地系统单相
接地故障相量图

运行时电容电流的 3 倍。

中性点不接地运行方式具有较高的供电可靠性,当中性点不接地系统出现单相接地故障时,各相电源对中性点电压不变,各相线之间的电压(线电压)不变,所以三相负载仍能继续工作。中性点不接地运行方式出现单相接地故障时,一般允许继续运行 2 h。

中性点不接地运行方式发生单相接地故障时,非故障相的电压上升为线电压的大小,为确保设备的绝缘安全,系统相线对地绝缘应按线电压设计,而中性点绝缘需按相电压设计,因此这种接地运行方式对线路及设备有较高的绝缘要求,不宜用于 110 kV 以上电压等级。

中性点不接地方式在我国被广泛用于 3~66 kV 供电系统,但电容电流不能超过允许值,否则接地电弧不能自行熄灭,引发回路中电感和电容之间产生高频振荡,从而在线路上出现过电压。在某些绝缘薄弱处,可能造成绝缘闪络或击穿,形成两相接地短路,使故障范围扩大。

对于 10~66 kV 电压等级,可以采用中性点不接地方式,但电容电流不能超过允许值,否则接地电弧不易自行熄灭,易产生较高的弧光间歇接地过电压。

当 35 kV、66 kV 系统的接地电容电流不超过 10 A 时,可以采用中性点不接地方式。10 kV 电缆线路构成的系统的接地电容电流不超过 30 A 时,也可以采用中性点不接地方式。当 10 kV 为架空线路时,如使用钢筋混凝土、金属杆塔架设,则电容电流不超过 10 A 时可采用中性点不接地方式;如使用非钢筋混凝土、非金属杆塔架设,则电容电流不超过 20 A 时才可以采用中性点不接地方式。

2. 中性点经消弧线圈接地

中性点不接地三相系统,在发生单相接地故障时虽然可以继续供电一段时间,但在单相接地故障接地电容电流较大,如 35 kV 系统接地电容电流大于 10 A、10 kV 系统接地电容电流大于 30 A 时,则无法继续供电。为了解决此问题,可采用中性点经消弧线圈接地的方式。在城市轨道交通 35 kV 供电系统中采用了中性点经消弧线圈接地的方式,如图 9-6 所示。

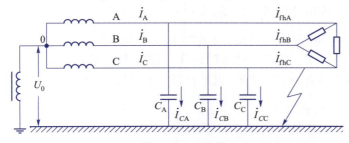

图 9-6 中性点经消弧线圈接地系统单相接地故障

　　消弧线圈是一个具有铁芯的可调电抗器,装设在变压器或发电机的中性点。当发生单相接地故障时,可形成一个与接地电容电流大小相近而方向相反的电感电流,这个滞后电压90°的电感电流与超前电压90°的电容电流相互补偿抵消,最后使流经接地处的电流变得很小或等于零,从而消除接地故障处的电弧以及由此产生的危害。

　　中性点经消弧线圈接地系统中的任何一相(如 C 相)发生接地故障时,中性点电压 $\dot{U}_0 = -\dot{U}_C$,此时在相电压 $\dot{U}_0$ 的作用下,消弧线圈内将产生一个滞后于 $-\dot{U}_C$ 为90°的感性电流 $\dot{I}_L$。当 C 相接地时,A 相和 B 相的电压升高到线电压 $\dot{U}_{AC}$ 和 $\dot{U}_{BC}$,而 A 相和 B 相的对地电容电流 $\dot{I}_{CA}$ 和 $\dot{I}_{CB}$ 分别超前 $\dot{U}_{AC}$ 和 $\dot{U}_{BC}$ 为90°,相量图如图 9-7 所示。从图中可知,$\dot{I}_{CA}$ 和 $\dot{I}_{CB}$ 形成的总电容电流 $\dot{I}_C$ 将超前 $-\dot{U}_C$ 为90°,电感电流 $\dot{I}_L$ 与电容电流 $\dot{I}_C$ 正好相位相反,也流入故障点,从而对单相接地所产生的电容电流实现了补偿,这种补偿使接地电流减小。由于接地电流的减小,电弧将自行熄灭,故障即消失。若所选消弧线圈的电感值正好使电感电流等于电容电流,则接地电容电流将全部被补偿抵消。

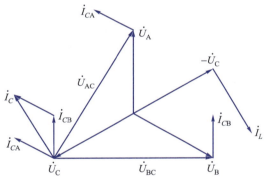

图 9-7　中性点经消弧线圈接地系统单相接地故障相量图

　　当消弧线圈电感值选取合适,使 $\dot{I}_L = \dot{I}_C$ 时,称为全补偿;当消弧线圈电感值较大,使 $\dot{I}_L < \dot{I}_C$ 时,称为欠补偿;当消弧线圈电感值较小,使 $\dot{I}_L > \dot{I}_C$ 时,称为过补偿。为了减少正常工作时中性点的位移,消弧线圈一般工作在过补偿状态,另外消弧线圈的容量有一定的裕度,也不容易发生谐振,产生过电压。

3. 中性点直接接地

　　中性点直接接地系统属于大电流接地系统,如图 9-8 所示。一般通过接地点的电流较大,可能会烧坏电气设备。发生故障后,继电保护会立即动作,使开关跳闸,消除故障。目前我国 110 kV 以上供电系统大都采用中性点直接接地方式。城市轨道交通供变电系统中主变电所的主变压器 110 kV 侧就采用了中性点直接接地方式。

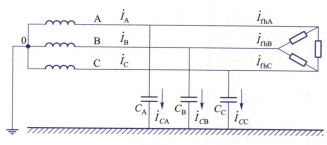

图 9-8　中性点直接接地系统

9.2.2　保护接地

交流设备的保护接地就是处理电气装置或电气设备的外露可导电部分,即金属外壳与地的关系。无论供电系统接地采用什么方式,交流系统电气装置的外露可导电部分均要接地。实施保护接地可以降低预期接触电压,提供接地故障电流回路,为过电压保护装置接地提供条件,实施等电位连接。

对于变电所内的电气设备,接地的做法为外露可导电部分直接通过接地线与接地母排进行电气连接。

交流电气设备的接地范围如下:

① 电缆桥架和金属线槽;

② 交直流电源屏的金属外壳;

③ 电气用各类金属构架、支架;

④ 电力电缆、控制电缆穿线金属管;

⑤ 中压和低压开关设备的金属外壳;

⑥ 电力电缆、控制电缆的金属护套和外铠装等;

⑦ 主变压器、牵引变压器、配电变压器的底座和外壳;

⑧ 交流高压气体绝缘全封闭组合电器(GIS)和箱式变电所的金属箱体。

9.2.3　低压 0.4 kV 接地

在 0.4 kV 三相四线制低压配电系统中,广泛采用中性点直接接地的运行方式,而且引出有中性线(N 线)、保护线(PE 线)或保护中性线(PEN 线)。

通常 220 V 单相回路两根线中的其中一根称为相线(用 L 表示;三根相线时则分别用 L1、L2、L3 表示),另一根称为零线或地线。实际使用中,应对各类接地装置进行定期维护和检查,平时也应根据气候及自然条件的变化等实际情况需要,进行临时性检查及维护。

1.接地形式

低压系统的工作接地可分为中性点直接接地和不接地两种方式。在具体形式上,我国等效采用国际电工委员会(IEC)标准,将工作接地和低压电气设备接地进行组合,形成了 TN、TT、IT 三种接地形式。

① TN、TT、IT 三种接地形式中的第一个字母表示电源端与地的关系。

·T：电源端有一点直接接地，即中性点直接接地。

·I：电源端所有带电部分不接地或有一点通过高阻抗接地，即中性点不接地。

② TN、TT、IT 三种接地形式中的第二个字母表示电气装置外露可导电部分与地的关系。

·T：电气装置外露可导电部分直接接地，此接地点在电气上独立于电源端的接地点。

·N：电气装置外露可导电部分与电源端接地点有直接电气连接。

③ TN、TT、IT 三种接地形式又可进一步细分，如 TN 接地形式又可分为 TN-C、TN-S 等，其中，"-"后的字母表示中性线与保护线的组合情况。

·S：中性线和保护线是分开的。

·C：中性线和保护线是合一的。

2. TN 系统

TN 系统的电源中性点直接接地，电气装置的外露可导电部分通过中性线或保护线连接到此接地点。当电气设备的相线碰壳或设备绝缘损坏而漏电时，实际上就是单相对地短路故障，理想状态下电源侧熔断器会熔断，低压断路器会立即跳闸使故障设备断电，产生危险接触电压的时间较短，比较安全。

根据中性线与保护线是否合并，TN 系统可分为 TN-C 系统、TN-S 系统和TN-C-S 系统。

（1）TN-C 系统

整个 TN-C 系统的中性线和保护线是合一的，如图 9-9 所示。

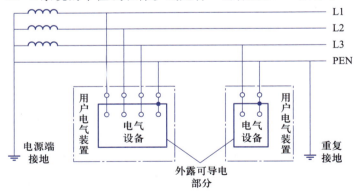

图 9-9　TN-C 系统

该系统中的 N 线与 PE 线全部合为一根 PEN 线。PEN 线中可有电流通过，因此对某些接 PEN 线的设备将产生电磁干扰。

TN-C 系统易于实现，节省了一根导线及相应的保护电器，可降低设备的初期投资费用；发生接地短路故障时，故障电流大，可采用过流保护电器瞬时切断电源,保证人员生命和财产安全。

当线路中有单相负荷,或三相负荷不平衡,及电网中有谐波电流时,由于 PEN 中有电流,电气设备的外壳和线路金属套管间有压降,对敏感性电子设备不利;PEN 线中的电流在有爆炸危险的环境中会引起爆炸;PEN 线断线或相线对地短路时,会呈现相当高的对地故障电压,可能扩大事故范围;TN-C 系统电源处使用漏电保护器时,接地点和工作中性线不得重复接地,否则无法可靠供电。

在我国,TN-C 系统过去在低压配电系统中应用最为普遍,但不适用于对人身安全和抗电磁干扰要求高的场所。

(2) TN-S 系统

整个 TN-S 系统的中性线和保护线是分开的,如图 9-10 所示。

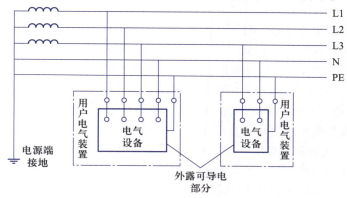

图 9-10 TN-S 系统

该系统中的 N 线与 PE 线全部分开,电气设备的外露可导电部分均接 PE 线。由于 PE 线中无电流通过,因此设备之间不会产生电磁干扰。PE 线断线时,正常情况下不会使断线点后侧接 PE 线的电气设备外露可导电部分带电;但在断线点后侧有电气设备发生一相接壳故障时,将使断线点后侧其他所有接 PE 线的电气设备外露可导电部分带电,而造成人身触电危险。

TN-S 系统在发生单相接地故障时,线路的保护装置应该动作,切除故障线路。该系统现在广泛用于对安全要求较高的场所及对抗电磁干扰要求高的数据处理和精密检测等实验场所,也越来越多地用于住宅供电系统。TN-S 系统相比 TN-C 系统在有色金属消耗量和投资方面有所增加。

(3) TN-C-S 系统

TN-C-S 系统中一部分线路的中性线和保护线是合一的,如图 9-11 所示。

该系统的前一部分采用 TN-C 方式供电,但为考虑供电安全,在二级配电箱出口处,分别引出 PE 线和 N 线,即在系统后一部分,二级配电箱后采用 TN-S 方式供电,因此称为 TN-C-S 系统。

TN-C-S 系统中的 N 线与 PE 线相连通,连通节点后半部分 PE 线上没有电

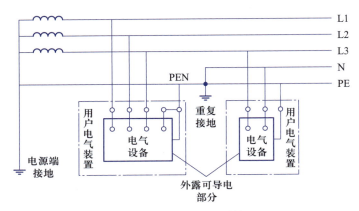

图 9-11　TN-C-S 系统

流,即该段导线上正常运行时不产生电压降;当连通节点的前半部分线路不平衡电流比较大时,在连通节点后半部分 PE 线上电气设备的外壳会有接触电压产生。因此,TN-C-S 系统可以降低电气设备外露可导电部分对地的电压,然而又不能完全消除这个电压,这个电压的大小取决于连通节点前半部分线路的不平衡电流及连通节点前半部分线路的长度。负载越不平衡,连通节点前半部分线路越长,设备外壳对地电压偏移就越大。所以要求负载不平衡电流不能太大,而且在 PE 线上应做重复接地。一旦 PE 线重复接地,便只能在线路末端设立漏电保护器,否则供电可靠性不高。对于 PE 线,除了在二级配电箱处必须和 N 线相接以外,其后各处均不得把 PE 线和 N 线相连。另外,在 PE 线上还不许安装开关和熔断器。

3. TT 系统

　　TT 系统也称保护接地系统,该系统的电源端有一点直接接地,电气设置的外露可导电部分直接接地,此接地点在电气上独立于电源端的接地点,如图 9-12 所示。

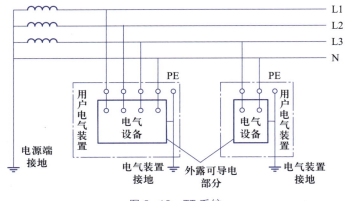

图 9-12　TT 系统

在 TT 系统中负载的所有接地均称为保护接地,这种供电系统具有如下特点:

① 当电气设备的金属外壳带电(相线碰壳或设备绝缘损坏而漏电)时,由于有接地保护,可以大大减少触电的危险性。但是,低压断路器(自动开关)不一定能跳闸,造成漏电设备的外壳对地电压高于安全电压,属于危险电压。

② 当漏电电流比较小时,即使有熔断器也不一定能熔断,所以还需要漏电保护器做保护,因此 TT 系统推广较困难。

③ TT 系统接地装置耗用钢材多,而且难以回收,费工时,费材料。

4. IT 系统

IT 系统电源端的带电部分不接地或有一点通过高阻抗接地,电气设备的外露可导电部分直接接地,如图 9-13 所示。

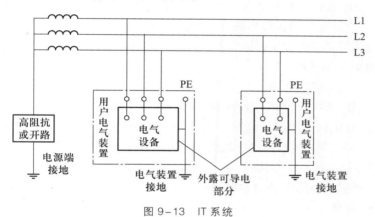

图 9-13　IT 系统

IT 系统在供电距离不是很长时,供电的可靠性高、安全性好,一般用于不允许停电的场所,或者要求严格地连续供电的地方,如电力炼钢、大医院的手术室、地下矿井等处。

地下矿井内供电条件比较差,电缆易受潮。运用 IT 方式的供电系统,即使电源中性点不接地,设备漏电时,单相对地漏电流也很小,不会破坏电源电压的平衡,所以比电源中性点接地系统还安全。

如果供电距离很长,则供电线路对大地的分布电容就不可忽视。当负载发生短路故障或漏电使设备外壳带电时,漏电电流经大地形成回路,保护设备不一定动作,比较危险。只有在供电距离不太长时,该系统才比较安全。

5. 各接地系统特点

(1) TN-C 系统特点

① PEN 线兼有 N 线和 PE 线的作用,节省一根导线。

② 重复接地,减小系统总的接地电阻。

③ PEN 线产生电压降,外露可导电部分对地有电压。

④ PEN 线在系统内传导故障电压。

⑤ 过电流保护兼做接地故障保护。

使用场所:三相负载均衡,并有熟练的维修技术人员的场所。

(2) TN-S 系统特点

① PE 线与 N 线分开,PE 线非故障时不流过电流,外露可导电部分不带电压,比较安全,但多一根导线。

② PE 线在系统内传导故障电压。

使用场所:对防电击要求高的场所,有爆炸和火灾危险的场所,建筑物内装有大量信息技术设备的场所。

(3) TT 系统特点

① 外露可导电部分有独立的接地保护,不传导故障电压。

② 由于电源系统有两个独立接地体,发生接地故障时接地故障电流较小,不能采用过电流保护兼做接地故障保护,而采用剩余电流保护器。

③ 因采用剩余电流保护器保护线路,双电源(双变压器、变压器与柴油发电机组)转换时采用四极开关。

④ 易产生工频过电压。

使用场所:等电位连接有效范围外的户外用电场所,城市公共用电场所,高压中性点经低电阻接地的变电所。

(4) IT 系统特点(不引出中性线)

① 发生第一次接地故障时,接地故障电流仅为非故障相对地的电容电流,其值很小,外露可导电部分对地电压不超过 50 V,不需要立即切断故障回路,保证供电的连续性。

② 发生接地故障时,对地电压升高 $\sqrt{3}$ 倍。

③ 220 V 负载需配降压变压器,或由系统外电源专供。

④ 安装绝缘监察器。

使用场所:供电连续性要求较高的场所,如应急电源、医院手术室等。

城市轨道交通供变电系统在车站低压供配电系统的接地形式上一般采用 TN-S 系统,在车辆段、停车场可采用 TN-C-S 或 TN-S 系统,也可根据工程实际情况,局部采用 TT 系统。

9.3　直流牵引供电系统接地

我国城市轨道交通牵引供电制式有直流 750 V 和直流 1 500 V 两种,直流牵引供电系统设备主要有牵引整流器、直流开关设备、接触网、上网隔离开关设备、钢轨电位限制装置、回流轨等。

9.3.1　系统接地方式

城市轨道交通直流牵引供电系统的负极相当于交流系统的中性点,直流牵引供电的工作接地就是负极对地关系问题。为减小直流杂散电流对金属结构的腐蚀,直流牵引供电的工作接地采用不接地系统,即正常情况下系统设备的所有正极和负极均与地绝缘。这里的"地"包括大地和结构地。

采用走行轨回流,在直流大双边越区供电情况下,走行轨对地电位将高于正常双边供电,有时会超过允许值。另外在运行过程中,走行轨也可能出现不明原因的电位升高。此时为保护乘客及运行人员的安全,可通过钢轨电位限制装置将走行轨与地进行短时电气连接,以钳制走行轨对地电位。

走行轨对地电位超过允许限值时,为避免乘客上下车受到跨步电压的影响,钢轨电位限制装置本应将走行轨与结构地短时连接,但考虑到杂散电流问题,目前的做法是将走行轨与外引接地装置短时连接,该接地装置的电位应与结构地的电位相近。

9.3.2　牵引变电所内直流牵引供电设备的接地

牵引整流器及直流开关设备(包括直流进线柜、直流馈线柜、负母线柜、钢轨电位限制装置)都安装于牵引变电所内,其外露可导电部分即金属外壳不与地直接进行电气连接,而是通过直流框架泄漏保护装置与地形成单点电气连接。

金属外壳与基础槽钢之间设有硬质绝缘板,设备固定采用绝缘安装方法。当系统标称电压为 750 V 时,绝缘电阻一般不小于 50 kΩ;当标称电压为 1 500 V 时,绝缘电阻一般不小于 100 kΩ。各设备金属外壳之间采用电缆实现电气连接,一般在负母线柜接地端子单点通过电缆与直流框架泄漏保护装置连接后,接至变电所接地母排,实现变电所内直流牵引供电设备的单点接地。

9.3.3　区间直流上网开关设备的接地

区间直流上网开关设备包括区间检修线隔离开关设备,其有如下四种接地方式:

① 当上网开关设备设在站台的独立设备房间或牵引变电所内时,纳入直流开关柜的框架泄漏保护中,在发生设备外壳漏电时框架保护联跳直流馈出断路器。上网开关设备的安装要求与牵引变电所内直流牵引供电设备相同,金属外壳与基础槽钢之间设置硬质绝缘板。这种方式需增加接地电缆。

② 采用非金属绝缘外壳,当柜内发生直流漏电时,设备外壳不会带直流异常电位,也没有杂散电流泄漏问题。这种方式使得设备投资较高。

③ 设备外壳与基础槽钢之间设置硬质绝缘板,设备外壳与附近走行轨

电气连接,发生直流漏电时会产生系统正负极短路,直流馈线保护动作并切除故障。这种方式要求设备操作维护只能在直流停电后进行,应用受到限制。

④ 设备金属外壳直接与附近结构钢筋电气连接,相当于交流低压 IT 系统的接地方式。这种方式需要保证并保持正极对外壳的绝缘,使正常泄漏的直流电流不能对结构钢筋产生腐蚀,并需要在正极碰壳发生时能迅速切除故障或进行报警。

9.3.4　车辆段、停车场直流上网开关等设备的接地

城市轨道交通的车辆段、停车场的范围较大,直流上网开关设备与检修设备的数量多、分布广,内部金属管线也较多。直流上网开关等设备的接地问题可通过柜内设置绝缘护板、绝缘电缆支架或采用非金属绝缘外壳等措施解决。

9.4　综合接地系统

综合接地系统是指供电系统和需要接地的其他设备系统的工作接地、保护接地、电磁兼容接地和防雷接地等采用共同的接地装置,并实施等电位连接措施。各类接地可以采用单独的接地线,但接地极和等电位面是共用的,不存在不同接地系统接地导体之间的耦合问题,也避免了采用不同接地导体时产生的电位不同问题。

城市轨道交通工程中的主变电所会同时存在 110 kV 设备的保护接地、35 kV 系统的工作接地和 35 kV 设备的保护接地,在车站降压变电所会同时存在 35 kV 设备的保护接地、400 V 系统的工作接地和 400 V 设备的保护接地,在通信信号等其他设备系统中也需要设置用于设备正常工作以及保护设备和人身安全的工作接地、防雷接地和保护接地。所以,在一个车站内要求接地的设备系统会很多。在接地装置的要求上,可以共用接地装置,也可以分设接地装置。在分设接地装置时,强电和弱电的接地装置有相距 20 m 以上的技术要求,在分开设置不同的接地装置时,若距离不能满足要求,将导致由于接地装置电位不同所带来的不安全因素,不同接地导体之间的耦合影响也难以避免,会引起相互干扰。因此,目前城市轨道交通工程建设中多采用综合接地系统。

综合接地系统一般由共用接地极引出两个接地母排,即一个强电接地母排和一个弱电接地母排,两个接地母排分别用于供电系统和通信信号等弱电系统的各类接地,如图 9-14 所示。综合接地装置的接地电阻值按照接入设备的要求和人身安全防护的要求等方面综合确定,接地电阻值必须不大于接入设备所要求的最小接地电阻值。

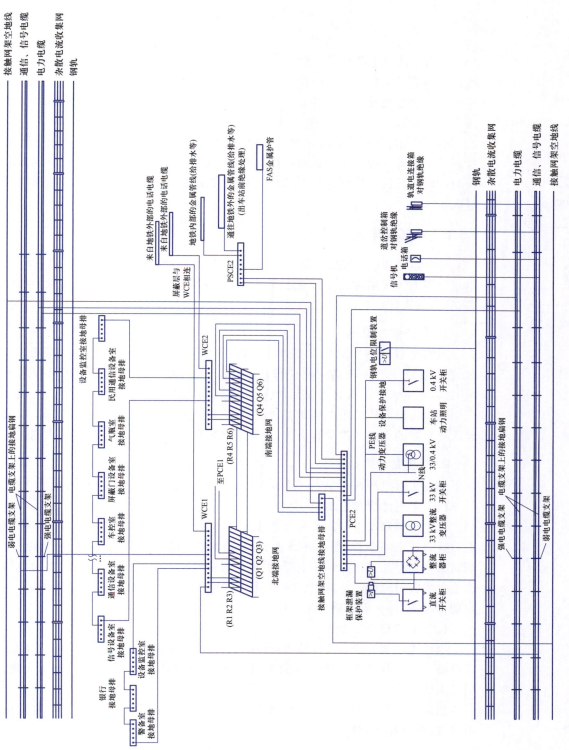

图 9-14　综合接地系统

9.5 过电压与保护措施

电力系统过电压可分为外部过电压和内部过电压。由于电力系统中的设备或建筑物遭受来自大气中的雷击或雷电感应而引起的过电压,称为雷电过电压,也称为外部过电压。雷电冲击波的电压幅值可高达1亿伏,其电流幅值可高达几十万安,因此对电力系统危害极大,必须加以防护。

由于操作、事故或其他原因引起系统的状态发生突然变化,出现从一种稳定状态转变为另一种稳定状态的过渡过程,在这个过程中可能会产生对系统有危险的过电压。这些过电压是系统内电磁能的振荡和积聚引起的,所以称为内部过电压。

9.5.1 外部过电压

外部过电压(雷电过电压)分为直击雷过电压和感应雷过电压。当雷电过电压沿着电力线路传输至其他电气设备时,将以另一种形式作用于这些电气设备,称为侵入雷过电压。

1. 直击雷过电压

当雷电直接击中电气设备、线路或建筑物时,强大的雷电流通过其流入大地,在被击物上产生较高的电位降,称为直击雷过电压。如雷云直接对导线放电,雷云中的大量电荷将聚集到导线上,其数值可高达数百万伏。

直击雷过电压的基本防护措施是将雷电接闪(即利用避雷针、网、线、带及建筑物自身的金属来遭受直击雷,以免建筑物自身遭到损坏)并泄放到大地。

2. 感应雷过电压

感应雷过电压按产生方式不同,可分为静电感应过电压和电磁感应过电压。

(1)静电感应过电压

当电力线路或电气设备附近发生雷云放电时,虽然雷电流没有直接击中该电力线路或电气设备,但在导线上会感应出大量和雷云极性相反的束缚电荷。当雷云对大地上其他目标放电后,雷云中所带电荷迅速消失,导线上的感应电荷就会失去雷云电荷的束缚而成为自由电荷,并以光速向导线两端急速涌去,从而出现过电压,称为静电感应过电压。

(2)电磁感应过电压

由于雷电流有极大的峰值和陡度,在其周围会有强大的变化电磁场,让处在此电磁场中的导体感应出极大的电动势,使有气隙的导体之间放电,产生火花,引发火灾。

感应雷过电压的基本防护措施是将金属体相互连通并接地,形成等电位可消除彼此的电动势差。

3. 侵入雷过电压

侵入雷过电压是由于线路、金属管线等遭受直击雷或感应雷而产生的雷电波沿线路、金属管线等侵入变配电所或建筑物而造成的。据统计,在电力系统中,由于侵入雷过电压而造成的雷害事故约占雷害总数的一半以上。

侵入雷过电压的基本防护措施是在线缆接入建筑物时,将线缆的外皮接地并适时设置浪涌保护器。

9.5.2　外部过电压保护措施

通常将建筑物的防雷装置分为外部防雷装置和内部防雷装置两大类。外部防雷装置主要由接闪器、引下线和接地装置组成,即传统的防雷装置。内部防雷装置主要用来减小建筑物内部的雷电流及其电磁效应,如采用电磁屏蔽、等电位连接和装设浪涌保护器(SPD)等措施,防止雷击电磁脉冲可能造成的危害。

城市轨道交通的外部过电压保护措施即防雷保护措施应重点注意以下几方面:

① 采用接触网馈电的高架区间及地面区间,防雷保护措施应符合《地铁设计规范》(GB 50157—2013)相关标准的要求:"地上区段架空接触网应设置避雷器,其间距不应大于 300 m。在隧道入口和为地上线接触网供电的隔离开关处应设置避雷器。"在地面区段、高架桥区段,架空地线应每隔 200 m 设置火花间隙;架空地线可兼做避雷线。避雷器与火花间隙的工频接地电阻不应大于 10 Ω。高架桥梁应利用桥墩做防雷接地装置。

② 采用接触轨馈电的高架及地面区间牵引电源,除了在牵引变电所的正、负极母线柜和车站端头开关柜内设置专用浪涌保护器外,还建议分别在接触轨和走行轨上按一定的间隔(如 200 m)交错对地安装雷电流放电器件或类似功能的浪涌保护器,增加雷电流就近泄放入地通道,降低轨道与道床之间的电位差,保护轨道对道床的绝缘,降低雷电高电位对轨道旁的信号设备、通信设备的影响。

③ 通信、信号、综合监控、屏蔽门等电子系统设备应综合运用屏蔽、接地、等电位连接、浪涌保护器等防雷保护措施,减小沿电源线路及信号线路进入室内的雷电流,减弱雷电电磁场对设备及线路的感应,均衡各系统、各设备之间的电位差,限制线路出现过电压。

④ 车辆段、停车场、车站出入口、风亭以及冷却塔等地面建筑物或电气设备,严格按《建筑物防雷设计规范》(GB 50057—2010)的要求采取防雷保护措施。

9.5.3　内部过电压

按照过电压产生的原因可将内部过电压分为暂时过电压和操作过电压。

1. 暂时过电压

暂时过电压包括谐振过电压和工频过电压(工频电压升高)。暂时过电压通常是在操作或故障之后形成的振荡频率和电源频率接近或相等时,发生谐振而形成的周期性的过电压。暂时过电压一般持续时间较长,如不采取有效措施,这种过电压的持续时间可达几秒甚至更长。

暂时过电压具有电源或其谐波的频率,且不衰减或弱衰减。由空载线路的电容效应、不对称接地故障以及甩负荷使发电机加速而产生的工频电压升高都是常见的暂时过电压。它们的倍数虽然不高,一般不会对电气设备的绝缘造成危害,但却是决定过电压保护装置工作条件的重要依据。

电力系统在一定条件下可能发生线性或非线性(铁磁)谐振过电压,也属于暂时过电压的一种。这种过电压幅值较高,持续时间较长。其频率可以是基波频率,也可以是高次或分次谐波的频率。

2. 操作过电压

操作过电压即电磁过渡过程中的过电压,通常持续时间在 5 个工频周期(0.1 s)以内。操作过电压是由电力系统中断路器操作和各种故障引起的,这种过电压通常带有衰减振荡的性质。与暂时过电压相比,操作过电压持续时间较短,衰减较快;但与雷电过电压相比,其持续时间则长得多。

常见的操作过电压主要有切除空载线路过电压、切除空载变压器过电压、空载线路合闸过电压和中性点不接地系统中的电弧接地过电压等。操作过电压的幅值和持续时间与电网结构及其参数、断路器性能、系统的接线及运行操作方式等因素有关。

无论是暂时过电压还是操作过电压,它的大小都和系统最大工作相电压有关。操作过电压相对地的电压一般可参考以下方式取值:

① 对于 35~60 kV 系统(非直接接地),取 $4.0U_{XG}$(U_{XG} 为系统最大工作相电压);

② 对于 110~154 kV 系统(非直接接地),取 $3.5U_{XG}$;

③ 对于 110~220 kV 系统(直接接地),取 $3.0U_{XG}$。

9.5.4 内部过电压保护措施

城市轨道交通供变电系统的内部过电压通常采取以下措施进行限制:

① 使用性能优良的避雷器,可限制过电压;

② 改善电网的参数或者运行方式,可避免谐振条件的形成;

③ 在中性点装消弧线圈,可避免因电弧接地而引起的过电压;

④ 保证断路器三相同期动作,不重燃,或在断路器触头处装低值并联电阻,可降低操作过电压;

⑤ 装设并联电抗器补偿线路的电容效应,可限制切合空载线路时的过电压;

⑥ 改善发电机的调速装置,可降低甩负荷引起的过电压。

9.6　接地与过电压保护

电子课件
接地与过电压
保护

雷电过电压保护与变电所设于地面还是地下以及电源线路的引入和引出采用架空还是电缆线路密切相关。由于城市轨道交通工程建设所在地均为大中型城市,城市用电负荷密度较大,110 kV 变电所已深入城区,因此,主变电所高压电源和城轨电源开闭所中压电源的引入、引出多采用电缆方式。

电缆线路使单相接地故障电流较大,因此,也有的城市轨道交通供变电系统采用小电阻接地方式,即主变压器中压侧和配电变压器的中性点为直接接地或小电阻接地,并且与其他需要接地的系统或设备共用接地装置。

当主变电所设于地面时,建筑物和设于室外的变压器需要设置避雷针或避雷带,作为直击雷防护。当主变电所高压引入线采用架空线引入时,可采用等电位连接、安装避雷器和装设浪涌保护器等措施进行感应雷防护。

9.6.1　地下线路变电所

地下线路所设置的牵引变电所和降压变电所一般位于地下,相应的引入线和馈出线也敷设于地下区间或地下车站内,因此不考虑雷电过电压问题,只考虑内部过电压保护措施。

① 变压器低压侧宜采用浪涌保护器保护。

② 为防止走行轨电位超过允许值,应设置钢轨电位限制装置。

③ 若中压母线设置带有开口三角形零序回路的电压互感器,应采用阻尼电阻保护。

④ 在变压器及其保护断路器之间设置避雷器或阻容吸收装置,避雷器以最短路径与综合接地装置相连接。

9.6.2　地面及高架线路变电所

地面及高架线路所设置的牵引变电所和降压变电所一般位于车站内,但因电力线路明敷于地面区间或直埋敷设,因此应考虑雷电过电压的保护措施。

① 变电所由车站建筑统一考虑直击雷的防护。

② 变电所每段中压母线设置避雷器保护。

③ 直流开关柜正极和负极母线均设置避雷器保护。

④ 变电所低压母线设 I 级浪涌保护器实施保护。

⑤ 对于地上区间变电所,需单独采取直击雷防护措施。

⑥ 为防止走行轨电位超过允许值,设置钢轨电位限制装置。

⑦ 在变压器及其保护断路器之间设置避雷器或阻容吸收装置,避雷器以最短路径与综合接地装置相连接。

⑧ 若中压母线设置带有开口三角形零序回路的电压互感器,应采用阻尼电阻保护。

9.6.3 车辆段、停车场变电所

车辆段、停车场的变电所一般是牵引变电所（或混合变电所）独立设置，降压变电所与其他建筑物合建。因此，过电压保护方案与地面及高架线路变电所基本一致。

 复习与思考

1. 简述中性点不接地三相系统正常运行方式和单相接地故障运行方式。

2. 0.4 kV 的 TN 系统主要包括哪几类？各有什么特点及分别适用于什么场合？

3. 区间直流上网开关接地方式有哪些？

4. 外部过电压可分为哪几种形式？各有什么特点？

5. 城市轨道交通的外部过电压保护措施即防雷保护措施应重点注意哪些方面？

6. 按照过电压产生的原因可将内部过电压分为哪几种形式？

7. 城市轨道交通供变电系统的内部过电压通常采取哪些措施进行限制？

第 10 章
电力监控系统

10.1 电力监控系统概述

城市轨道交通供变电系统中的电力监控与数据采集(power supervisory control and data acquisition)系统又称远动系统或简称 PSCADA 系统。PSCADA 系统经历了从人工监控到电力监控分立系统再到综合监控系统(ISCS)的电力监控子系统三个发展阶段。PSCADA 系统在控制中心设有电力调度系统(主站监控系统),在主变电所、开闭所、牵引降压混合变电所、降压变电所和跟随式降压变电所设有变电所综合自动化系统(子站系统),其网络结构如图 10-1 所示。

主站监控系统与子站系统通过数据通道实现控制中心对供变电系统运行状态的实时监控和数据采集。利用遥信、遥测、遥控和遥调功能实现供变电系统运行状态的监控,及时掌握和处理供变电系统的各种事故报警信息,还可以利用该系统的后台工作站对系统进行数据归档和统计报表,实现供变电系统设备的自动化调度管理,确保供变电系统的安全可靠和经济运行。

城市轨道交通全线配置一套 PSCADA 系统,电力调度系统(主站监控系统)采用分布式计算机局域网络结构和客户机/服务器模式,重要网络设备冗余配置。变电所综合自动化系统(子站系统)设在各类变电所中,采用集中管理、分散控制模式。另外,在主变电所内设置集中监控台设备,为值班员提供管理界面。

各类变电所的控制信号屏配置有人机接口工作站,为运行人员提供监控图形界面,同时留有与外界便携式计算机的接口,用于对变电所综合自动化系统的调试、维护及所内监控。

在车辆段或停车场供电车间内和各供电区段值守点(考虑无人值守工作方式)设置供电复示系统(维修调度管理系统),通过与控制中心电力监控与数据采集系统联网,完成对全线供电系统设备的维修和调度管理。

微课
电力监控系统——系统构成与性能指标

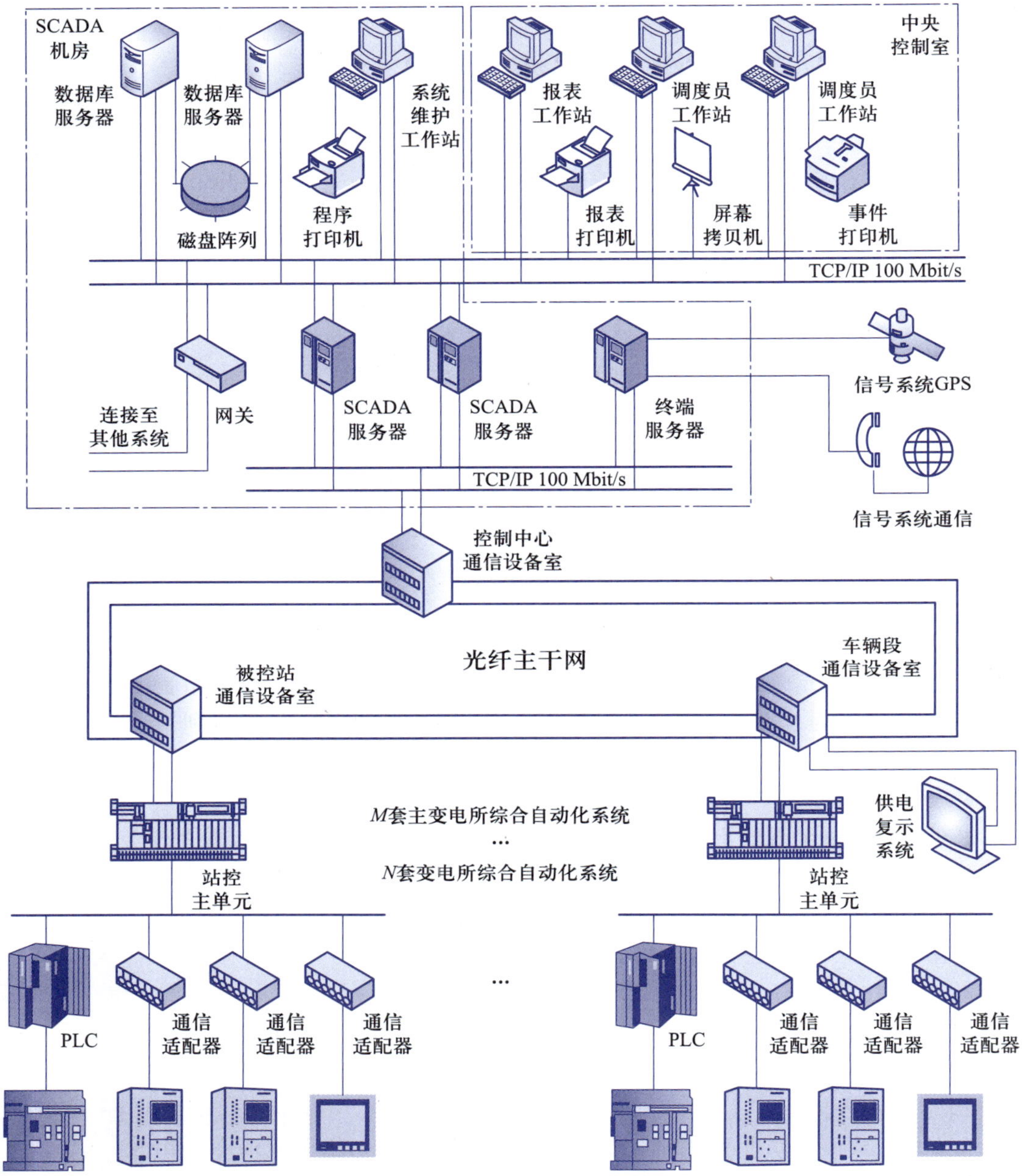

图 10-1　城市轨道交通 PSCADA 系统网络结构

10.2　控制中心电力调度系统（主站监控系统）

10.2.1　控制中心电力调度系统结构组成

电子课件
控制中心电力
调度系统（主
站监控系统）

控制中心电力调度系统主要由系统局域网络设备（中心机房网络交换机、调度大厅接入交换机、防火墙）、服务器（系统服务器、前置服务器）、工作站（调度员工作站、系统维护工作站、数据文档工作站、综合信息工作站、视频监视工作站等）、打印机及其他网络连接附件、UPS电源等设备组成。下面将对其中的重要组成部分进行介绍。

1. 系统局域网络

控制中心电力调度系统的局域网络采用双冗余网络配置，如图10-2所示。设置两套并列运行的以太网交换机，正常工作时两套交换机可以按主备方式运行，也可以双网同时工作，当有一路网络发生故障时，系统发出报警信息，在一定时间内由非故障网络承担全部的数据传输，保证系统的持续运行。

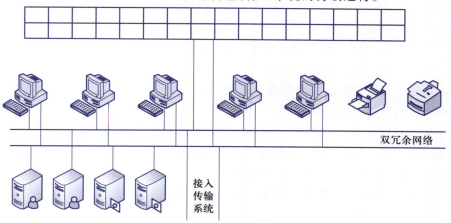

图 10-2　控制中心电力调度系统局域网络双冗余网络配置

网络系统根据不同功能要求进行网段划分，以保证系统网络的传输效率、安全性和可靠性，并采用 TCP/IP 通信协议和开环总线型结构。网络传输媒介采用高品质的超 6 类双绞线或光纤，通信速率不小于 100 Mbit/s。系统网络应具有良好的扩展性，增加网络节点时不会影响网络性能。

2. 服务器

控制中心设置双冗余高端系统服务器作为全线信息中心，可将全线各车站和车辆段的必要信息汇集到实时数据库中，支持各工作站的监管功能和全线 PSCADA 功能。

系统服务器的数量可以根据工程投资条件及可靠性要求选择单台或双台。

如果采用双台服务器,则双台服务器形成双机热备用。当一套服务器故障时,系统自动切换到另一套服务器上,故障信息在打印机上打印,并在另一台服务器系统故障画面上显示故障信息。系统服务器具有数据流控制及管理功能,两台服务器内存储的数据进行定时校对,以保证系统数据的一致性。

根据工程对历史数据的存储要求及工程投资条件,控制中心可以由系统服务器兼做历史服务器,也可以配置专用的历史服务器,用于历史数据存储。

前置服务器可以实现与变电所综合自动化系统的远方通信,完成数据的发送、接收以及数据的预处理。两套功能完全相同的前置服务器用于系统的网络管理和数据处理,并为所有客户机提供实时数据库的访问服务。前置服务器集中管理整个网络的用户账号(ID)、口令和用户权限,实时性地更新和处理系统的实时数据库。

两套前置服务器采用双机热备用、自动切换,确保整个系统的安全可靠。当主用的前置服务器产生故障时,系统可自行转换到备用的前置服务器,信息记录自行保存在系统警报表中。前置服务器的接入容量应满足现场被控站接入的需要,并留有一定裕量,保证有处理不少于 10 万点监控数据的能力。

3. 工作站

(1)调度员工作站

控制中心可设置两套调度员工作站,两套调度员工作站完全等价、并行工作,两者同时监视各种信息,但每次仅允许一台调度员工作站发出控制命令。调度员工作站可对调度员的控制操作和供电系统进行实时监视,对所管辖范围内的供电系统进行调度管理。

根据用户要求及工程投资条件,还可设置模拟培训工作站、网管工作站等,以实现对操作人员的模拟培训,并对全线网络进行管理,做到性能管理、配置管理和故障管理。此外,调度员工作站同时还具有兼顾运营管理的功能,可完成调度文档管理、统计报表生成制作等功能。

(2)系统维护工作站

控制中心应配置系统维护工作站,负责全线系统设备的组态、维护和管理。系统维护工作站可以在线定义系统运行参数、定义系统数据库及编辑、修改、增扩人机界面等工作。系统维护工作站同时还具有网络管理功能,可对全线网络设备进行设置和管理。当调度员工作站故障时,通过系统设置,系统维护工作站可临时替代调度员工作站使用。

(3)数据文档工作站

数据文档工作站主要利用各种实时数据和报表组态工具对数据进行选择、组合、累积、统计等加工处理,生成各种报表。

4. 打印机、防火墙及中心 UPS 电源

按照电力调度和系统维护需求,控制中心应配置两套具有网络功能的打印机,用于事件打印、报表/画面打印、程序打印。打印机接入系统双网,以实现两

套打印机的网络共享。

防火墙设备采用机架式结构,安装于前置服务器柜内,支持硬件防病毒和流量监控功能。

控制中心电力调度系统用电为一级负荷,采用双电源双回路供电。为了保证系统供电的安全性,系统配置 UPS 电源装置。UPS 电源的供电时间根据不同工程情况决定。

10.2.2　控制中心电力调度系统功能

1. 遥控功能

遥控操作方式有多种,无论哪一种,对同一个被控对象,在同一时刻只允许一台调度员工作站对其具有控制权。

控制命令分为有校核控制和无校核控制。有校核控制过程包括选择、返校和执行。无校核控制主要包括信号复归、保护复归,控制方式为单步操作,选择命令送出后不经校核直接执行。

控制中心电力调度系统主要包括如下控制功能:

① 单独控制功能,即实现对单个对象的遥控操作;

② 程序控制功能,即对所控对象按预先设定的由若干单控操作步骤组合而成的控制程序进行遥控操作;

③ 应急状态控制功能,即当现场发生紧急情况时,通过调用该控制功能进行紧急断电;

④ 定时操作功能,即在某些规定停送电时间点自动启动该控制功能,经调度员确认后,自动执行;

⑤ 遥控试验功能,即在每个变电所主接线画面上设置遥控试验对象,在子站内设置模拟开关,对此模拟开关进行状态控制,用以检查实现遥控过程的各环节设备是否正常;

⑥ 远程数据设置功能,即系统能对各变电所内微机保护装置中的保护定值和组别进行远程设定和调整。

2. 遥信功能

遥信功能是指控制中心电力调度系统接收来自各子站内的各种遥信信号,在控制站进行显示和记录。

遥信信号是指设备本体具有节点或下位机监控单元能够输出,并且在控制中心主服务器数据库分配了地址的信号。

控制中心电力调度系统的遥信显示功能如下:

① 正常运行状态的遥信显示功能,即各子站设施的运行状态和信息可实时传到控制中心内主服务器的实时数据库内,通过遥信处理模块对上传信息进行处理,并在人机接口设备上进行显示(合闸为红色,分闸为绿色);

② 异常运行状态的遥信显示功能,即当供电系统运行出现异常情况时,利

微课
电力监控系统——系统功能

用"异样报告"的原理,把异常信息迅速传到控制中心显示和打印,与故障有关的调度画面自动跳出,有多处故障时,调度画面按事件的时间顺序跳出,同时启动音响报警;

③ 报警种类,系统的所有报警将根据报警类别在报警表上区别显示,系统信息类别不少于5级,打印机及显示器上可以通过不同打印颜色及显示方式进行区别;

④ 音响报警,系统报警音响分为轻、重两种故障报警音响,两种音响应有明显区别,音量应可调。

3. 遥测功能

遥测内容主要包括:实时采集和显示各子站的电压、电流、有功功率、无功功率、有功电度、无功电度和趋势图;各子站当日最大电流、最高/最低电压及其出现时间;各子站过负荷及其发生时间和持续时间;蓄电池电压和变压器温度等。系统对遥测参数需考虑足够的容量,以用于对测量值的显示和存档。当遥测量出现越限时,应在调度画面上的报警栏中提示,提醒操作员注意遥测量的变化情况。

控制中心电力调度系统的遥测显示处理内容如下:

① 模拟量数据处理;
② 电度量直方图;
③ 以日报/月报方式进行显示和存档;
④ 电流、电压及功率等曲线图;
⑤ 设置专用图表画面来显示遥测参数;
⑥ 脉冲量数据处理传送数值定义至数据库地址;
⑦ 统计表格图显示电度量、最高/最低电压、最大电流统计参数;
⑧ 电流/电压越限时间、复限时间及持续时间的记录表等;
⑨ 在调度画面显示子站主接线图上实时显示电流、电压等测量值。

4. 遥调功能

控制中心电力调度系统的遥调功能主要是指对主变电所主变压器的有载调压开关进行调节,并在调度画面上进行显示。

5. 事件顺序记录及事故追忆功能

控制中心电力调度系统具有将事件信息按顺序记录的功能,事件信息应带有时标,每条信息应有发生的时间、描述、动作状态等参数,事件分辨率小于2 ms。系统还具有事故追忆功能,事故追忆不仅包含模拟量数值,还应有事故追忆阶段相关开关量的变化内容。事故追忆功能可追忆到事故前1 min到事故后2 min的所有模拟量值,系统能同时存储10个以上的事故追忆报告,事故追忆的触发可以是开关的事故跳闸或人工触发。

6. 报表及统计功能

控制中心电力调度系统能记录、统计和显示各种数据报表,主要报表如下:

① 定期报表,用表格的形式按每天、每月、每季、每年显示有功电度量和无功电度量统计值及依此计算出的功率因数,显示模拟量极值及出现的时间(报表可进行手动修改);

② 越/复限统计报表,用表格的形式显示出各模拟量越/复限出现的起始时间、结束时间及峰/谷值;

③ 事件记录,对所有发生的事件进行记录,包括事件发生的时间、对象、内容、结果等信息;

④ 操作记录,对操作员所进行的操作时间、对象、内容、结果等信息进行记录;

⑤ 报警记录,事件发生后,画面显示事件发生的时间、地点、内容和类别等,以便操作员对事件进行处理。

事件记录、操作记录、报警记录可分别按时间、站名、对象、类别进行检索。记录方式应包括实时打印、定时打印、自动以电子文件保存等。

7. 汉字功能

控制中心电力调度系统的用户界面可在 UNIX 操作系统下完成操作,所有用户画面和打印信息,包括各种设备的运行状态信息、故障信息、操作提示信息等,均具有汉字显示和打印功能。支持的汉字应包含《信息交换用汉字编码字符集　基本集》(GB 2312—1980)中规定的所有一级汉字。

8. 模拟显示功能

控制中心电力调度系统统一配置大屏幕投影系统,提供对本系统宏观整体运行状况的显示,并可动态显示变电所开关位置及接触网带电状态,用于对供电系统的宏观指挥和调度监视。

9. 画面显示功能

控制中心电力调度系统采用全图形、多窗口化显示风格,可同时监视多幅画面。用户画面窗口必须具有平滑缩放功能,缩放时画面上的各设备动态符号相对位置保持不变,且应是全图形的。系统单线图的动态显示应是智能化的,除原始信息从变电所获取外,其他所有动态显示的逻辑判断功能均应是自动实现的。系统提供丰富的用户画面,配置各种图表显示方式,画面的背景色应有多种颜色可供用户选择。

画面显示功能的主要用户画面种类和要求如下:

① 线路示意图应以地理图方式显示线路走向及车站设置;

② 供电系统示意图应动态显示供电环网及各开关柜设备运行状态;

③ 供电设施分布示意图应表明全线各种变电所的位置分布;

④ PSCADA 系统监视图包括调度设备、子站设备和通道等在内的整个电力监控与数据采集系统配置情况及各设备运行状态等信息;

⑤ 变电所综合自动化构成示意图包括控制信号屏、间隔单元、所内监控网络等配置情况及各种模块运行状态等信息;

⑥ 各变电所主接线和接触网线路图应动态显示各变电所的主接线、接触网线路(包括隔离开关和地理位置)和设备的运行状态及系统运行参数;

⑦ 在主接线图中用鼠标选择程控操作菜单后,将显示该站的程控项目窗口;

⑧ 遥测曲线画面应显示各遥测量(包括电流、电压、有功功率、无功功率等)的趋势曲线;

⑨ 电度量直方图应显示有功电度量和无功电度量;

⑩ 统计报表应显示各种报表。

10. 口令系统功能

控制中心电力调度系统对各等级的运行管理人员进行口令级别设置,确定管理人员的管理范围。调度管理人员在岗位交接班时用口令替换形式完成,口令级别可分为操作员级、数据库与应用软件管理级和系统软件维护管理级,每一种级别设置不同的用户名及口令,以保证责任明确。

11. 数据库管理功能

控制中心电力调度系统应设置实时数据库及历史数据库管理系统,用于对在线运行数据及历史数据的管理。数据库结构应包括当前数据,用作报表及趋势的历史数据,以及系统运行参数。数据库的生成采用全汉化、全图形交互方式完成,增加或删除子站数据点时无须修改现存软件。

12. 系统维护、修改和扩展服务功能

控制中心电力调度系统提供对各种用户画面和数据库进行在线修改、编辑和定义的功能,包括数据库生成、报表生成、画面生成,控制监视测量点参数的修改、增加和删除,调度任务的生成和修改等。用户可根据需要增加硬件(如工作站节点、打印机等)和一些其他功能等。

13. 系统自检功能

控制中心电力调度系统具有容错能力,有在线自检功能。主服务器、调度员工作站、维护工作站、网络管理工作站、Web服务器启动时,均先进行自检,若自检出错,在对应的显示器上给予提示。系统对各种重要命令和操作设置超时监视。当出现多重选择时,自动取消选择,并提示"多重选择"。系统具有计次重置功能,当传输失败时,应至少重发三次才确认为硬故障。系统复电或从严重故障中恢复时能自动启动。系统可实现对通道的监视和低电平告警,在主用通道发生故障时可自动投入备用通道,并具有手动切换的功能。

14. 运算法则计算功能

控制中心电力调度系统可根据常用计算公式实现常规的运算。

15. 模拟培训功能

控制中心电力调度系统应提供模拟培训功能,可对操作员、运行维护人员进

行上岗前的模拟操作培训。

16. 系统时钟同步功能

控制中心电力调度系统连接全线统一配置的 GPS 时钟系统,主控站与子站具有时钟软同步功能。

10.3 供电复示系统

电子课件
供电复示系统

供电复示系统一般设置在车辆段或停车场供电车间内和各供电区段值守点。为满足运营统一管理的需要,在主变电所也可以增设供电复示系统,便于运营维护人员灵活监视全线变电所设备、接触网设备的运行情况以及全线杂散电流的监测信息,使供电维护人员及时了解现场事故信息,提高处理事故的工作效率,缩短停电时间。供电复示系统还可与控制中心实现远程通信,完成维修调度作业计划的发送和接收,为检修人员提供第一手信息资料。供电复示系统只有全线供电系统设备的监视权限,不具有对这些设备的控制权限。

10.3.1 供电复示系统结构组成

供电复示系统主要由复示工作站、设备管理工作站、交换机、打印机、UPS 电源等设备组成。复示工作站配置等同于控制中心系统维护工作站,用于电力监控系统的复示;设备管理工作站等同于控制中心数据文档工作站,用于设备管理和杂散电流监测系统的监视;交换机用于供电复示系统的组网和远程通信,并配置光电转换装置用于连接到远程通信通道;打印机用于打印各类数据报表和设备信息;UPS 作为不间断电源采用在线工作方式,为供电复示系统提供不少于 15 min 的备用电源。

10.3.2 供电复示系统功能

供电复示系统除了没有被授予控制权限,其他功能与调度员工作站基本相同,具体如下:

1. 设备信息管理功能

所有设备以图形的方式直观地显示在所属变电所的接线图画面上,该设备的管理信息都能方便地录入、修改、查询、统计和打印。管理信息中包括设备数据库信息、设备制造厂家信息、生产日期、保修期、额定电压、额定电流等用户需要了解的信息。

2. 运行记录功能

供电复示系统能够对设备各种运行情况进行记录,如操作记录、缺陷记录、事故异常记录、巡视记录、修试记录、开关跳闸记录等。

① 操作记录,主要包括操作日期、操作人、操作内容。不同的用户登录设有不同的权限,普通用户只有添加权限,管理用户具有添加、删除、修改等各项

权限。

② 缺陷记录,主要包括缺陷记录日期、缺陷内容、缺陷编号、缺陷类别、发现人、报告时间、接受报告人、消除时间、工作负责人、验收人等。缺陷编号由系统生成,根据管理制度将缺陷分为Ⅰ、Ⅱ、Ⅲ类;消除时间、工作负责人、验收人的内容可以在登录修试记录时自动生成。缺陷内容的登记需尽可能使用运行规程中的专用术语和名称。

③ 事故异常记录,主要包括异常记录日期和时间、事件内容、现象与症状、保护及自动装置动作情况、调度员和值班员的处理情况等。

④ 巡视记录,主要包括巡视日期、巡视类别、巡视内容、发现问题与结论、巡视人等信息。

⑤ 修试记录,主要包括修试日期、工作票号、修试性质、设备名、所属单元、工作负责人、修试内容、存在问题与结论、验收意见、验收人、技术负责人等。

⑥ 开关跳闸记录,主要包括开关跳闸时间、开关编号、跳闸原因、跳闸次数、累计跳闸次数、重合闸动作情况和记录人等。

3. 预防性维修提示功能

供电复示系统允许具有相应权限的用户设置维修提示。提示条件可以由用户自行定义,比如运行时间和开关动作次数。当系统发现设备当前的累计运行时间超过了设定的安全运行时间或者开关动作次数超过了设定的开关动作次数时,就会产生一条设备维修报警,提醒维修人员应该对该设备进行设备维修或更换。

4. 工作票管理功能

供电复示系统具有开票(维修工程师)、审核与签发(维修调度)、状态跟踪(工作票的实时状态:计划、签发、开工许可、完工、延期、废票)、作废、打印、统计、查询(合格率统计)功能。工作票一旦完结,仅能进行查询和统计,任何人不可以修改。

供电复示系统应该提供工作票模板,维修工程师通过编辑修改操作票模板以生成新的工作票,同类工作票通过不同的工作票号加以区分。工作票可以按设备对象进行存储和管理。查询条件可以是设备对象、设备所处车站、设备检修时间等。

电子课件
通信通道与通
信设备

10.4　通信通道与通信设备

10.4.1　控制中心与各被控站之间的通信通道

控制中心与被控站之间由通信系统提供两路 100 Mbit/s 以太网双通信通道,在各站点通信设备室内提供两个标准的独立网络端口,接口形式为 10/100 Mbit/s 自适应以太网 RJ45 接口。通信设备室到变电所采用光纤通信。如果控制中心通信设备室至电力监控系统机房的距离超过 100 m，也需要采用光纤通信。

主变电所就近车站内的变电所设置两套通道扩展交换机，用于远程通道的扩展。主变电所综合自动化系统先接到这两套通道扩展交换机上，再接入通信以太网通道。

10.4.2 控制中心与供电复示系统之间的通道

控制中心与车辆段或停车场供电复示系统由通信系统提供两路 10 Mbit/s 专用以太网通信通道，两端各提供标准的独立网络端口，接口形式为 10/100 Mbit/s 自适应以太网 RJ45 接口。停车场通信设备室至供电车间采用光纤通信，由停车场综合布线专业提供综合楼与信号楼之间的光纤资源，并提供电力监控光电转换设备电源及安装位置，电力监控系统负责连接，接口设置在综合布线间的光纤配线架上。

10.5 变电所综合自动化系统（子站系统）

10.5.1 变电所综合自动化系统结构组成

变电所综合自动化系统（子站系统）采用分层分布式结构，分为站级管理层、网络通信层和间隔设备层，如图 10-3 所示。

站级管理层主要包括站控主单元、通用测控单元、一体化监控计算机等；网络通信层包括所内监控网络和交换机设备；间隔设备层包括分散安装于开关柜内的微机保护测控单元、信息采集单元、智能测控单元等设备。间隔设备层通过所内网络通信层与站级管理层进行数据交换。

1. 站级管理层

站级管理层的设备安装在专用机柜（控制信号屏）内，控制信号屏安装在变电所控制室中，机柜内安装有站控主单元、通用测控单元等设备，并预留供便携式维护计算机及打印机操作的可拉出活动支架的位置。控制信号屏上还装设相关控制信号继电器、试验继电器（用于与控制中心的通道测试），配置轨电位变送器、报警信号灯等。

（1）站控主单元

站控主单元为变电所综合自动化系统的信息中心，用于实现各类基础设备与监控工作站、综合监控系统之间的通信传输，接收电力调度中心或变电所控制室的指令，向间隔设备层的设备发布指令，收集并处理从间隔设备层采集到的各类信息。站控主单元应采用处理能力强、可靠性高、实时响应速度快的工业级通信控制器，并具有看门狗、自诊断、自恢复功能，输入/输出接口可扩充。

电子课件
变电所综合自动化系统（子站系统）

微课
电力监控系统——变电所综合自动化系统

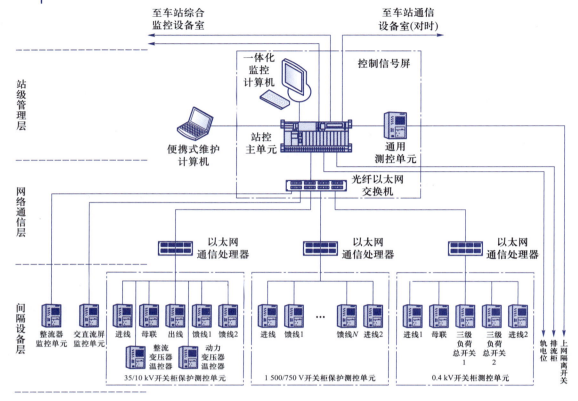

图 10-3 变电所综合自动化系统结构

（2）通用测控单元

通用测控单元用于对硬接线的 I/O 数据进行采集，具有完备的直流测量、开关量采集、控制等功能。

（3）一体化监控计算机

控制信号屏前面板配置工业级一体化工作站、键盘等设备，通过菜单检索及数据输入、浏览阅读等操作功能键可调看所有数据内容，包括测量值、各种事件信息、自检信息等；以汉字显示方式实现人机对话，完成各项所内集中监控功能。

2. 网络通信层

（1）所内监控网络

所内监控网络由所内通信网络及网络接口设备组成，采用光纤以太网、单网结构，网络拓扑结构采用星形联结，单节点的故障不影响网上其他节点，易于故障的查找与隔离。

（2）交换机

控制信号屏内配置工业级光纤以太网交换机一台，用于建立免受电磁干扰的宽带交换式所内通信网络。光纤以太网交换机具有充足的光交换端口，并支持光口和电口的任意混配，用于连接不同设备群上的所内通信网络接口，可满足变电所综合自动化系统测量、控制、保护的通信技术要求。

3. 间隔设备层

牵引降压混合变电所与降压变电所的间隔设备层内容如下：

（1）牵引降压混合变电所的间隔设备层

牵引降压混合变电所的间隔设备层包括：35/10 kV 各开关柜综合保护测控单元；35/10 kV 进出线开关柜线路光纤纵差保护单元；35/10 kV 整流变压器开关柜的计量表计；负极柜保护测控单元；1 500/750 V 直流进线柜保护测控单元；1 500/750 V 直流馈线开关柜保护测控单元；接触网电动隔离开关控制单元；0.4 kV 开关柜测控单元及 PLC；整流变压器温控器；整流器控制器；动力变压器温控器；交直流屏智能监控单元；单向导通装置、排流柜、轨电位、故障总信号的测控装置；有源滤波装置与智能监控单元。

（2）降压变电所的间隔设备层

降压变电所的间隔设备层包括：35/10 kV 各开关柜综合保护测控单元；35/10 kV 进出线开关柜线路光纤纵差保护单元；0.4 kV 开关柜测控单元及 PLC；动力变压器温控器；交直流屏智能监控单元；单向导通装置、排流柜、轨电位、故障总信号的监控单元；有源滤波装置与智能监控单元。

4. 变电所综合自动化系统通信接口与通信协议

城市轨道交通变电所内涉及的电气设备种类较多，而且每一种设备的接口类型和通信协议都不止一种。表 10-1 中列出了目前国内地铁变电所综合自动化系统底层实际采用的通信协议和接口。

表 10-1　国内地铁变电所综合自动化系统底层实际采用的通信协议及接口

设备类型	通信协议	通信接口	工程名称
直流 1 500/750V 保护测控装置	MODBUS	RS485	广州地铁 4 号线，重庆轻轨较新线，南京地铁 1、2 号线
	PROFIBUS-DP	RS485	广州地铁 2、3、5 号线，北京地铁 4、5、10 号线
		以太网	上海轨道交通 4、8、9、10 号线，广州地铁 8 号线
	MODBUS-TCP	以太网	西安地铁 1、2 号线，哈尔滨地铁 1 号线
交流 35/10 kV 保护测控装置	DNP 3.0	RS485	南京地铁 1、2 号线
	IEC 60870-5-103	RS485	广州地铁 2、3、4 号线，武汉轻轨，重庆轻轨较新线，北京地铁 5 号线，西安地铁 2 号线
	IEC 60870-5-104	以太网	上海轨道交通 4、10 号线
	MODBUS-TCP	以太网	西安地铁 1 号线

设备类型	通信协议	通信接口	工程名称
400 V 测控装置	MODBUS	RS485	广州地铁 2、3、4 号线,南京地铁 1、2 号线,北京地铁 4、5 号线,重庆轻轨较新线,西安地铁 1、2 号线
		以太网	上海轨道交通 4、8、9、10 号线
直流屏	厂家自定义	RS485	广州地铁 2、3、4 号线,北京地铁 4、5 号线
	MODBUS	RS485	哈尔滨地铁 1 号线,西安地铁 1、2 号线
	部颁 CDT	RS485	南京地铁 1、2 号线,重庆轻轨较新线
电度表	厂家自定义	RS485	广州地铁 2、4 号线,北京地铁 4、5 号线
与主控或综合监控系统接口	IEC 60870-5-101	RS422	广州地铁 2 号线,南京地铁南北线
	IEC 60870-5-104	以太网	西安地铁 1、2 号线,广州地铁 3、4 号线,重庆轻轨较新线,上海轨道交通 4 号线
	DNP 3.0	以太网	北京地铁 5 号线,上海轨道交通 10 号线
温控器	MODBUS	RS485	广州地铁 2、4 号线,南京地铁 1、2 号线,北京地铁 4、5 号线,西安地铁 1、2 号线,哈尔滨地铁 1 号线
再生制动	厂家自定义	RS485	重庆轻轨较新线,北京地铁 5 号线

　　由表 10-1 可以看出,国内地铁变电所综合自动化系统采用的通信接口多种多样,采用的通信协议也难以统一。目前主要采用的通信接口和协议为:在交流保护接口通信方面,采用 RS485 或以太网接口,采用 IEC 60870-5-103 或 MODBUS-TCP 协议;在直流保护接口通信方面,采用以太网接口,以 MODBUS-TCP 协议为主;其他设备接口通信方面,基本以串行 MODBUS 为主。

　　完成供电设备间接口转换和协议转换,是目前城市轨道交通变电所综合自动化系统设计、施工及运营管理中需要解决的主要问题。

10.5.2　变电所综合自动化系统功能

变电所综合自动化系统可由系统软件实现变电所内各种设备的控制、监视、联动、闭锁和电流、电压、功率、电度测量以及实现变电所自动装置的功能。综合自动化系统应尽量少用或不用实物继电器、时间继电器、中间继电器以及逻辑判断计算等功能。

1. 变电所综合自动化系统的分层监控

变电所设"就地"和"远方"两种控制方式,由全所综合自动化系统对变电所内所有设备进行控制监视。变电所的设备可采用三级控制方式,即开关柜的柜面控制、变电所控制信号屏控制和 PSCADA 系统电力调度中心控制。

变电所内的智能化控制保护单元、智能电力监测装置(IED)可采集与本体设备有关的信息和故障信号在就地显示,再通过变电所内网络传送到站控主单元在控制信号屏显示,并通过控制信号屏上传到 PSCADA 主站监控系统。信号系统设预告、事故信号,通过音响及灯光实现声光指示,声光信号在变电所无人时可以撤除。

2. 控制信号屏内站控主单元功能

控制信号屏内站控主单元具有如下功能:

① 站控主单元具有相互隔离、各自独立的以太网接口,分别连接 PSCADA 系统以太网通道和所内光纤以太通信网络,可管理变电所所内网络,并监视各开关柜内监控单元的运行状态。

② 站控主单元与 PSCADA 系统进行通信,向 PSCADA 系统控制中心主机或当地维护计算机传输变电所操作、事故、预告等信息,接收 PSCADA 系统控制中心主机或当地维护计算机下发的控制命令。

③ 站控主单元可实现与变电所内各开关柜内微机综合保护测控单元、1 500 V 直流保护测控单元、交直流屏及其他智能电力监测装置的数字通信。

④ 站控主单元可直接监视控制不宜装设微机综合保护测控单元的开关设备,如接触网上网电动隔离开关、钢轨电位限制装置等。

⑤ 站控主单元为控制信号屏上的液晶显示器提供显示信息。

⑥ 站控主单元可对模拟开关进行状态控制,以检查遥控过程的各环节设备是否正常,实现遥控试验功能。

3. 液晶显示器及事故、预告音响功能

液晶显示器装设在控制信号屏上,采用数字通信方式与站控主单元通信,显示变电所内所有故障预告信号和各监控单元的运行状态。变电所内任何事故、预告信号均发音响信号,事故、预告采用不同频率的音响。音响为自动复归方式,报警时间可调整,并设置音响"投入"和"解除"转换开关。

4. 网络通信功能

网络通信速率为 10/100 Mbit/s(自适应),底层通信协议为 TCP/IP,应用层

通信协议在设计联络时确定,一般采用国际通用标准,可通过通信规约收集事件顺序记录(SOE)信息。

网络节点容量不小于 64 个,并预留足够的接口扩展容量。每类开关柜提供一套独立的光纤以太网接口设备完成所内通信网络与开关柜内测控保护单元的接口。通常 35 kV 和 1 500 V 开关柜的光纤以太网接口设备由开关柜厂家提供,0.4 kV 开关柜的光纤以太网接口设备由施工方提供。

5. 开关柜内微机综合保护测控单元主要功能

微机综合保护测控单元作为变电所综合自动化系统的一部分,通过变电所光纤以太网络实现通信。其主要功能如下:

① 接收控制信号屏站控主单元对开关设备的控制命令,结合已储存的开关位置信号,以及各种既定的联锁功能,进行逻辑判断,通过输出继电器发出开关的分、合闸命令,并可实现各开关之间的联动和闭锁功能。

② 采集和显示开关设备的位置信号、柜内设备及整流机组、变压器等设备运行的事故预告信号。

③ 具有断路器防跳闭锁功能,但优先采用断路器机构防跳功能。

④ 对电流、电压、功率、电度等电气量进行直接采样,通过变电所内的光纤以太网传送到控制信号屏站控主单元。

6. 便携式维护计算机功能

变电所便携式维护计算机可实现对变电所监控网络和监控单元的软件编程功能,还可实现对各监控单元软件的日常维护,并具备控制变电所内设备、监视电气测量、进行数据统计、利用承包商提供的软件实现故障再现,及对接触网电动隔离开关进行控制、监视等功能。

7. 系统故障诊断与自动对时功能

系统故障诊断功能是指对变电所综合自动化系统出现的故障进行诊断,列出故障信息供维护人员参考。

自动对时功能是指变电所综合自动化系统接受控制中心发出的时钟信息,并按此时钟校准整个系统的时钟。

8. 就地事故分析处理功能

当变电所综合自动化系统接收到开关跳闸和事故信号后,系统自动显示故障信息,为值班人员处理故障提供参考。

9. 主变电所后台监控管理功能

主变电所内设置集中监控台设备,为值班员提供管理界面。主变电所的后台监控管理功能是在控制信号屏内站控主单元功能基础上,增加有载调压变压器有级调节,以及让遥调结果在后台监控主接线图画面上显示。主变电所除应将所内数据信息传送到 PSCADA 系统的电力调度中心外,还应将其传送到地方电力调度系统。

复习与思考

1. 城市轨道交通控制中心电力调度系统主要由哪些设备组成？
2. 简述城市轨道交通控制中心电力调度系统的主要功能。
3. 城市轨道交通供电复示系统主要由哪些设备组成？
4. 简述城市轨道交通供电复示系统的主要功能。
5. 城市轨道交通变电所综合自动化系统分布式结构由哪几层构成？
6. 简述城市轨道交通变电所综合自动化系统的主要功能。

第 11 章
杂散电流与防护

11.1 杂散电流概述

杂散电流也称迷流，一般会通过城市轨道交通沿线结构钢筋和管线等返回牵引变电所负极。在此过程中，杂散电流不仅会造成大量沿线金属腐蚀，还可能造成结构的破坏和其他系统的损害。由于杂散电流腐蚀的隐蔽性和突发性，一旦发生事故，就会造成较严重的后果，因此，城市轨道交通供变电系统需要对杂散电流的防护给予足够的重视。

目前，国际上对杂散电流的防护通常采用国际标准 VDE 0115 和德国标准 VDV501/2，这两个标准适用于采用直流电力牵引和走行轨（钢轨）回流方式的地铁系统的设计、施工、运行、维护等各个环节。其中包括：

① 地铁直流牵引供电系统中与限制和减少杂散电流值有关的措施；
② 地铁系统中可能受到杂散电流腐蚀或影响其外泄的结构与设备；
③ 地铁系统中的杂散电流防护措施。

上述两个标准从制定之初到目前为止，经过了不断的补充和完善，目前已被世界上大多数国家所采用。

1992 年，以北京市地下铁道科学技术研究所为主制定了我国地铁杂散电流腐蚀防护专业第一个行业标准——《地铁杂散电流腐蚀防护技术规程》（CJJ 49—92）。该标准在我国地铁工程建设的初期与运行中发挥了十分重要的作用。2020 年 10 月 1 日，新的行业标准《地铁杂散电流腐蚀防护技术标准》（CJJ/T 49—2020）正式实施，原标准 CJJ 49—92 废止。

杂散电流对埋地金属管线和混凝土主体结构钢筋的腐蚀在本质上是电化学腐蚀，而且这种腐蚀属于局部腐蚀。

在杂散电流分布模型的推导过程中，杂散电流的大小一般仅能在简化后的理想状态下估算，计算的目的也只是理论性地对杂散电流有个基本的了解，用公式指出减少杂散电流的条件或手段。在杂散电流在线监测方面，国内外进行了大量的研究，国外有研究者已经研究出长线管道受杂散电流腐蚀的监测方法，使用了大量带存储功能的数据采集装置，利用计算机进行数据采集和数据分析。研究先进有效的监测方法和在线监测系统，是城市轨道交通杂散电流腐蚀监测的未来发展趋势。

11.2 杂散电流产生与危害

电子课件
杂散电流产生
与危害

微课
杂散电流防
护——杂散电
流的形成及
危害

11.2.1　杂散电流的产生

城市轨道交通一般采用直流牵引供电方式,我国采用 DC 750 V 和 DC 1 500 V。地铁列车所需牵引电流由牵引变电所提供,通过牵引网和受电弓向列车供电,并通过走行轨回流到牵引变电所负极。理想状态下走行轨电阻为零,并对地绝缘,过渡电阻为无穷大。但实际工程中走行轨并不能做到对地绝对绝缘,存在对地过渡电阻,从而导致牵引电流并非全部沿着走行轨回流到牵引变电所的负极,一部分牵引电流从走行轨泄漏到轨枕和道床以及建筑结构金属管线设施中去,然后又经这些金属管线设施流回道床,再由道床流回走行轨并回到牵引变电所负极,这部分泄漏电流称为杂散电流。杂散电流形成示意图如图 11-1 所示。

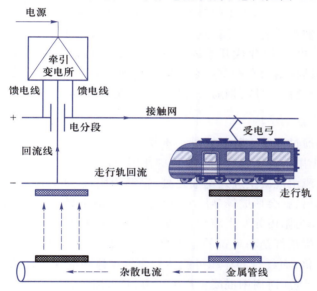

图 11-1　杂散电流形成示意图

11.2.2　杂散电流的危害

当走行轨附近有金属管线和其他金属结构件时,一部分杂散电流就会从导电的金属件上流过,从而引起电解,造成走行轨和金属物体的腐蚀。在长期的电腐蚀作用下,走行轨和地下金属物体将受到严重的损坏。杂散电流对城市轨道交通的腐蚀危害主要有腐蚀金属、破坏混凝土结构、腐蚀埋设管线、烧毁排流设备、危及设备和人身安全等。

1. 腐蚀金属

杂散电流对城市轨道交通地下结构的钢筋及沿线金属管线产生严重影响,

杂散电流引起的腐蚀比自然腐蚀要严重得多。杂散电流腐蚀是由于外部电源泄漏的电流作用而引起的结果,在数值上要比自然腐蚀的电流大几十倍甚至上千倍。其腐蚀强度大,危害大,范围广,随机性强,腐蚀激烈。一般,腐蚀集中于局部位置(阳极区),当有防腐层时,往往集中于防腐层的缺陷部位。排流网是杂散电流的良好通道,在回流点(阳极区)附近,杂散电流从排流网的结构钢筋中流出,排流网的结构钢筋失去电子带正电称为正离子,铁离子与水蒸气中的硫酸根离子作用变成硫酸盐遭到腐蚀。

根据法拉第电解定律,金属腐蚀损失的质量计算公式为

$$m = KI_s t \qquad\qquad (11-1)$$

式中,m 为金属电腐蚀损失的质量(g);K 为电化学当量[g/(A·h)];I_s 为杂散电流值(A);t 为电流通过的时间(h)。

例如,铁的电化学当量 $K = 1.045$ g/(A·h),1 A 的杂散电流持续通过 1 年,则金属由于电腐蚀损失的质量为

$$m = 1.045 \times 1 \times 365 \times 24 \text{ g} \approx 9\ 154 \text{ g} \qquad\qquad (11-2)$$

北京地铁实测的流出金属的杂散电流值可达 220~326 A。

我国从 20 世纪 70 年代开始运行的北京、天津地铁已发现隧道内的部分金属管线和主体结构钢筋有严重的杂散电流腐蚀,隧道内的水管被侵蚀穿孔的情况,在车站站台地面的外露钢筋头发现了成块腐蚀、严重脱落的现象。

2. 破坏混凝土结构

杂散电流通过混凝土时对混凝土本身并不产生影响,但混凝土中通常会存在钢筋,混凝土中的钢筋起到汇集电流的作用,可把电流引导到排流点。

在杂散电流由混凝土进入钢筋之处,钢筋为阴极,如果阴极析氢,且氢气不能从混凝土逸出,就会形成等静压力,使钢筋与混凝土脱开。在杂散电流离开钢筋的部位,钢筋为阳极并发生腐蚀,形成腐蚀产物,生成 $Fe(OH)_2$ 和 $Fe(OH)_3$,并分别进一步生成红锈和黑锈的主要成分。根据研究,黑锈的体积可能达到原钢筋体积的 2 倍,而红锈的体积可能达到原钢筋体积的 4 倍。铁锈的形成会使钢筋体积膨胀,进而对周围混凝土产生压力,其内部形成拉应力。由于混凝土的抗拉强度很低,一般只有 0.88~1.5 MPa,因此会造成混凝土沿钢筋方向开裂。

3. 腐蚀埋设管线

城市轨道交通系统内的管线主要有自来水管线等,在系统外可能有煤气管线、石油管线及公共事业管线等。由于埋设管线多为金属材质,因此容易集结杂散电流,使金属管线遭受腐蚀,产生严重的后果。工程实践表明,平行于城市轨道交通线路的长距离管线和与城市轨道交通交叉的管线都会产生不同程度的杂散电流腐蚀。

4. 烧毁排流设备

通常走行轨与轨枕、道床会有绝缘材料隔离,如因某种原因使绝缘材料损坏,走行轨与排流网形成短路,就将有非常大的杂散电流通过排流网、排流柜流

回牵引变电所,而排流柜中核心元件排流二极管的容量有限,如果短时间内杂散电流超过限定的二极管导通电流,就有可能烧毁排流柜等设备。

5. 危及设备和人身安全

杂散电流会在通信设备机架及其他受电设备的接地外壳上产生高电位,使设备外壳与附近大地形成电位差,危及设备和人身安全。

11.3　杂散电流腐蚀机理

电子课件
杂散电流腐蚀
机理

腐蚀是金属材料损坏的主要原因之一,可以将腐蚀分为自然腐蚀和电腐蚀两类。根据金属电解理论,两种金属通过电解质或在潮气中相互接触,经过电解和电化学(电势)过程,就会出现电腐蚀。

电解腐蚀是由外部的直流电流在金属和电解质间的流动而产生的,这种腐蚀是城市轨道交通系统中金属腐蚀的主要形式。

电化学腐蚀是当金属被放置在水溶液或潮湿的大气中时,金属表面会形成一种微电池,也称腐蚀电池(其电极习惯上称阴、阳极,不叫正、负极)。阳极上发生氧化反应,使阳极发生溶解,阴极上发生还原反应,一般只起传递电子的作用。腐蚀电池的形成原因主要是由于金属表面吸附了空气中的水分,形成一层水膜,因而使空气中的 CO_2、SO_2、NO_2 等溶解在这层水膜中,形成电解质溶液,而浸泡在这层溶液中的金属是含有杂质的。这样形成的腐蚀电池的阳极为铁,而阴极为杂质,又由于铁与杂质紧密接触,使得腐蚀不断进行。

电化学把进行电子传导的金属导体与进行离子传导的电解质相接触的界面称为电极系,电子导体和离子导体的接合称为 e-i 接合。城市轨道交通直流牵引供电方式所形成的杂散电流及其腐蚀部位如图 11-2 所示。

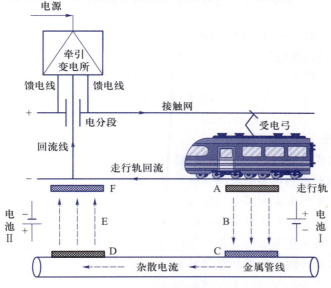

图 11-2　杂散电流及其腐蚀部位

走行轨和金属管线均为电子导体,地面为离子导体。电流在 A 点和 D 点流出,金属导体与地面组成的相应 e-i 界面为阳极。电流在 C 点和 F 点流入,地面与金属导体组成的相应 i-e 界面为阴极。A、B、C 和 D、E、F 分别构成了两个串联的电解电池。

电池 I:走行轨 A(阳极区)→道床、土壤 B→金属管线 C(阴极区)

电池 II:金属管线 D(阳极区)→土壤、道床 E→走行轨 F(阴极区)

当杂散电流由两个阳极区——走行轨 A 和金属管线 D 流出时,都会发生失掉电子的氧化反应,该部位的金属(Fe)就会遭到腐蚀。

当金属(Fe)周围的介质是酸性电解质,即 pH 值小于 7 时,发生的氧化还原反应为析氢腐蚀。其腐蚀的化学反应方程式为

阳极:$\qquad 2Fe \rightleftharpoons 2Fe^+ + 4e^-$

阴极:$\qquad 4H^+ + 4e^- \rightleftharpoons 2H_2 \uparrow$(无氧的酸性环境)

$\qquad\qquad 4H_2O + 4e^- \rightleftharpoons 4OH^- + 2H_2 \uparrow$(无氧环境)

当金属铁(Fe)周围的介质是碱性电解质,即 pH 值大于 7 时,发生的氧化还原反应为吸氧腐蚀。其腐蚀的化学反应方程式为

阳极:$\qquad 2Fe \rightleftharpoons 2Fe^+ + 4e^-$

阴极:$\qquad O_2 + 2H_2O + 4e^- \rightleftharpoons 4OH^-$(有氧的碱性环境)

析氢腐蚀反应和吸氧腐蚀反应通常会生成 $Fe(OH)_2$,在钢筋表面或介质中析出,部分还可以进一步氧化形成 $Fe(OH)_3$。生成的 $Fe(OH)_2$ 会继续被介质中的 O_2 氧化成 $Fe_2O_3 \cdot 2xH_2O$(红锈的主要成分),而 $Fe(OH)_3$ 可进一步生成 Fe_3O_4(黑锈的主要成分)。

11.4　杂散电流的计算与分布

电子课件
杂散电流的计算与分布

杂散电流的大小与取流列车所在位置、牵引电流的大小、走行轨纵向电阻以及走行轨对地过渡电阻等多种因素有关,且道床混凝土和土壤电阻率对杂散电流的影响也比较大。特别是牵引电流的大小对杂散电流有着非常大的影响,因为列车运行时是时刻在运动着,属于移动负荷,列车经常变换于启动、惰行、制动等运行状态下,因此牵引电流也是时刻在变化着的。假设只考虑供电回路在理想情况下,则:

① 双边供电时,两侧电源特性相同;

② 轨道对地的过渡电阻均匀分布,处处相同;

③ 走行轨的纵向电阻均匀分布,处处相同;

④ 地下的金属构件纵向电阻均匀分布,处处相同;

⑤ 从接触网泄漏的电流忽略不计;

⑥ 金属构件向大地的漏电忽略不计;

⑦ 其他杂散电流源的干扰忽略不计。

11.4.1 单边供电方式下的杂散电流分布

1. 单边供电,牵引变电所附近走行轨不接地

单边供电方式下,牵引变电所附近走行轨不接地的杂散电流分布示意图如图 11-3 所示。列车(A 点)与牵引变电所(B 点)的距离为 L,列车牵引平均电流为 I,则在 A 与 B 间的回流线(走行轨)上的电压降 $U = I \cdot R_g \cdot L$(R_g 为走行轨纵向电阻),走行轨对地电位也为 U。以 N 点为中性点,则 A 点对地电位为 $+\dfrac{U}{2}$,B 点对地电位为 $-\dfrac{U}{2}$。

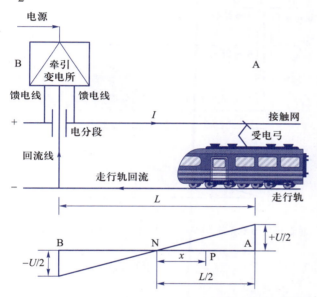

图 11-3 单边供电方式下牵引变电所附近走行轨不接地的杂散电流分布示意图

在距离 N 点 x 的任意一点(P 点)上,走行轨对地电位 U_P 为

$$U_P = I \cdot R_g \cdot x \tag{11-3}$$

则 P 点单位长度走行轨对地泄漏电流为

$$I_P = \frac{U_P}{R_{g/s}} = I \cdot \left(\frac{R_g}{R_{g/s}} \right) \cdot x \tag{11-4}$$

总泄漏电流 I_L 为 I_P 从 P 点到 N 点的积分,有

$$I_L = \int_0^{\frac{L}{2}} I_P \mathrm{d}x = I \cdot \left(\frac{R_g}{R_{g/s}} \right) \cdot \int_0^{\frac{L}{2}} x \mathrm{d}x$$

$$= I \cdot \left(\frac{R_g}{R_{g/s}} \right) \cdot \frac{1}{2} \cdot \left(\frac{L}{2} \right)^2 = \frac{1}{8} I \cdot \left(\frac{R_g}{R_{g/s}} \right) L^2 \tag{11-5}$$

式中,I 为列车牵引平均电流(A);R_g 为走行轨纵向电阻(Ω/km);$R_{g/s}$ 为走行轨

对地过渡电阻(Ω/km);L 为供电区间的距离(km)。

2. 单边供电,牵引变电所附近走行轨接地

单边供电方式下,牵引变电所附近走行轨接地的杂散电流分布示意图如图 11-4 所示。列车(A 点)与牵引变电所(B 点)的距离为 L,列车牵引平均电流为 I,则在 A 与 B 间的回流线(走行轨)上的电压降 $U=I\cdot R_{\mathrm{g}}\cdot L$,走行轨对地电位也为 U。以 B 点为中性点,则 A 点对地电位为 U。

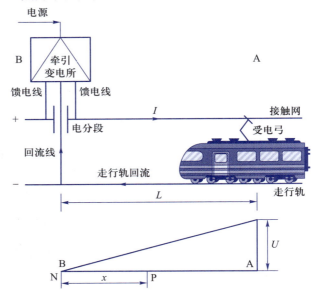

图 11-4　单边供电方式下牵引变电所附近走行轨接地的杂散电流分布示意图

在距离 B 点 x 的任意一点(P 点)上,走行轨对地电位 U_{P} 为

$$U_{\mathrm{P}}=I\cdot R_{\mathrm{g}}\cdot x \qquad (11-6)$$

则 P 点单位长度走行轨对地泄漏电流为

$$I_{\mathrm{P}}=\frac{U_{\mathrm{P}}}{R_{\mathrm{g/s}}}=I\cdot\left(\frac{R_{\mathrm{g}}}{R_{\mathrm{g/s}}}\right)\cdot x \qquad (11-7)$$

总泄漏电流 I_{L} 为 I_{P} 从 P 点到 B 点的积分,有

$$I_{\mathrm{L}}=\int_{0}^{L}I_{\mathrm{P}}\mathrm{d}x=I\cdot\left(\frac{R_{\mathrm{g}}}{R_{\mathrm{g/s}}}\right)\cdot\int_{0}^{L}x\mathrm{d}x$$

$$=\frac{1}{2}I\cdot\left(\frac{R_{\mathrm{g}}}{R_{\mathrm{g/s}}}\right)L^{2} \qquad (11-8)$$

11.4.2　双边供电方式下的杂散电流分布

双边供电方式下,列车在两个牵引变电所区间取流的杂散电流分布示意图如图 11-5 所示。分别位于 B 点和 C 点的两个牵引变电所的距离为 L,列车(A点)与位于 B 点的牵引变电所的距离为 $\dfrac{L}{2}$,两个牵引变电所提供的列车牵引平

均电流均为 I,则在 A 点与 B 点间和 A 点与 C 点间的回流线(走行轨)上的电压降 $U = I \cdot R_{\mathrm{g}} \cdot \dfrac{L}{2}$,走行轨对地电位也为 U。以 N 点为中性点,则 A 点对地电位为 $+\dfrac{U}{2}$,B 点对地电位为 $-\dfrac{U}{2}$,C 点对地电位也为 $-\dfrac{U}{2}$。

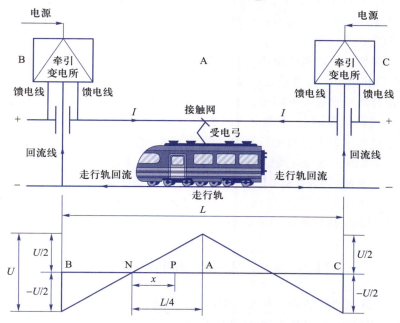

图 11-5 双边供电方式下列车在两个牵引变电所区间取流的杂散电流分布示意图

在距离 N 点 x 的任意一点(P 点)上,走行轨对地电位 U_{P} 为

$$U_{\mathrm{P}} = I \cdot R_{\mathrm{g}} \cdot x \tag{11-9}$$

则 P 点单位长度走行轨对地泄漏电流为

$$I_{\mathrm{P}} = \frac{U_{\mathrm{P}}}{R_{\mathrm{g/s}}} = I \cdot \left(\frac{R_{\mathrm{g}}}{R_{\mathrm{g/s}}} \right) \cdot x \tag{11-10}$$

A 点与 B 点间总泄漏电流 I_{LA} 及 A 点与 C 点间总泄漏电流 I_{LB} 均为 I_{P} 从 P 点到 N 点的积分,有

$$I_{\mathrm{LA}} = I_{\mathrm{LB}} = \int_{0}^{\frac{L}{4}} I_{\mathrm{P}} \mathrm{d}x = I \cdot \left(\frac{R_{\mathrm{g}}}{R_{\mathrm{g/s}}} \right) \cdot \int_{0}^{\frac{L}{4}} x \mathrm{d}x$$

$$= I \cdot \left(\frac{R_{\mathrm{g}}}{R_{\mathrm{g/s}}} \right) \cdot \frac{1}{2} \cdot \left(\frac{L}{4} \right)^{2} = \frac{1}{32} I \cdot \left(\frac{R_{\mathrm{g}}}{R_{\mathrm{g/s}}} \right) L^{2} \tag{11-11}$$

11.4.3 杂散电流分布规律

根据上述相关计算分析可知,杂散电流 I_{L} 的大小与列车牵引平均电流 I 成正比,与走行轨纵向电阻 R_{g} 成正比,与走行轨对地过渡电阻 $R_{\mathrm{g/s}}$ 成反比,与列车

到牵引变电所的距离 L 的平方成正比。杂散电流的分布具有如下规律:

① 列车下部的走行轨对地电位为正的最大值,杂散电流从走行轨流出,走行轨为阳极,埋地金属为阴极,此处走行轨受杂散电流腐蚀较严重;

② 牵引变电所负极附近的走行轨对地电位为负的最大值,杂散电流从埋地金属结构流出,埋地金属结构为阳极,此处走行轨受杂散电流腐蚀较严重;

③ 列车牵引平均电流的大小对走行轨电位有影响,该电流越大,走行轨对地电位越高,杂散电流也越大;

④ 牵引变电所之间的距离增加,在列车牵引平均电流不变的情况下,走行轨对地电位和杂散电流也随之增加;

⑤ 走行轨对地过渡电阻对杂散电流的分布影响很大,过渡电阻越小,杂散电流越大,过渡电阻越大,杂散电流越小;

⑥ 走行轨纵向电阻对走行轨电位影响较大,走行轨纵向电阻增加,走行轨纵向电位成比例增加,走行轨对地电位增加,杂散电流也增加;

⑦ 埋地金属结构的纵向电阻对走行轨电位和杂散电流的影响较小;

⑧ 双边供电方式下,轨道回路的中性点向牵引变电所方向偏移,阳极区范围增大,走行轨阴极区范围明显减小。

11.5　🚃　杂散电流的防护措施

电子课件
杂散电流的防护措施

城市轨道交通线路杂散电流的防护是一项系统工程,目前对杂散电流腐蚀通常采用"以防为主,以排为辅,防排结合,加强监测"的综合防护措施。

以"防"为主,即是从源头加强隔离防护,尽量减少杂散电流泄漏,在走行轨与轨枕以及道床结构之间采取有效的绝缘措施。

以"排"为辅,即是基于上述"防"的前提,进行防排结合,加强回流通路。在牵引变电所内设置排流装置,为杂散电流提供一条畅通的低电阻通路,由排流装置将杂散电流屏蔽网中的电流引回牵引变电所的负极。

杂散电流腐蚀防护效果需要通过设置杂散电流监测装置来加强监测,以便在杂散电流超标时及时采取有效措施。监测装置将测量到的信息进行转换并传送至 PSCADA 系统。

11.5.1　"防"——源控法

1. 合理设置牵引变电所

杂散电流与列车到牵引变电所距离的平方成正比,牵引变电所之间的距离越长,杂散电流越大。在满足供电负荷、供电质量等的前提下,可以适当调整牵引变电所的数量和位置,尽量使牵引变电所均匀布置。

2. 牵引网采用双边供电

在牵引网制式、牵引变电所间距以及走行轨电阻值等条件相同的情况下,与采用单边供电相比,采用双边供电时的列车牵引平均电流值减小近一倍,杂散电流值仅为单边供电的 1/4,所以城市轨道交通正线上的牵引变电所宜采用双边供电方式。

3. 加强走行轨对地绝缘

走行轨对地绝缘水平越好,则杂散电流值越小。在城市轨道交通运营中,走行轨对地过渡电阻值的减小是产生杂散电流最主要的原因。《地铁杂散电流腐蚀防护技术标准》(CJJ/T 49—2020)中规定,新建线路的走行轨与区间主体结构之间的过渡电阻值不应小于 $15 \Omega \cdot km$,对于运行线路不应小于 $3 \Omega \cdot km$。加强走行轨对地绝缘主要有如下做法:

① 走行轨下设置绝缘垫,单块绝缘垫电阻不小于 $10^8 \Omega$。

② 走行轨对地保持一定间隙,道床面至走行轨底面的间隙不小于 30 mm。

③ 设置道床排水沟。混凝土在不同含水状态下的电阻率参考值如表 11-1 所示。由表可见,混凝土在不同含水状态下的电阻率差别较大,如果保持混凝土整体道床的干燥,不仅可以加强走行轨对地绝缘效果,还可以减少轨道绝缘垫堆积含盐沉积物。所以,在道床两侧设置排水沟,并保证排水畅通,有利于保持道床混凝土的干燥,从而保证走行轨对地绝缘效果。

表 11-1　混凝土在不同含水状态下的电阻率参考值

类别	状态	电阻率参考值 /($\Omega \cdot m$)
混凝土	水中	40~55
	湿土中	100~200
	干土中	500~1 300
	干燥的大气中	12 000~18 000

④ 道床混凝土的设置。为有效防止杂散电流对主体结构钢筋进行腐蚀,杂散电流道床收集网钢筋与走行轨之间需要进行绝缘处理,道床收集网钢筋与主体结构钢筋之间避免金属连同,走行轨下的道床混凝土层需要一定的厚度。

4. 保持牵引回流通路顺畅

杂散电流的大小与牵引网的回流电阻值成正比。走行轨电阻较大时,回流在走行轨上流过时产生的电压降也较大,使走行轨对地的电位差增大,从而增加了杂散电流泄漏,因此必须设法降低走行轨的电阻值,保证牵引回流通路的顺畅。

5. 重视日常运营维护

定期清扫轨道线路,清除粉尘、油污、脏物、沙土等,保持走行轨绝缘水平良好。及时消除道床积水,保持道床处于清洁干燥状态。根据杂散电流监测系统的报警信息,及时处理线路异常现象。

11.5.2 "排"——排流法

新建城市轨道交通线路可通过加强走行轨对地绝缘和保证牵引回流通路的通畅来有效减少杂散电流的产生,但随着时间的推移及器件的老化,走行轨对地绝缘水平会下降,杂散电流将不可避免超标,因此需考虑设置杂散电流收集网和排流装置,将杂散电流引回牵引变电所负极。

只有当杂散电流从走行轨或钢筋等金属管线流出时才会对其产生腐蚀,而杂散电流流出的区域集中在牵引变电所附近。若在牵引变电所处将结构钢筋或其他可能受到杂散电流腐蚀的金属与走行轨或牵引变电所负母排相连,由于杂散电流总是走电阻最小的通路,这样杂散电流就会直接流回牵引变电所,大大减少了杂散电流从钢筋再扩散至混凝土的可能,减少了杂散电流流出钢筋的电化学反应,这种方法就称为排流法。

排流法虽然可以在一定程度上减少杂散电流流出钢筋的电化学反应,但排流法也存在不足之处,只能作为一种应急手段。当牵引变电所负母排通过排流柜与道床收集网钢筋电气连通后,原来负母排的负电位因钳制作用而接近零电位,使得两座牵引变电所之间的走行轨对地电位成倍增加,两座牵引变电所间几乎全成为阳极区,除牵引变电所附近钢筋腐蚀减少外,其他区域的钢筋及走行轨的腐蚀将更严重。

1. 排流法分类

排流法根据工作原理可分为直接排流法、极性排流法和强制排流法,目前工程上以极性排流法为主。

(1)直接排流法

直接排流法是将被保护的金属管线结构用导线直接与走行轨连接,如图11-6所示。这种排流方法结构简单,但只能在没有逆向电流时才可使用。

(2)极性排流法

极性排流法是在直接排流法的基础上加装了单向导电装置,如图11-7所示。这种排流方法只允许杂散电流单方向流向走行轨,能够有效防止杂散电流逆向流通。

(3)强制排流法

当被保护的金属管线结构处于杂散电流交替区时,直接排流法或极性排流法都不能将干扰电流排回走行轨,需要采用强制排流法,如图11-8所示。这种排流措施具有较强的抗交变电流腐蚀的能力,但需要额外的整流电源,因此投资比较

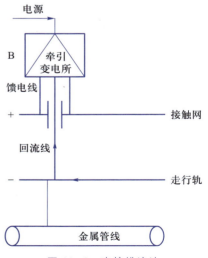

图 11-6　直接排流法

高。此外,这种排流法会使被保护的金属管线结构产生过负电位区,进而使走行轨发生电化学腐蚀。

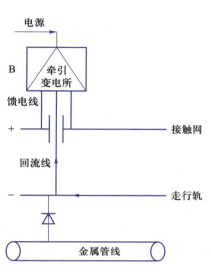

图 11-7　极性排流法

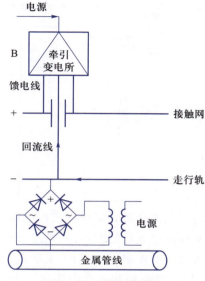

图 11-8　强制排流法

2. 收集网的设置

杂散电流收集网就是在整体道床内铺设钢筋网,并进行电气连接,以便为杂散电流由道床流回牵引变电所提供一个良好的回流通道,也可利用道床本身的钢筋作为杂散电流收集网。收集网用来收集由走行轨泄漏出的杂散电流,并将杂散电流引导至牵引变电所的负极,防止杂散电流过多地流向主体结构钢筋和其他金属导体造成电化学腐蚀。

3. 排流柜

排流柜是为城市轨道交通减少杂散电流造成的金属结构电化学腐蚀而设计的专用设备。它采用极性排流的原理,只有当需排流的杂散电流主、辅收集网相对于负极柜母线电位为正时,才有电流通过,把泄漏到主、辅收集网上的电流直接排到负母线上,从而减少杂散电流的腐蚀。

（1）排流柜的设置

排流柜安装在正线牵引变电所内,利用牵引变电所附近设置的道床和结构钢筋的排流端子,将杂散电流收集网同牵引变电所内排流柜连接。排流柜的一端通过电缆与牵引变电所负极柜相连接,另一端与收集网的排流端子相连接。排流端子可以利用牵引变电所附近的伸缩缝连接端子。

（2）排流柜的工作原理

目前,城市轨道交通中大都采用的智能排流柜的工作原理如图 11-9 所示。

直流接触器 CZ 用于控制排流支路是否投入使用,R、C 用于抑制主回路通断时产生的尖峰脉冲,硅二极管 VD_1 用于防止逆向排流,快速熔断器 FU 用于在

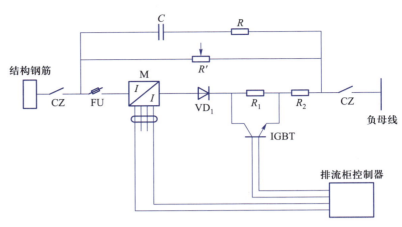

图 11-9　智能排流柜工作原理

出现短路等故障时保护排流柜电路免受损害。电流传感器 M 用于检测排流回路中排流电流量的大小,并通过排流柜控制器控制 IGBT 通断的占空比,以实现排流大小的控制。当 IGBT 关断时,排流回路中串入 R_1 和 R_2,排流电流较小。当 IGBT 开通时,仅串入小电阻 R_2,排流电流较大。R_2 用于限制排流的瞬时电流,以保护 IGBT。排流大小可通过排流柜控制器进行设定,当控制器检测到排流电流小于设定值时,IGBT 连续开通;当检测到排流电流大于设定值时,IGBT 连续关闭。正常情况下,IGBT 的导通占空比可将排流电流量控制在规定的数值范围内。

　　排流柜作为一种应急手段,只有当监测到道床收集网钢筋极化电位值超过设定值时,才投入运行。若监测到钢筋极化电位严重超标,则需断开排流通道,加强轨道维护,提高走行轨对地过渡电阻,减少对收集网及结构金属的腐蚀。

11.6　杂散电流监测系统

　　杂散电流监测系统可以为城市轨道交通运营后的杂散电流腐蚀防护措施的实施提供准确且有效的数据,指导轨道的维护与保养。

11.6.1　杂散电流监测内容

1. 结构钢筋极化电压正向偏移平均值

　　走行轨泄漏的杂散电流能否引起轨道结构钢筋的腐蚀,要以杂散电流引起结构钢筋的极化电压偏移值来确定。《地铁杂散电流腐蚀防护技术标准》(CJJ/T 49—2020)第 3.0.5 条规定,对于钢筋混凝土地铁主体结构的钢筋,极化电压30 min 内的正向偏移平均值不超过 0.5 V。该规定应作为杂散电流监测系统的设计依据。

　　结构钢筋极化电压测量原理如图 11-10 所示。当线路中无列车运行时,电

位差 $V_a = V_1$ 为参比电极的自然本体电位；当线路中有列车运行时，电位差 $V_b = (V_1 - V_2)$ 为结构钢筋对参比电极的电位。则结构钢筋极化电位差为 $V_a - V_b = V_1 - (V_1 - V_2) = V_2$。

2. 走行轨对结构钢筋的电压值

国际标准 VDE 0115 规定，走行轨与结构钢筋的电位差（接触电压）不得超过 92 V。通过在轨道全线配置参比电极和传感器，杂散电流监测系统可以测量走行轨对结构钢筋的电压值。

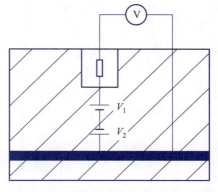

图 11-10　结构钢筋极化电压测量原理

3. 走行轨对结构钢筋的过渡电阻值

走行轨对结构钢筋的过渡电阻值是衡量走行轨绝缘的重要参数之一。《地铁杂散电流腐蚀防护技术标准》（CJJ/T 49—2020）第 4.2.1 条规定，走行轨与隧道主体结构钢筋之间的过渡电阻值不应小于 150 Ω/km。

4. 参比电极的自然本体电位

参比电极的自然本体电位需要及时修正，以提高结构钢筋极化电位的测量精度。列车每天运行时，都要测量参比电极的自然本体电位。

参比电极的自然本体电位会发生漂移，需要及时修正，以保证结构钢筋极化电位的测量精确性。通常是在列车停运且没有杂散电流干扰的情况下，将测量出的结构钢筋对参比电极的电位作为参比电极的自然本体电位来修正。

5. 走行轨纵向电阻

走行轨纵向电阻的大小直接影响回流的大小和杂散电流的分布。了解走行轨纵向电阻的大小，对判断走行轨有无裂缝、杂散电流的大小和分布情况等具有重要参考价值。

当参比电极的本体电位、结构钢筋极化电位差、走行轨对结构钢筋的电压值超过设定的限值时，杂散电流监测系统会发出报警信号。

11.6.2　杂散电流监测方式

杂散电流监测方式有分散式、集中式和分布式三种。

1. 分散式杂散电流监测

分散式杂散电流监测系统接线如图 11-11 所示，由参比电极、接线盒、测量电缆、变电所测试端子箱、可移动式综合测试装置和计算机管理系统等组成。该系统结构简单，没有采用智能传感器方案，同时省去了沿线相关电源，比较节省投资成本。

该杂散电流监测系统的参比电极布局分散，没有中央监控单元，只能通过可

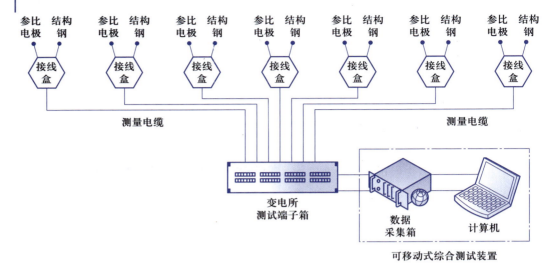

图 11-11　分散式杂散电流监测系统接线

移动式综合测试装置进行数据的采集和处理,直接将模拟量送到监测装置,测量精度低。

目前天津地铁 1 号线、南京地铁 1 号线和北京首都机场线等均采用分散式杂散电流监测方式。

2. 集中式杂散电流监测

集中式杂散电流监测系统接线如图 11-12 所示,由传感器、信号转接器、监测装置和计算机管理系统等组成。该系统在中心站主控室内设有中央监控计算机,对全线的杂散电流进行集中监控,智能化程度高。

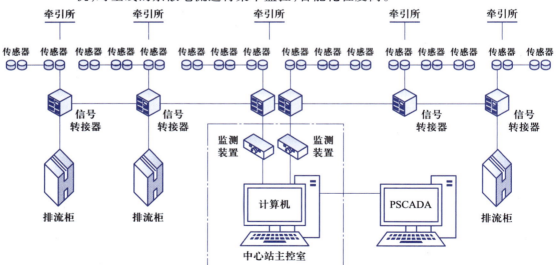

图 11-12　集中式杂散电流监测系统接线

　　该杂散电流监测系统的监测装置只与上位机相连,监测装置之间无直接通信,所以上位机的数据交换和处理负担较重,另还需建设专用通信网络,可扩展性差。

　　目前广州地铁、武汉轻轨 1 号线、哈尔滨地铁 1 号线、深圳地铁 1 号线和 4 号线等均采用集中式杂散电流监测方式。

3. 分布式杂散电流监测

　　分布式杂散电流监测系统接线如图 11-13 所示,由参比电极、传感器、监测装置、计算机管理系统等组成。

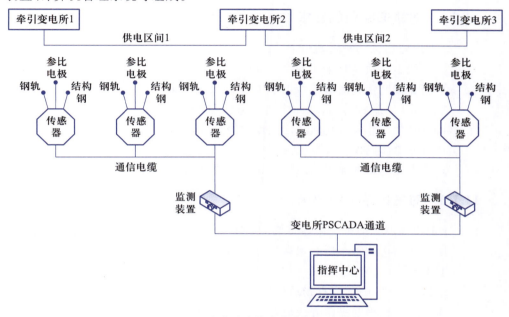

图 11-13　分布式杂散电流监测系统接线

　　该系统在控制中心设有中央监控计算机,对全线的杂散电流进行集中监控。同时监测装置之间能借助变电所 PSCADA 系统的通信通道直接进行数据交换,实现资源共享且通信距离不受限制,具有易于扩展、安全性好和网络化程度高等优点。

　　目前上海市轨道交通 9、10 号线及 3 号线北延伸段均采用分布式杂散电流监测方式。

11.7　　杂散电流腐蚀防护对相关专业要求

11.7.1　对牵引供电专业的要求

　　杂散电流腐蚀防护对牵引供电专业的要求如下:

电子课件
杂散电流腐蚀
防护对相关专
业要求

① 合理设置牵引变电所,牵引变电所之间距离不宜过长;

② 正线牵引网需采取双边供电方式;

③ 停车场或车辆段设置独立运行的牵引变电所;

④ 牵引变电所负极回流电缆应具有足够的截面积,并与回流轨焊接牢固,接头电阻不应超过 1 m 长的轨道电阻值;

⑤ 所有车站以及区间适当位置的上、下行回流轨之间设置均流线,将上、下线回流轨并联起来;

⑥ 直流开关柜、整流柜、负极柜等直流牵引供电设备均要绝缘安装。

11.7.2 对轨道专业的要求

杂散电流腐蚀防护对轨道专业的要求如下:

① 正线走行轨尽量采用 60 kg/m 的钢轨;

② 新建线路钢轨对地绝缘电阻不小于 15 Ω/km;

③ 正线(回流轨)道岔之间应使用绝缘铜芯电缆;

④ 电气化与非电气化轨道之间设绝缘分段;

⑤ 整体道床内设置杂散电流收集网;

⑥ 牵引变电所回流点附近设道床钢筋收集网排流端子。

11.7.3 对主体结构的要求

杂散电流腐蚀防护对主体结构的要求如下:

① 主体结构的防水层必须有良好的防水性能和电气绝缘性能,防水材料的体积电阻率不小于 10^8 Ω/m;

② 地下车站、隧道应有畅通的排水设施;

③ 隧道结构钢筋纵向焊接成杂散电流监测网;

④ 对于盾构区间、相邻盾构管片钢筋不进行电气连接,盾构管片之间进行绝缘处理,同时必须保证管片之间的防水材料具有良好的电气绝缘性能。

11.7.4 对各种电缆和金属管线的要求

杂散电流腐蚀防护对电缆和金属管线的要求如下:

① 除牵引供电电缆及信号轨道电路电缆外,其他所有金属管线不应与走行轨有电气连接;

② 进出车站的金属管线需要加装绝缘短管;

③ 车站及区间内所有电气设备的金属外壳、各类金属管线等均应采取绝缘安装,与主体结构绝缘;

④ 沿线通信信号设备应绝缘安装。

11.7.5 对运营管理的要求

城市轨道交通线路投入运行后,除日常运营维护外,还应加强杂散电流监测。如果监测到排流柜电流异常增大,且持续时间较长,则可能是由回流系统出现电气导通断点或集中泄漏点引起,应及时排查,根据监测情况检查测量走行轨对结构钢筋过渡电阻、走行轨对道床钢筋过渡电阻、金属管线接头电阻等。

 复习与思考

1. 简述杂散电流的产生原理。
2. 简述杂散电流的产生对城市轨道交通造成的危害。
3. 简述杂散电流的腐蚀机理。
4. 简述杂散电流的分布规律。
5. 简述杂散电流的防护原则。
6. 杂散电流排流根据工作原理可分为哪几类?
7. 简述排流柜的工作原理。
8. 杂散电流检测方式有哪几类? 各有什么特点?

参考文献

[1] 韩宝明,代位,张红健.2018年世界城市轨道交通运营统计与分析[J].都市快轨交通,2019,32(1):9-14.

[2] 中华人民共和国建设部.CJJ/T 114—2007 城市公共交通分类标准[S].北京:中国建筑工业出版社,2007.

[3] 中华人民共和国国家质量监督检验检疫总局,中国国家标准化管理委员会.GB/T 156—2017 标准电压[S].北京:中国标准出版社,2017.

[4] 国家技术监督局.GB/T 14549—1993 电能质量 公用电网谐波[S].北京:中国标准出版社,1994.

[5] 于松伟,杨兴山,韩连祥,等.城市轨道交通供电系统设计原理与应用[M].成都:西南交通大学出版社,2008.

[6] 黄德胜,张巍.地下铁道供电[M].北京:中国电力出版社,2010.

[7] 宋奇吼,李学武.城市轨道交通供电[M].北京:中国铁道出版社,2012.

[8] 赵矿英,蒋奎.城市轨道交通供电系统[M].北京:电子工业出版社,2015.

[9] 李亚宁.城市轨道交通供电系统[M].北京:中国电力出版社,2014.

[10] 闫洪林,李选华,贾鹏飞.城市轨道交通供电系统[M].上海:上海交通大学出版社,2018.

[11] 米秀杰,王刚.城市轨道交通供电技术与应用[M].北京:北京理工大学出版社,2016.

[12] 吴新安,贺观.跨座式单轨交通供电系统[M].成都:西南交通大学出版社,2017.

[13] 张国宝.自动导向交通——发展中的新型轨道交通[J].地铁与轻轨,1999(1):5-6.

[14] 潘海啸,任春洋,杨眺晕.上海轨道交通对站点地区土地使用影响的实证研究[J].城市规划学刊,2007(4):92-97.

[15] 李圣清,朱英浩,周有庆.电网谐波检测方法的综述[J].高电压技术,2004,30(3):39-42.

[16] 靳龙章.电网无功补偿实用技术[M].北京:中国水利水电出版

社，2008.

［17］胡泽春，钟明明，王佳贤，等.考虑多负荷水平的中低压配电网无功补偿优化规划［J］.电工技术学报，2010，25（8）：167-173.

［18］任丕德，刘发友，周胜军.动态无功补偿技术的应用现状［J］.电网技术，2004，28（23）：81-83.

［19］柯国盛.低压无功动态补偿装置：中国，CN203674724U［P］.2014-06-25.

［20］贾雯杰，汪毅，滕春阳.MCR无功补偿技术在矿井提升机中的应用［J］.煤矿机械，2011，32（8）：174-176.

［21］陆安定.功率因数与无功补偿［M］.上海：上海科学普及出版社，2004.

［22］卜伟忠.无功功率补偿及功率因数改善［J］.中国高新技术企业，2009（7）：110-111.

［23］王兆安.谐波抑制和无功功率补偿［M］.北京：机械工业出版社，2017.

［24］周建丰，顾亚琴.无功补偿装置的发展及性能比较分析［J］.四川电力技术，2007，30（4）：59-62.

［25］闫华光，杨林，宗建华.无功及视在功率物理意义的剖析［J］.电力自动化设备，2003，23（11）：17-18.

［26］金立军，安世超，廖黎明，等.国内外无功补偿研发现状与发展趋势［J］.高压电器，2008，44（5）：463-465.

［27］刘传铨，张焰.电力系统无功补偿点及其补偿容量的确定［J］.电网技术，2007，31（12）：78-81.

［28］王淳，程浩忠，陈恳.配电网动态无功补偿的整体优化算法［J］.电工技术学报，2008，23（2）：109-114.

［29］刘燕.供配电技术［M］.北京：机械工业出版社，2016.

［30］刘让雄，戴慧吾.城市轨道交通供电系统运行与管理［M］.成都：西南交通大学出版社，2015.

［31］赵桂初.炼化电气设计实用指南（中国石化员工培训教材）［M］.北京：中国石化出版社，2014.

［32］朱攀峰.一种自适应的地铁直流牵引供电系统微机保护的研究［D］.天津：天津大学，2003.

［33］毛文喜.城市轨道交通牵引供电系统整流器研究［D］.湖南：湖南大学，2007.

［34］贺威俊，高仕斌，等.电力牵引供变电技术［M］.成都：西南交通大学出版社，2007.

［35］陈海军.24脉波整流机组的原理及保护方式［J］.电工技术，2005（4）：16-18.

［36］成都地铁运营有限公司.供电综合工［M］.成都：西南交通大学出版社，2017.

［37］中国城市轨道交通协会.城市轨道交通变电检修工［M］.成都:西南交通大学出版社,2018.

［38］李金钟.电机与电气控制［M］.2 版.北京:中国劳动社会保障出版社,2014.

［39］陈海军,程小华.地铁整流机组相量图及输出波形分析［J］.变压器,2006,43(8):17-21.

［40］王念同.24 脉波移相牵引整流变压器网侧绕组研究［J］.上海工程技术大学学报,2002,16(2):118-122.

［41］王念同,魏雪亮.轴向双分裂式 12 脉波牵引整流变压器均衡电流的分析计算(上)［J］.变压器,2000,37(3).

［42］李良威,李群湛,刘炜.24 脉波整流器外特性仿真及其在城市轨道交通中的应用［J］.城市轨道交通研究,2007,10(10):52-55.

［43］龚孟荣.等效 24 脉波整流机组原理分析［J］.铁道勘测与设计,2008(4):62-64.

［44］钱长生,齐嘉瞻,李国新,等.24 脉波整流变压器电流的谐波计算分析［J］.变压器,2007,44(12):1-7.

［45］林惠汉,凌文坚,吴世成.24 相轴向双分裂整流变压器［J］.变压器,2002,39(10):9-10.

［46］王景,李名莉.高压负荷开关的运行与检修［J］.精密制造与自动化,2015(2):55-57.

［47］金立军,马志瀛.高压负荷开关稳定温升的计算［J］.高电压技术,1998(2):44-46.

［48］杨丕林.10 kV 高压负荷开关异常的处理［J］.大众用电,2014,29(1):39.

［49］李林川.电能生产过程［M］.北京:科学出版社,2011.

［50］苑舜,崔文军.高压隔离开关设计与改造［M］.北京:中国电力出版社,2007.

［51］宣峰,张新春.高压隔离开关的检修方法与技术［J］.精密制造与自动化,2011(2):55-57.

［52］于中和.隔离开关类型的选择［J］.建筑工人,2012,33(7):39.

［53］刘江涛.高压隔离开关的选择［J］.农村电工,2011(1):35.

［54］马文成,马存良,孙润花.隔离开关操作顺序探讨［J］.中国科技信息,2015(23):103-105.

［55］董秀洁,庄惠震.隔离开关防误闭锁自控系统设计［J］.电工技术,2002(4):52-53.

［56］孙晓东,李瑞芳,曹晓斌,等.金属氧化物避雷器对地铁高架桥段接触轨线路防雷的影响［J］.高压电器,2019,55(3):127-133.

［57］贺灿花,麦金婵.地铁高架车站防雷与电磁屏蔽探讨［J］.气象研究与

应用,2018,39(4):89-91.

[58] 高用莲.地铁系统防雷装置的设计[J].电子技术与软件工程,2018(8):101.

[59] 赵媛霞,刘平,刘新宽,等.高速电气化铁路接触线的研究与应用[J].材料导报,2012,26(3):46-50.

[60] 黄崇祺.中国电力牵引用接触线(电车线)的发展[J].中国铁道科学,2003,24(5):61-65.

[61] 黄崇祺.轮轨高速电气化铁路接触网用接触线的研究[J].中国铁道科学,2001,22(1):1-5.

[62] 李建民.城市轨道交通供电系统概论[M].2版.北京:机械工业出版社,2017.

[63] 毕继红,陈花丽,任洪鹏.基于雨流计数法的接触线疲劳寿命分析[J].铁道学报,2012,34(6):34-39.

[64] 梁曦东,邱爱慈,孙才新,等.中国电气工程大典 第1卷 现代电气工程基础[M].北京:中国电力出版社,2009.

[65] 陈志新.注册电气工程师执业资格考试专业基础辅导教程 2015 电力版[M].北京:中国电力出版社,2015.

[66] 杨林,姜保军.交通供配电与照明技术[M].2版.北京:人民交通出版社,2014.

[67] 王天施.供配电技术(双语教材)[M].北京:中国石化出版社,2012.

[68] 陈维贤,方瑜.内部过电压[J].华东电力,1978(5):46-84.

[69] 陈维贤.电力系统的内部过电压[M].北京:中国工业出版社,1965.

[70] 鲁铁成,郭森.配网内部过电压在线监测装置的研制[J].中国电力,1998(11):73-74.

[71] 李威.地铁杂散电流腐蚀检测及防护技术[M].徐州:中国矿业大学出版社,2004.

[72] 王靖满,黄书明.城市轨道交通供电系统技术[M].上海:上海科学普及出版社,2011.

[73] 中华人民共和国住房和城乡建设部.地铁杂散电流腐蚀防护技术标准(CJJ/T 49—2020).北京:中国建筑工业出版社,2020.

[74] 易丹青,陈丽勇,刘会群,等.硬质合金电化学腐蚀行为的研究进展[J].硬质合金,2012,29(4):238-253.

[75] 赵慧萍,赵文娟,张晓芳.金属电化学腐蚀与防腐浅析[J].化学工程与装备,2013(10):135-136.

[76] 任元会,等.工业与民用配电设计手册[M].北京:中国电力出版社,2005.

[77] 李学武.城市轨道交通供变电技术[M].成都:西南交通大学出版社,2016.

［78］陈玲,李志慧,李力鹏.城市轨道交通供电系统［M］.北京:北京交通大学出版社,2018.

［79］罗杨,李洁,曹强,等.城市轨道交通供电系统［M］.成都:西南交通大学出版社,2018.

［80］王文怡.基于 IEC 61850 标准的地铁变电所综合自动化设计方案探讨［J］.城市轨道交通研究,2013,16(4):54-57.